LES
MONUMENS
D'ARLES,
ANTIQUE ET MODERNE,

PAR

H. CLAIR, AVOCAT,

Membre de la Commission Archéologique.

ARLES,

D. GARCIN, IMPRIMEUR DE LA VILLE.

1837.

MONUMENS

D'ARLES

ANTIQUE ET MODERNE.

LES MONUMENS D'ARLES,

ANTIQUE ET MODERNE,

PAR

H. CLAIR, AVOCAT,
Membre de la Commission Archéologique.

ARLES,

D. GARCIN, IMPRIMEUR DE LA VILLE.
1837.

TABLE.

ERRATA.

Pages	lignes	
3	16	Tous les événemens, *lizez :* Tous les grands événemens.
6	6	Qui lui convenait, *lisez :* Qui leur convenait.
13	3	On en rencontre, *lisez :* On n'en rencontre.
15	19	Où son poids, *lisez :* Où leur poids.
27	10	Du rempart. *lisez :* Du rempart,
31	9	VIe. siècle, *lisez :* Ve. siècle.
31	16	A un siége, *lisez :* A ce siége.
36	5	Tout autour, *lisez :* Sous les arcades.
40	22	Les idoles païennes, *lisez :* Les idoles.
42	6	De petites maisons, *lisez :* Des petites maisons.
52	19	Ceci me paraît........ jusqu'à toucher au ridicule, doit être mis là comme note.
59	19	Procèdent, *lisez :* Procède.
75	3	Profanation, *lisez :* Sacrilége.
86	28	Silius Italicus et Ausonne, *lisez :* Cassiodore, Paulin et Ausonne.
90	6	Senambre, *lisez :* Sénégambie.
97	14	Ve. siècle, *lisez :* VIe. siècle.
98	5	Ces, *lisez :* Ses.
103	4	A rendre compte, *lisez :* A se rendre compte.
106	18	Les autres édifices, *lisez :* Les édifices.
107	17	Romain, *lisez :* Roman.
108	12	VIII, *lisez :* VII.
117	8	Sanctun, *lisez :* Sanctum.
121	12	Les triangles, *lisez :* Des triangles.
121	28	France, *lisez :* Europe.
122	3	Par un effet, *lisez :* Par l'effet,
126	26	453, *lisez :* 452.
136	25	D'un coup, *lisez :* Tout d'un coup.
141	4	Se rencontrent, *lisez :* Se rencontre.
148	10	Simples pierres. *lisez :* Simple pierre.
159	26	Gothique primitif, *lisez :* Gothique.
162	6	VI, *lisez :* VII.
170	19	La cédèrent, *lisez :* Le cédèrent.
170	22	Ancien annexe, *lisez :* Ancienne annexe.
175	18	Il l'enrichit, *lisez :* Il enrichit la Camargue.
176	26	Une synode tenue, *lisez :* Un synode tenu.
187	1	De renaissance, *lisez :* De la renaissance.
187	7	Sur, *lisez :* Par.
188	11	Des nouvelles voies, *lisez :* De nouvelles voies.
188	23	Des classes sociales, *lisez :* Des hautes classes.
201	16	Et, s'élevant, *lisez :* Il s'élève.

En effet, demander quand a fini le style roman et quand a commencé le gothique, c'est proposer un problême des plus difficiles à résoudre; car, il est probable que l'un a commencé avant que l'autre finit, et que des systêmes divers ont ainsi marché côte à côte durant plusieurs siècles. Il fallait cependant fixer des limites, et à défaut de renseignemens précis recourir à la vraisemblance pour en faire une règle de classification.

C'est ainsi que j'ai procédé.

L'époque de Constantin m'est apparue comme le point de départ du style bysantin. S'il est vrai que cet art ne soit qu'une modification de l'art romain, c'est de l'époque où les destinées de l'ancienne Rome ont été profondément affectées par la translation à Bysance du siége impérial, et l'avènement au trône de la religion chrétienne, que ce genre d'architecture a dû tirer son origine. Les dogmes de la nouvelle religion, en modifiant les mœurs ont nécessairement modifié les idées, et, par suite, les arts qui en dépendent.

Le VIIIe siècle m'a signalé un autre point de départ; celui de l'architecture gothique. Ce siècle ouvre la porte au moyen-âge, et à l'invasion des Sarrasins qui , occupant les provinces méridionales de la France , deviennent l'occasion de la destruction de beaucoup d'édifices publics et répandent, à titre de compensation dans les pays conquis , leurs traditions architectoniques.

Le système gothique règne sous le nom de *gothique primitif ou robuste* du VIIIe au XIe siècle ; son allure diffère peu de celle du roman. Il est lourd , massif : c'est une dégénérescence du roman , comme le roman fut une dégénérescence de l'antique.

Une grande révolution éclate au XIe siècle ; l'ogive, qui jusques-là n'avait été employée que comme accident de construction devient la base d'un système destiné à faire taire tous les autres. Il règne jusqu'au XIIIe siècle avec une grande sobriété d'ornemens et une certaine réserve dans la projection de ses lignes. Pendant cette période le style gothique , ayant l'ogive pour caractère essentiel , me semble devoir porter le nom de *gothique ogival* , proprement dit.

Du XIIIe au XVe siècle , ce style se perfectionne. Il prend le nom de *gothique fleuri* à cause de la quantité d'ornemens dont il s'emrichit, de la coquetterie, et de la grâce qu'il déploie dans ses compositions.

Sa plus vive splendeur éclate pendant la période séculaire, qui, du xve siècle, s'étend jusqu'au règne de François Ier; l'*ogive* se modifie; elle prolonge son sommet, et devient éblouissante par la quantité de fleurs, de festons dont ses inflexions se revêtent. C'est l'époque du style *flambloyant* ou *perpendiculaire*, comme l'appellent les antiquaires anglais.

La renaissance, qui arrive avec François Ier, évoque les souvenirs de l'art antique dans l'espoir de rattacher le passé au tems présent.

Telles sont les divisions que j'ai adoptées et suivies; l'état d'incertitude où se trouve encore l'archéologie lapidaire laissant à chacun la liberté de poser les limites qu'il juge à propos d'établir.

Je n'ai cependant point agi arbitrairement en adoptant les divisions ci-dessus indiquées. Une partie des raisons qui m'ont dirigé dans l'ordre que j'ai suivi sont déjà connues. J'ajouterai que des souvenirs de lecture et de conversation, m'ont été assez en aide, pour que je puisse dire que cette classification ne m'appartient point et que je n'ai fait que résumer ce que d'autre ont dit ou écrit.

J'ai constamment employé le mot *gothique* pour désigner l'architecture du moyen-âge , et en cela je me suis conformé à un usage qui cependant me paraît fort peu rationnel , puisqu'il semble faire intervenir la main des populations gothiques dans la confection d'édifices construits à une époque où ces races avaient disparu du rang des nations. Mais les difficultés qu'on éprouve à remplacer ce mot , quoiqu'il soit réprouvé par tous , et la divergence des opinions que fait naître le choix du mot à substituer , m'ont décidé à faire usage d'une expression qui , si elle n'est ni juste ni historique , donne cependant l'idée de ce que l'on veut dire.

En attribuant à l'art romain les édifices du règne de Constantin Ier , tels que le Forum , le palais de la Trouille , et autres où se montrent quelques indications du bas-empire , j'ai suivi une opinion généralement admise. Ces édifices ayant été construits d'après la manière et les plans antiques , m'ont semblé devoir être rangés dans la classification romaine , par suite de cette idée , qu'en pareil cas , c'est moins la date d'origine qui sert de règle que le style et la coupe des bâtimens ; lorsque d'ailleurs ces bâtimens ont été élevés par la province encore romaine.

Je ne voudrais pas que le peu de mots hasardés dans cet écrit sur les œuvres de la renaissance, put faire croire que je manque de justice envers le règne de François Ier. Je sais toute l'influence que ce prince a exercé sur les arts du dessin , et combien d'admirables édifices sont nés du système qui fut par lui adopté. Quelle que soit ma vénération pour l'architecture gothique , je ne me dissimule point les graves défauts qu'elle renferme ; défauts qui font du caprice et de la fantaisie des artistes la seule règle de ce genre de composition. Mais j'avoue que je préfère une expression nationale , à celle qui vient de l'étranger , lors même que la première manquerait de l'harmonie ou de la majesté qui raisonne dans l'autre. En matière d'art l'originalité me semble préférable à l'imitation , et sous ce rapport je regrette que la renaissance ait fait un appel aux souvenirs de l'antiquité , au lieu de chercher dans les mœurs de la France une expression populaire digne de remplacer celle du moyen-âge , si celle-ci était épuisée. Les Grecs , qui connaissaient les édifices Egyptiens, s'étaient contentés de les admirer sans penser à faire de leur imitation la base d'une architecture grecque. Ils attendirent que le système propre à leurs habitudes et à leurs croyances se présentât de lui-même, et par-là ils arrivèrent à une architecture nationale.

Réduits à l'impuissance de créer, les Romains adoptèrent l'art des Grecs, en donnant toutefois à son application une plus grande étendue et des dimensions plus fortes par l'effet de cet instinct de grandeur et de puissance auquel ce peuple ne pouvait en rien se soustraire.

Quand le moyen-âge eut trouvé un genre de construction dont le caractère s'alliait à celui de la pensée chrétienne, il se vît à mérite égal d'invention avec les Egyptiens et les Grecs ; et sans vouloir m'engager dans une question de préférence entre ces divers systêmes, je n'hésiterai pas à dire que les grandes compositions de nos pères me semblent de nature à entrer en parallèle avec celles des peuples anciens, quoique tous termes de comparaison soient entr'elles impossibles.

Je termine ces lignes par une observation émise dans la vue de prévenir quelques méprises.

Située sur les frontières de l'Italie, ayant eu pendant long-tems avec elle une existence commune, la Provence a de tout tems montré pour les beaux-arts une aptitude que la France n'a acquis que plus tard. Comme la foi chrétienne, l'architecture religieuse y a porté des fruits hâtifs ; et se serait s'exposer à l'erreur que de vouloir fixer l'âge de nos temples par celui des églises bâties dans les autres contrées de la France. Installés tout d'abord en Provence, les édifices chrétiens ont été dans la suite imités par les provinces du Nord, qui sont parvenues à imprimer à leurs constructions une hardiesse et des dimensions supérieures à celles des édifices imités ; mais il y a eu plusieurs siècles d'intervalle entre l'origine et l'imitation. C'est par-là que s'explique à mes yeux l'ancienneté de quelques-unes de nos églises : cette ancienneté trouvera peut-être des incrédules ; mais je puis dire que lorsque je me suis décidé à admettre les vieilles dates que je rapporte, ce n'a été qu'à la suite d'un examen long, minutieux, et devenu convaincant par l'assiduité et la conscience que je me suis efforcé d'y apporter.

RAPPORT

A LA COMMISSION ARCHÉOLOGIQUE

D'ARLES.

Nommé membre de la Commission archéologique d'Arles, sans autre titre à cette distinction que mon respect pour les souvenirs historiques de ma ville natale, je résolus de payer ma carte d'entrée, en présentant à mes collègues un Rapport sur l'origine et les besoins de nos monumens d'architecture de tout âge. Les limites que j'avais assignées à ce travail étaient fort étroites. Le désir de ne laisser dans l'oubli aucune de nos vieilles pierres m'a forcé de les élargir , et il en est résulté le volume que voici.

Écrit rapidement et presque tout d'une haleine il doit renfermer des imperfections de tout genre que je suis loin de me dissimuler , et que je veux être le premier à signaler. Cependant je désirerais qu'on ne cherchât dans ce travail que ce que j'ai voulu y mettre , à savoir : des points d'indication pour un ouvrage à faire ; des jalons de reconnaissance élevés sur un terrain dont le moindre accident mérite d'être exploré.

L'ordre que j'ai suivi pour la distribution de nos édifices était indiqué par la succession des tems.

En tête les monumens Gaulois, si nous en avons ;

Puis ceux dont la puissance romaine a enrichi notre cité;

Enfin , les œuvres de notre civilisation.

Tout cela est clair et facile.

Mais envisagée dans les diverses phases qu'elle a subies , la longue durée de la période française indiquait des subdivisions que j'ai dû reconnaître et indiquer, quoique cette fixation ne soit pas sans danger en matière d'art.

LES MONUMENS

D'ARLES

ANTIQUE ET MODERNE.

Les monumens d'un peuple sont les élémens les plus sûrs de son Histoire. Ils en attestent avec une irrécusable autorité, les arts, les mœurs, les goûts, le système social tout entier. Mais à mesure que l'Histoire vieillit, la difficulté d'en conserver les documens devient plus grande. Tous les accidens qui affectent les choses humaines, atteignent surtout celles-ci. L'âge consume les édifices ; une incendie dévore les chartes ; ce qui n'était point de nature à laisser des traces ma-

1

térielles durables , comme la plupart des arts d'agré-
mens , s'oublie quand les traditions , destinées à en
conserver la mémoire , sont tombées dans la vétusté.
C'est ainsi que la connaissance des civilisations antiques s'altère ; que les monuments nationaux s'abolissent ; que le nom de la plupart des anciens peuples
ne survit que comme une énigme léguée à une postérité hors d'état d'en jamais connaître le sens , ni la
portée.

Depuis l'établissement des tems historiques , la
France a traversé trois grands systèmes de civilisation :

La civilisation gauloise.

La civilisation romaine.

La civilisation française.

Ce dernier système se subdivise en trois époques
bien distinctes :

L'époque franque qui , appliquée aux arts du dessin , porte le nom d'époque bysantine ou romane , et
commence au quatrième siècle.

L'époque du moyen-âge , dont la durée s'étend du
règne de Charlemagne jusqu'à celui de François Ier.

Enfin , l'époque moderne qui , partie du sezième
siècle , se dirige sur un avenir dont la limite nous est
inconnue.

Chacun de ces âges a transmis à la postérité des
monumens de divers genres , dont l'étude initie à la
connaissance intime de notre histoire , et dont la
recherche devient une œuvre de nationalité pour un
peuple qui , jaloux de connaître son origine et d'en

suivre les développemens , veut savoir de quels élémens s'est formé le système qui sert à son existence
actuelle.

Mais l'exploration de l'universalité des documens
historiques présente une étude immense au-dessus de
la durée d'une vie d'homme. Ce tableau est trop vaste
pour qu'une seule vue puisse le saisir. La division du
travail vient alors à l'aide de la faiblesse où de l'in-
suffisance individuelle : ainsi opéré, ce partage a fait
échoir à votre Commission*, Messieurs, l'étude et la
conservation de nos monumens d'architecture.

Il nous a semblé que les devoirs qu'impose cette tâche sont faciles à comprendre. Voici comment nous les
avons envisagés.

L'importance de notre Ville l'a rendue le théâtre de
presque tous les événemens de l'histoire de Provence.
Tour à tour cité gauloise , colonie romaine , résidence impériale, royaume , république, elle a vu naître et s'épuiser toutes les combinaisons gouvernemen-
tales que peuvent subir les états. Sa prépondérance et
son nom sont partout gravés dans les annales du pays.
Pour achever de compléter son illustration et en perpétuer le souvenir , chaque époque historique a décoré son enceinte de somptueux édifices dont les restes
sont encore de nos jours un juste sujet d'admiration.

Recueillir ces témoignages du passé , les diviser par
date d'origine , les annaliser succintement, en dévoi-

---

* La Commission archéologique d'Arles.

ler l'intention , indiquer leurs besoins, tel est le point de vue sous lequel nous a apparu le travail auquel nous allons nous livrer , et qui nous semble ressortir de la mission confiée à notre zèle et à votre intelligence.

. Mais avant d'entrer dans les détails dont cette étude se compose , nous croyons utile de résumer en peu de mots les principales révolutions que l'architecture à subies depuis les Gaulois jusques à nous. Les différences apportées par elles dans le style de l'art , servent à préciser les phases qu'il à parcourues et à révéler le caractère spécial à chacune d'elles.

C'est à ce titre que nous les avons consultées et que nous en faisons le guide de nos recherches.

Les premiers Gaulois ne connaissaient point l'architecture. Ce mot comporte une idée de composition artistique et une science d'exécution que n'avaient point ces peuples primitifs. Leurs constructions procèdent par masses disposées avec une extrême simplicité. Ils fouillaient les rochers ; en détachaient des blocs énormes, les taillaient grossièrement, n'employaient ni ciment ni mortier , et imprimaient à leurs œuvres un caractère cyclopéen qui décèle une force dépourvue de toute imagination.

L'architecture romaine, née d'une haute civilisation, suivit une marche différente. Importée dans les Gaules, à la suite des conquêtes de Jules César , elle y apparut comme un reflet de l'architecture grecque. Elle s'appuya comme elle sur des formules géométriques; donna à toutes ses parties un arrangement méthodique qui les unit étroitement ; combina des effets de force et de majesté , et prit pour caractère essentiel l'ordonnance symétrique , le plein-cintre , l'attique , la colonne à proportions.

Le style bysantin qui n'est qu'une dégénérescence de l'art romain , tint de lui la plupart de ses formes. On le reconnaît à la voûte cintrée , aux pilastres lourds et anguleux, à un faux air de ressemblance avec l'architecture dont il émane.

Se jouer de toutes les règles de l'art antique , fut le propre du moyen-âge. Les masses qu'il éleva dans les airs sont par lui fouillées, découpées en tout sens. Il les couvre de colonnêtes, de pyramides, de rosaces, de trè-fles, d'étoiles, de broderies variées à l'infini, et prend soin de courber leur front sous l'inflexion ogivale, si-gne caractéristique de toutes les œuvres gothiques.

Le retour aux formes grecques et romaines fit décer-ner au XVIe. siècle le nom d'époque de la renaissance. Les artistes florentins, appelés en France par Fran-çois Ier, y apportèrent des traditions dont le goût en se généralisant mit fin au système gothique et le rem-plaça par une imitation plus ou moins heureuse des dessins de l'antiquité.

Telle est l'esquise sommaire des révolutions qu'à subi l'art architectural en France. Mais il ne faudrait pas adopter trop rigoureusement les divisions que nous venons d'indiquer , ni croire que le style bysantin ait cessé absolument dès les premières années du moyen-âge ; que le gothique ait régné seul du viiie. au xvie siècle, et fini brusquement à l'époque de François Ier. Ces divisions ne sont utiles que pour préciser les tems où la lutte des systèmes a commencé. Les architectes restés libres de choisir , ont pu adopter l'ordonnance qui lui convenait le mieux. Aussi, rencontre-t-on fréquemment des édifices romans d'une date de beaucoup postérieure à Charlemagne ; de même que bien des compositions gothiques ne sont venues qu'après l'époque de la renaissance.

Il faut dire aussi que , les diverses périodes de l'architecture ne donnèrent pas, dans toutes les contrées des produits absolument semblables. L'influence des climats, la différence des mœurs, surtout celle des origines les ont souvent modifiés. L'art romain seul est le même partout. Ses édifices dans la Gaule, ressemblent exactement, sauf les dimensions , à ceux de l'Italie. Coupe, détails, ornementation , tout est frappé au même type. Ses règles reposent sur une immuabilité qui n'admet pas la moindre déviation. Dans l'universalité de ses œuvres on reconnaît un peuple qui , à Rome où dans ses colonies les plus éloignées, se montre dirigé par les mêmes goûts, le même esprit, les mêmes principes.

Adoptés par des peuplades qui n'avaient pas la même unité , le bysantin et le gothique sont loin de présenter cette rigoureuse fixité. Leurs produits varient de peuple à peuple , de région à région. Ils ne se rattachent entr'eux que par les généralités du système auquel ils appartiennent. De là, les différences qu'on remarque dans les détails des édifices romans et gothiques du Midi de la France, comparés à ceux du Nord.

Dans nos contrées, le caractère presque constant du bysantin le porte à affecter la forme des antiques basiliques, à donner aux clochers le dessin des tours romaines, à élever la coupôle au-dessus du chalcidique, à pousser la solidité des supports jusqu'à l'alourdissement.

Le gothique n'y a jamais atteint les développemens ni la puissance qui le révêtent d'un caractère si prodigieux dans les provinces septentrionales. Tenu en tutelle par les souvenirs de l'antique, rarement il ose prendre son essort. On le voit retenu par la crainte de porter son vol trop-haut. Ce n'est pas qu'il n'ait trouvé à y déployer la magie de ces lignes dans ses diverses périodes d'origine, d'éclat et de décadence ; mais ses œuvres y sont rares et moins pourvues de ces traits d'audace et de génie qui éclatent si merveilleusement dans les cathédrales du Nord.

De toutes les villes du Midi, Arles est une de celles que l'art gothique à le plus affectionnées. Cette préférence s'explique par l'intime alliance de cette architecture avec le Christianisme. Arles était le principal siège de la chrétienté dans les Gaules. Ses archevêques portaient le titre de primat et de prince. Comment une ville si éminente par ses privilèges ecclésiastiques aurait-elle pu n'être pas décorée des œuvres les plus riches d'un art si étroitement uni aux doctrines de l'Église, et qui, durant les premières années du moyen-âge, fut exclusivement cultivé par des prêtres? Les évêques étaient les seuls architectes de ce tems. L'art purement hiératique recevait du clergé son impulsion et ses allures. Comme chez les Égyptiens et chez les Grecs, le nom de prêtre renfermait alors celui d'artiste. Les connaissances dans l'art de bâtir étaient un titre pour arriver à l'épiscopat. Léon, évêque de Tours, dût en partie cette dignité à son habileté à établir les ouvrages de charpente. Ce n'est qu'au xııe. siècle que l'art se sécularisa à la suite du mouvement intellectuel qui avait affranchi les communes. Alors des corporations, étrangères aux ordres religieux, se chargèrent de la construction des grands édifices publics. Mais les nouveaux architectes suivirent les erremens de leurs devanciers. Ils poussèrent même plus loin le mysticisme des idées et le symbolisme des formes.

La cathédrale devint le résumé des dogmes de la nouvelle loi.

Le plan général de l'édifice, disposé du couchant à à l'orient, présenta l'image de la croix sur laquelle le Sauveur était mort. L'extrémité du sanctuaire prit le nom de chevet pour indiquer la place où sa tête avait reposé. Autour du chœur rayonnèrent douze chapelles en mémoire des douze apôtres. Une triple porte ouverte sur la principale façade figura le dogme de la divine Trinité. Deux tours représentèrent le pouvoir spirituel et le pouvoir temporel. On a remarqué que l'une d'elles était d'un dessin différent et presque toujours inférieure à l'autre : c'était celle de la puissance temporelle, et le symbole était vrai dans ce tems d'omnipotence cléricale. Enfin, dans le XIIIe. siècle cet esprit de recherche fut porté si loin, que quelques architectes imaginèrent d'incliner le transcepts de l'épître, pour rappeler que c'était sur l'aile droite de la croix que Jésus-Christ inclina sa tête en rendant le dernier soupir.

Tel fut l'esprit du moyen-âge ; espris de mystère, de foi vive et entraînante, que nous nous bornons à indiquer ; et dont le zèle religieux a présidé à une foule de chefs-d'œuvre lapidaires.

Les courtes explications que nous venons de donner, destinées à faciliter l'intelligence des édifices chrétiens en général, étaient encore nécessaires pour donner raison du grand nombre de ceux qui ornent notre ville, et dont nous aurons à parler. Mais avant d'appeler votre attention, Messieurs, sur les monumens de cette époque, nous avons à rechercher ceux qui les ont précédés, et que nous ont transmis les civilisations antérieures à la nôtre.

ÉPOQUE GAULOISE.

L'idée de bâtir un temple à la Divinité et de ré-
duire aux proportions d'une édifice , l'immensité de
leur culte , ne pouvait venir à des hommes qui , habitant les forêts, se plaisaient, dans la simplicité de
leurs mœurs , aux grands spectacles des scènes na-
turelles.

La voûte du Ciel , l'infini de l'horison , tels étaient
pour les Gaulois les murs d'enceinte de leurs tem-

ples , où s'agitaient des populations entières ; où s'op-
péraient en pleine liberté les phénomènes athmos-
phériques , qui ravissent ou épouvantent l'âme humaine.

C'est dans la profondeur des bois qu'ils plaçaient
le sanctuaire de la Divinité. C'est de là que partaient
les cris d'adoration. Élever d'autres temples , rêver
des enceintes rétrécies par d'autres encadrements ,
c'eut été tomber du grand au petit, de l'immense à
l'exigu.

Les premiers Gaulois n'eurent donc ni temple ni
palais ; et si plus tard on voit temples et palais s'élever dans les Gaules , c'est que la religion druidique
était alors perdue ; que les mythes romains avaient
remplacé le culte primitif. Jusques-là point de pierres bâties autres que celles indispensables à un système d'adoration , pratiqué dans le temple universel. Quelques larges tables destinées aux sacrifices ;
des tombeaux ; des retranchemens militaires ; des
grottes creusées dans les rochers : voilà les seuls monumens que nous aient transmis nos ancêtres. La
France n'en connaît point d'autres.

Les pierres druidiques , si fréquentes sur les bords
de l'Océan , sont d'une inconcevable rareté dans le
Midi de la France. En a-t-il jamais existé ? Ou bien,
honteux des œuvres de leurs pères , les Gallo-Romains
se hâtèrent-ils de les briser quand les arts de Rome eu-
ront pénétré parmi eux et donné naissance à d'autres
goûts et à d'autres idées ? On ne sait. Mais il est digne

de remarque que dans toutes les stations où les Romains ont exercé long-tems leur empire , il y a absence de monumens celtiques : on en rencontre que là où leurs établissemens ont été d'une plus courte durée.

L'histoire atteste les fréquentes révoltes qu'excitait parmi les Gaulois subjugués le souvenir de leur ancienne liberté. Tout ce qui était de nature à réveiller où à entretenir la mémoire du passé, dût être soigneusement mis à l'écart par les vainqueurs, et l'on conçoit aisément que ce soit dans la Gaule Viennoise, l'un des établissemens transalpins les plus stables et les plus importans de la puissance romaine , que les monumens celtiques aient été brisés et anéantis jusques dans leurs derniers vestiges.

On ne rencontre , en effet , des pierres druidiques dans le Midi de la France qu'aux environs de Draguignan , encore leur authenticité n'est-elle pas à l'abri de controverses sérieuses.

Arles, qui fut long-tems une ville Gauloise, se trouve entièrement dépourvue des empreintes de cette antique civilisation. Aucune trace de ses premiers habitans ne s'y montre , à peine s'il est permis d'avancer comme un doute que l'excavation faite au rocher de la montagne de Cordes , pourrait bien être un ouvrage celtique.

Ceci demande quelques explications.

La montagne de Cordes est située à trois quarts de de lieue de la ville d'Arles.

Détaché de la chaîne de Fontvieille, à laquelle il

appartient par sa formation géologique, son rocher est bordé au midi par l'étang de Peluque, au couchant, à l'est et au nord, par un marais. Ses escarpemens des côtés du nord, de l'est et du couchant, le rendent presque inaccessible.

Pour compléter ce système de défense naturelle, un rempart bâti à grands traits contourne le pied de la colline à l'est et au midi, et embrasse, dans son trajet, toutes les parties de la montagne non défendues par des escarpemens abruts.

On ne connaît ni l'époque, ni les auteurs de cette construction. Mais on ne peut douter qu'elle n'ait été établie dans un intérêt de défense. Quoique le mur soit ruiné sur toute sa longueur, on aperçoit encore les restes de deux tours dont il était primitivement flanqué. Dans son état de dégradation actuelle, il conserve une hauteur moyenne d'environ dix pieds, sur sept d'épaisseur à sa base.

A l'extérieur la montagne n'offre rien de remarquable; mais si on la gravit jusqu'au sommet, on découvre à travers les broussailles une grotte creusée primitivement à ciel-ouvert dans le rocher, puis recouverte de larges dalles terrassées avec soin et disposées de manière à soustraire à tous les regards la vue du souterrain.

On y pénètre par une crevasse pratiquée au dallage culminant. On y entrait autrefois par une rampe légèrement inclinée, taillée dans la pierre et aboutissant à une salle oblongue établie à droite et à gauche du cor ridor d'entrée. En face de ce corridor s'ouvre la principale salle. Sa forme est celle d'une gaine dont les parois latérales se rétrécissent en s'éloignant de leur point de départ.

Un arc de cercle termine cette excavation qui procède du couchant au levant.

On l'a comparée à une croix latine. Mais, pour s'en former une idée plus nette, il faut se figurer une épée et l'on aura le plan exact de ce bizarre souterrain.

Les blocs de pierre qui le couvrent, extraits du rocher de Cordes, sont rapprochés avec soin quoique grossièrement taillés. Les corridors les plus étroits ont été voûtés avec des dalles assez longues pour en embrasser la largeur. Celles employées à la couverture des parties plus spacieuses s'avancent sur l'espace à couvrir jusqu'à la rencontre des dalles de vis-à-vis. Leur suspension dépend de la partie des voussoirs restée sur terre où son poids sert à les fixer. Quand la portée des blocs ne permet pas de les butter l'un contre l'autre, une troisième dalle, jetée en encorbellement par-dessus les deux autres, complète la couverture.

Les murs latéraux de la principale salle ont été taillés en surplomb probablement pour faciliter le système de voûte que nous venons d'indiquer. Cette salle est à présent la seule visible. Les autres sont obstruées par des terres et des pierres que les pluies y ont entraînées.

Le peuple appelle ce souterrain le trou des fées *.
Une croyance généralement admise en attribue l'origine aux Sarrasins et en fait le lieu où ils recellaient
leurs trésors **.

Cette opinion nous paraît peu rationnelle.

Mais quelle qu'ait été la destination de ce monument,
quels que soient ses auteurs, rien n'est mieux démon-
tré que l'erreur où sont tombés les écrivains dont la
préoccupation attribue aux Sarrasins cette cripte mystérieuse. La retraite prétendue des peuplades Maures-
ques à Cordes, n'est nullement prouvée. Elle repose
sur une tradition qui, marchant côte à côte de celle
qui fait venir Charlemagne en Provence et lui attribue l'édification de la chapelle de Ste.-Croix, bâtie
trois siècles après la mort de ce prince, ne mérite pas
plus de confiance que celle-ci. Mais c'est ainsi que
les erreurs s'accréditent et que la généralité d'une
croyance fait croire à sa légitimité. Ne craignons pas
de le dire, Messieurs, ni le rempart de la montagne

---

* Cette dénomination vient à l'appui d'une origine gauloise. On a remarqué que presque toutes les ruines auxquelles on attache des souvenirs de fées, dépendent d'anciens
monumens celtiques.

** C'est sur la foi de cette opinion que, dans le dernier siècle,
des fouilles, furent entreprises pour découvrir une partie
des richesses que l'on croyait y être cachées. Il est inutile de
dire que la fouille ne produisit aucun résultat avantageux.
Les traces qu'elle a laissées sont encore apparentes autour de
la grotte.

de Cordes, ni le trou fouillé dans son rocher, ne portent l'empreinte des Maures. Peut-être parviendrons-nous à le démontrer ailleurs. Ici, nous nous bornerons à dire que si l'on examine avec attention le surplomb des murs de la grotte et le mode grossier de sa couverture, on ne tardera pas a y découvrir une ressemblance frappante avec les ouvrages gaulois. Cette manière d'incliner les parois latérales* d'un édifice est particulière aux habitudes de ce peuple. Les larges dalles, rapprochées sans art et jetées comme un plancher en pierre sur les allées souterraines, se rattachent au même système.

Les Romains couvraient leurs constructions au moyen de voûtes cintrées; ou, s'ils fesaient usage des couvertures à plate-bande, ce qui est fort rare chez eux, ils rapprochaient les dalles avec soin, les appareillaient avec la rare précision qu'on leur connaît, et qu'ils tenaient de leur habilité dans l'art de tailler les pierres. Une disposition, comme celle du souterrain de

---

* Les murs cyclopéens des galeries de la citadelle de l'ancienne Tirynthe, en Argolide, offrent une analogie frappante avec ceux de la montagne de Cordes. Ils surplombent de la même manière et les couvertures paraissent avoir été exécutées sur le même plan. William-Gell leur assigne une origine antérieure de plusieurs siècles à l'ère-chrétienne.

Je dois ce nouveau terme de comparaison à M Gibert, conservateur de la Bibliothèque d'Arles, dont l'intelligence égale l'instruction. Ses recherches sur l'Histoire d'Arles méritent l'estime de tous ceux qui s'intéressent aux bonnes études.

Cordes, serait sans exemple dans les édifications de ce peuple.

L'inclinaison des murs s'éloigne également de ses coutumes et de ses principes.

Les ouvriers Romains auraient redressé les parois inclinées de cette grotte, et, par-là, agrandi l'espace qu'ils voulaient se ménager. Puis, au lieu du plafond qui couvre les galeries, ils auraient élevé une voûte cintrée, genre de soutènement dont la solidité leur était bien connue. Jamais on ne les voit employer, pour couverture, des blocs de rocher grossièrement rapprochés les uns des autres, tels enfin qu'ils se montrent dans la voûte du souterrain de Cordes.

Les formes sveltes et gracieuses, constamment employées en architecture par les Arabes ou Sarrasins, s'éloignent plus encore que l'art romain de la grossière ordonnance que nous examinons.

Il est facile de s'en convaincre.

Quand les Maures ont occupé nos provinces, la civilisation et les arts de ce peuple étaient supérieurs à ce que possédait la France. Ils avaient dans l'art de bâtir des connaissances qu'ils répandirent dans les pays conquis, et dont les idées, en se propageant, hâtèrent les progrès de notre architecture. Il n'est donc pas rationnel de leur attribuer une construction qui se rattache aux informes essais d'un art à peine naissant, et à la rudesse d'une civilisation dont la force matérielle constitue le principal apanage.

Cela nous paraît décisif.

Mais aux raisons qui nous portent à dire que la grotte de Cordes pourrait bien être un ouvrage celtique, ajoutons une dernière considération.

Cette grotte, pratiquée dans un rocher, recouverte de terre et de broussailles, était évidemment un lieu de retraite et de secret. Fouillée sur le sommet d'une montagne isolée, qui s'élève au milieu d'un marais presque inaccessible, elle offrait toutes les circonstances de solitude et de mystère que recherchaient les prêtres Gaulois, quand, proscrits par les lois romaines, ils furent forcés de fuir pour se dérober aux persécutions. Au dire des historiens, ce fut dans les fentes des rochers, dans des grottes creusées aux entrailles des montagnes, que les Druides et les chefs Gaulois se réfugièrent. C'est là, qu'en cachette, ils continuaient à adorer leurs dieux; c'est là qu'ils convoquaient des hommes dont la nationalité se révoltait contre les exactions des vainqueurs. Enfin, c'est de là que partaient les cris d'indépendance et de guerre, qui, se propageant de peuplade en peuplade, provoquèrent tant de fois des soulèvemens funestes aux légions romaines. Et maintenant, si l'on veut se rappeler les nombreuses intermittences de soumission et de révolte de la Gaule Viennoise, on ne sera point étonné que, pendant une de ces insurrections ou de ces trèves, quelque peuplade ait creusé cette grotte comme un lieu de refuge applicable à bien des circonstances.

Par-là s'expliquerait le caractère de sa construction,

ainsi que les précautions de terrassement dont elle fut primitivement entourée.

Mais une nouvelle considération se présente, et nous croyons ne pas devoir la négliger.

Si l'étude de l'architecture du souterrain nous a fait pressentir une origine celtique, l'examen des circonstances, que nous venons d'indiquer, peut mettre sur la voie de son ancien usage. Ce souterrain réunissait si bien les conditions recherchées par les Druides, proscrits pour la célébration de leurs mystères, qu'on est naturellement amené à croire qu'il a dû leur servir de temple au tems de la persécution.

La forme du monument révèle surtout cette destination : même elle sert à la préciser.

Le dieu Mars était adoré par les Gaulois sous la figure d'une épée. Cet emblème s'appliquait à tout dans le culte de cette divinité guerrière. Or, nous avons déjà dit que le plan du souterrain de Cordes présente exactement la figure d'une épée gauloise. L'analogie est frappante : ligne pour ligne, trait pour trait, le dessin de la grotte reproduit toutes les parties constitutives de cette arme. La poignée, les ailes, le trajet pyramidal de la lame, rien n'y manque; et il serait par trop absurde de croire qu'une composition aussi compliquée fut l'effet du hasard, ou d'un caprice d'architecte.

Nous n'émettons qu'un simple doute ; mais, à nos yeux, cette forme renferme un caractère symbolique ; et la grotte deviendrait un temple dédié au dieu Mars, construit après la conquête des Romains, alors que les Druides eurent perdus la liberté de leurs forêts et celle de leur culte.

Tels sont nos pressentimens sur un monument qui mérite d'être examiné avec plus de soin qu'il ne l'a été jusqu'à ce jour, et qui appelle une investigation plus intelligente que celle que nous venons de présenter.

Quant au mur d'enceinte qui contourne la colline des côtés de l'est et du midi, nous ne saurions consentir à voir là autre chose qu'un moyen de défense employé, non par les Sarrasins contre les habitans du pays, mais par les Arlésiens contre les Sarrasins.

Vous allez en juger.

Lorsque, dans les viiie et ix siècles, les Sarrasins se furent rendus maîtres d'Arles, une partie des habitans se réfugia dans les Arènes, déjà converties en château de guerre, ainsi que l'attestent les tours élevées sur cet édifice *. L'autre sortit de la ville occupée par le vainqueur.

N'est-il pas probable que, dans l'espoir de recouvrer bientôt leurs foyers, les Arlésiens se soient retirés sur les hauteurs de la montagne de Cordes, poste avancé

---

* Ces tours n'ont pas pu être construites contre la première invasion qui était tout-à-fait imprévue. Il est probable que ce n'est qu'à la suite des premières invasions et dans la crainte de celles qui pouvaient survenir que les Arènes furent fortifiées.

qui, en même tems qu'il offrait aux fugitifs un retranchement commode et sûr, leur laissait encore la satisfaction, si douce pour des exilés, de rester en vue de la
ville natale. C'est alors que, pour se mettre à l'abri
d'une surprise, ils élevèrent en toute hâte ce rempart,
dont la construction porte l'empreinte de la précipitation avec laquelle il fut bâti. La position qu'ils avaient
choisie permettait encore aux réfugiés de combiner
leurs opérations avec celles des habitans retranchés
dans les Arènes. La grande quantité d'ustensiles romains, alors en usage à Arles, et dont on trouve encore les débris sur la colline, acheverait de donner
de la vraisemblance à cette opinion, si elle n'était
conforme à ce qui fut pratiqué par tous les habitans
des autres villes envahies par les Maures *.

Ainsi, selon nous, les deux monumens de la montagne de Cordes seraient d'origine différente : l'un,
ouvrage celtique, remonterait à un tems que rien ne
permet de préciser ; mais qui ne saurait être antérieur
à la conquête de Jules-César ; l'autre, œuvre de défense et de retranchement, aurait été construit dans le
viii\ :^e^ ou ix\ :^e^ siècle, époque de l'invasion du Midi par les
hordes africaines.

Cette opinion peut être contredite sans doute, mais
elle a du moins l'avantage, sur celle qu'elle tend à
remplacer, de ne choquer ni la vraisemblance, ni
l'Histoire.

Nous aurions pu garder le silence sur le rempart de

* Voyez la note 1 à la fin de cet ouvrage.

la montagne de Cordes, puisqu'il n'est que le témoignage d'un fait de fortification, sans aucun point d'attache avec une question d'art. Mais l'opinion que nous avons émise sur la grotte, nous conduisait naturellement à entrer dans quelques détails sur l'édification du mur.

Jusqu'à présent on avait assigné une origine commune à ces ouvrages, tous deux attribués à un même peuple, quoique pourvus d'un caractère si différent. Il fallait montrer la différence qui les distingue et pour cela parler de l'un et de l'autre. Tel est le motif d'un rapprochement qui s'écarte de l'ordre chronologique que nous avons adopté, et qui met en présence d'une œuvre du moyen-âge une construction que nous persistons à attribuer à la civilisation gauloise.

Nous ne finirons pas sans vous exposer les diverses opinions émises par les écrivains qui se sont occupés des monumens de Cordes.

De ces opinions, les unes ont fait du souterrain une citerne; et celles-là sont tout-à-fait incroyables, puisque la fouille étant pratiquée sur la crète de la colline, il est impossible de concevoir comment on serait parvenu à y amener des eaux pluviales. D'autres ont imaginé que ce pouvait être une mosquée, et celles-là ne sont guère moins invraisemblables; car les Sarrasins, maîtres de la ville d'Arles, auraient trouvé plus facile et surtout plus conforme à leurs idées de prosélytisme religieux, de convertir en mosquée une église chrétienne, que d'aller cacher leur culte dans une caverne

étroite et sans jour. Enfin, M. Anibert * avance sérieusement que cette grotte, creusée par les Sarrasins,
était le magasin secret où ils renfermaient leurs trésors
les plus précieux.

Quelque respect que l'on doive à la mémoire de cet
historien, son opinion sur la montagne de Cordes
nous semble plus spécieuse que vraie. Il a cru découvrir que le nom de *Cordes* ou *Cordoa*, aurait été
donné à la colline par les troupes sarrasines qui occupèrent la ville d'Arles, et qui étaient sous les ordres
de l'émir de *Cordoue*. Cette étymologie trouvée, tout
dans cette localité est devenu sarrasin pour un auteur préoccupé. A ses yeux, le mur, la caverne, sont
empreints de ce caractère. Il va jusqu'à dire que,
pendant les quatre années que les Maures sont restés
en possession de notre ville, ils se sont abstenus de
l'habiter pour donner la préférence au séjour de la
montagne. Ceci serait une exception unique à la conduite de ces peuples qui, marchant escortés de leurs
femmes et de leurs enfans, ont établi leur résidence
dans toutes les villes par eux conquises; les ont fortifiées dans l'espoir de s'y établir, et y ont répandu la
connaissance de leurs arts, dont les réminiscences
se retrouvent si fréquemment dans les ouvrages lapidaires du moyen-âge. Comment supposer, en effet,
que les Sarrasins eussent préféré un campement pé-

* Voyez sa Dissertation topographique et historique sur la
Montagne de Cordes et ses Monumens, publiée en 1770.

nible sur un rocher, au milieu d'un marais, aux avantages d'une place forte, qui offrait toutes les ressources désirables au cantonnement d'une armée et aux commodités d'une population de femmes et d'enfans?

Pour donner de l'occupation aux soldats musulmans, retranchés, pendant quatre années de paisible conquête, sur la montagne de Cordes, M. Anibert les emploie à élever le rempart et à creuser le souterrain. Mais l'aspect du mur révèle un ouvrage fait en toute hâte, et l'on ne se décide pas à croire qu'une muraille, construite par une armée victorieuse, maîtresse absolue du pays, dans le dessein de fortifier le lieu de sa résidence habituelle, eût porté l'empreinte d'une telle précipitation. D'ailleurs, les lignes de fortifications du rempart n'ont rien qui se rattache à la stratagie sarrasine. Au contraire, elles sont conformes aux traditions de l'architecture militaire romaine, qui, au VIIIe siècle, était encore en usage dans le Midi de la France. Enfin, n'est-il pas impossible d'admettre qu'une armée ait jamais été employée à creuser, dans les flancs d'une montagne, une cavité destinée à rester secrète et à receler des trésors. Car, dans ce cas, où aurait gît le secret?

L'esprit judicieux et sage de notre compatriote s'est laissé séduire, dans cette circonstance, par une étymologie trompeuse et une tradition populaire, assise sur une erreur aujourd'hui démontrée. Cette tradition fait remporter à Charlemagne une victoire décisive sur les Sarrasins, retranchés dans les environs de

Montmajor. En reconnaissance de la protection que Dieu venait d'accorder à ses armes, le roi de France aurait fait édifier, sur le lieu même de son triomphe, la chapelle de Sainte-Croix, qui, par-là, remontait au viiie siècle, et prenait une fondation royale. Les abbés de Montmajor, engagés avec ceux de Vienne dans des contestations de privilége, ont pu avoir quelque intérêt à répandre cette opinion qui ajoutait à l'illustration de leur monastère. Mais la date réelle de l'édification de Sainte-Croix, fondée en 1018 par l'abbé Rambert, consacrée dans le mois de mai 1019 par l'archevêque Pons de Marignane, est aujourd'hui bien avérée, et par-là s'évanouit le merveilleux de la victoire attribuée à Charlemagne. On conçoit que pour accréditer la victoire, il fallut de toute nécessité avoir sous la main une armée sarrasine, destinée à être taillée en pièce ; et, comme la chapelle Sainte-Croix est située entre Cordes et Montmajor, c'est au pied de la montagne de Cordes que la tradition a distribué les lignes de ses deux armées. C'est là qu'elle a livré bataille sans se mettre en peine de la géographie locale qui ne laissait aucun champ ouvert aux évolutions d'une armée, puisqu'à cette époque des eaux marécageuses inondaient toute la contrée.

Nous sommes loin de le contester. La position de Cordes offrait un poste militaire, dont les avantages ne sauraient être méconnus. Mais ce n'est que comme lieu de station provisoire qu'une armée a dû s'y retrancher. D'ailleurs, les Sarrasins peuvent avoir oc-

cupé la colline , sans qu'il résulte nécessairement **de ce**
"fait qu'ils soient les auteurs du rempart et, surtout, **de**
la grotte. Les différences caractéristiques qui distin-
guent ces deux ouvrages, ne permettent pas de les attribuer au même peuple, et il suffit de les examiner
avec quelque attention , pour reconnaître que plusieurs siècles d'intervalle séparent leur origine. Enfin,
puisqu'à défaut de renseignemens précis, c'est à la
vraisemblance qu'il faut recourir pour expliquer la nature et la destination du rempart. Nous inclinons à
croire, comme nous l'avons déjà dit, que c'est à
Cordes que les habitans d'Arles se retranchaient pendant l'occupation de leur ville ; que c'est là qu'ils trans-
portaient leurs effets les plus précieux ; et que ce sont
eux qui élevèrent à la hâte ce mur destiné à compléter le système de fortification que présentait naturellement la montagne.

Les actes de Saint-Porcaire-de-Lérins, rapportés
par M. Anibert lui-même, viennent à l'appui de notre
opinion. Ils rapportent que les habitans des villes occupées se réfugiaient sur les montages les plus voisines, et s'y fortifiaient pour échapper aux mains des
infidèles.

Pourquoi les Arlésiens auraient-ils agi autrement
quand, exposés aux mêmes dangers, ils avaient les
mêmes moyens de s'y soustraire?

EPOQUE ROMAINE.

Nous touchons à l'époque splendide de nos annales :
celle où la ville gauloise devient colonie romaine ;
où la simplicité des mœurs fait place au luxe des idées
et des goûts. Le cortège des arts arrive à cette période
de la civilisation. Il n'y a à l'abri de cette invasion que
les peuples qui meurent jeunes. Ceux à qui il est
donné de compléter leur carrière sociale, passent inévitablement par les tems d'origine et de consommation.

Juger de la durée d'un état par le progrès des arts qu'il s'est appropriés, est une règle d'infaillible vérité. Dans la vie des nations, comme dans celle des hommes, la différence des âges donne toujours raison de la différence des œuvres.

Conquérir les peuples par la force des armes, les soumettre à l'obéissance en altérant leurs mœurs par l'initiation aux jouissances d'une civilisation avancée, telle fut la politique de l'empire romain. C'est celle qu'il appliqua aux divers états de la Gaule, quand cette conquête lui eut été assurée par les victoires de Jules-César.

La ville d'Arles obtint une large part dans la distribution des faveurs de la métropole. Établissemens commerciaux, politiques et religieux, édifices publics, spectacles, vie et mœurs du Forum, elle reçut tout des Romains en échange de ses anciennes lois et de sa nationalité. Des eaux vives et abondantes furent appelées des sources les plus éloignées; et une ville, bâtie sur les bords d'un grand fleuve, eut, dans le double intérêt de l'industrie et du bien-être de ses habitans, ses eaux de commerce et ses eaux de luxe.

Pour compléter ce système d'opulence et l'étendre aux deux extrémités de la ville, séparées par le Rhône, des tuyaux de plomb, communiquant d'un bord à l'autre, furent jetés dans le fond du fleuve, et par le jeu de siphons renversés[*], transmirent les eaux de

---

[*] Un grand nombre de ces tuyaux ont été retrouvés dans

source du quartier d'Arles à celui de Trinquetaille.

Un amphithéâtre, uu théâtre, des temples, des basiliques, des palais somptueux, des routes, des ponts, des arcs de triomphe, des statues, des sculptures grecques, embellirent son enceinte. L'histoire et la poésie s'accordèrent à lui donner le surnom de Rome Gauloise *.

Cet état de prospérité dura, dans toute sa splendeur, jusqu'au vi^e siècle de l'ère-chrétienne, qui vit cesser la domination romaine dans les Gaules. A cette époque, la ville d'Arles passa sous l'empire des Goths. Les révolutions se succédèrent. Arles porta successivement la couronne royale et la robe consulaire. Mais elle dût sa plus haute illustration au titre archiépiscopal qu'elle fut la première à porter dans les Gaules, et aux établissemens qui se rattachèrent à un siége primitif de la chrétienté.

Des traces de cette antique magnificence ont survecu à l'action du tems. D'illustres débris décorent notre ville. Grâce aux soins affectueux dont ils sont devenus l'objet depuis quelques années, les restes les plus imposans de l'architecture romaine sont si bien connus, si bien appréciés, que nous pourrions nous borner à rappeler leurs noms. Mais il en est d'autres plus profondément détruits, et, par conséquent moins signalés,

le Rhône ; le Musée en conserve plusieurs échantillons qui portent le nom du fabricant et la mention du poids.

* Gallula Roma.

qui ont droit aussi à nos recherches. Car, pour se faire une juste idée de ce qu'était Arles antique, il ne faut pas se contenter d'étudier les somptueux dessins de l'amphithéâtre et du théâtre. On doit porter les regards plus avant, et recomposer en idée les autres édifices contemporains de ceux-ci, et qui, plus maltraités, ont succombé presque entièrement sous le poids de l'âge ou de l'indifférence des hommes, plus destructive encore que l'attaque des élémens.

Avant que le souvenir en soit tout-à-fait aboli, nous avons pensé qu'il était utile de rappeler leurs noms, de préciser leur ancienne situation, de recueillir et interroger avec soin les débris qu'ils ont pu laisser et qui gardent quelques souvenirs du passé. Nous devons à cette investigation, nécessaire d'ailleurs pour parvenir à se créer une image complète de l'antique aspect de la ville romaine, la découverte de quelques vestiges naguères ignorés, dont nous avons fait l'objet de nos études, et que vous verrez apparaître à leur place dans le tableau qui va être mis sous vos yeux.

Au premier rang de nos monumens antiques se présente l'amphithéâtre, dont les dimensions donnaient place à plus de 24,000 spectateurs. La longueur de son grand axe, disposé du nord au midi, est de de 140 mètres. Sa largeur, ou petite axe, de 103. Chaque étage de l'édifice est percé de 60 arcades à plein jour. L'ordre dorique décore le rez-de-chaussée. Le corinthien règne au premier étage. La partie culminante était formée par une corniche d'amortissement, dont il ne reste plus de traces.

Construit sous le règne des empereurs romains*, l'amphithéâtre fut converti en place de guerre dans le VIIIe ou IXe siècle, époque des invasions du Midi de la France par les Sarrasins. Quatre tours, élevées sur les points cardinaux de l'édifice, lui donnèrent l'aspect et l'utilité d'une forteresse. On encombra de terres les galeries souterraines, afin de les mettre à l'abri d'une surprise. Tout fut disposé dans un intérêt de défense et de guerre. C'est de ce changement de destination que date la ruine de l'amphithéâtre jusques-là respecté, soigné et réparé par la population qui, par esprit de religion, avait si généralement mutilé les autres édifices du paganisme.

Quand l'épée victorieuse de Charles-Martel, de Pépin-le-Bref et de Charlemagne, eut purgé la France des hordes africaines, le château des Arènes resta livré à la population qui y avait cherché un asile pendant la durée des siéges. Les plus pauvres habitans continuèrent à y faire leur résidence. Peu à peu leurs maisons, si l'on peut appeler ainsi de misérables huttes, privées d'air et de jour, grimpèrent sur toutes les voûtes, s'attachèrent à tous les murs, les percillèrent en tous sens, se suspendirent de tous côtés aux flancs du colosse romain.

* Quelques écrivains ont pensé que l'Amphithéâtre d'Arles avait été construit sous l'empereur Probus.

La religion consacra cette nouvelle cité, abritée tout entière dans un édifice romain, en y introduisant diverses chapelles, dont la présence dût être considérée comme une satisfaction donnée aux victimes chrétiennes, immolées aux impitoyables jeux de l'amphithéâtre *.

Cet état de choses a duré plusieurs siècles, pendant lesquels les Arènes ne furent plus qu'un amas de maisons sans ordre, étagées capricieusement, donnant abri à la partie indigente de la population, et périssant en détail sous la moindre convenance de ses habitans.

---

* L'occupation des Sarrasins avait fait aussi de sanglantes blessures au Christianisme. En action de grâce de leur expulsion, une croix de pierre fut plantée vis-à-vis le château des Arènes, si souvent assiégé par eux. Ce signe de délivrance a été religieusement renouvelé de siècle en siècle. Il existe encore de nos jours sous le nom de croix des Maures.

La chapelle de St.-Michel, vainqueur du diable, bâtie dans l'intérieur de l'Amphithéâtre, eut également pour objet de consacrer le souvenir de la défaite des Sarrasins ou diables comme les appellent les chroniques du tems, les mots de sarrasin ou diable étant synonimes dans les anciens écrits.

Lors du déblaiement de l'Amphithéâtre, en 1826, on découvrit, au pied d'un pilastre en face de la croix, une inscription tracée au pinceau, dont il ne fut pas possible de déchiffrer le sens. Les caractères étaient ceux du xe. ou xie. siècle. Le mot diable y revenait souvent, ce qui ferait croire que l'inscription pouvait se rapporter aux Sarrasins et à la croix plantée après leur expulsion.

François Ier et Henri IV avaient témoigné le désir de déblayer le monument défiguré, et d'ériger au milieu de l'Arène notre obélisque antique; mais les difficultés de cette entreprise la firent abandonner, et il ne fut plus question d'un déblayement jugé impraticable.

Le cours du tems a modifié ces idées.

L'ancien projet de restauration vient d'être exécuté par la ville, sous la direction de M. de Chartrouse, qui, pendant sa mairie, a heureusement accompli une mission qu'il ne tenait que de ses talens administratifs et de son zèle pour les intérêts du pays. L'œuvre est à présent achevée. Arles a recouvré une de ses plus hautes illustrations, et les vœux qu'il nous reste à faire ne sont plus que pour le prompt achèvement de quelques menus détails, nécessaires à la confection de cette grande et mémorable restauration.

L'amphithéâtre d'Arles ressemble, sauf les dimensions, au colysée de Rome et aux autres amphithéâtres romains.

Vous savez, Messieurs, que ces édifices étaient construits sur un plan circulaire ou elliptique*, présentant à l'extérieur un mur vertical, percé dans tout son pourtour d'arcades superposées.

A l'intérieur, plusieurs rangs de gradins, inscrits les uns dans les autres, partaient des hauteurs de la circonférence, et descendaient jusqu'au *podium*, balustrade qui sépare les gradins de l'Arène ou sol intérieur.

L'amas de gradins était ordinairement divisé en trois

---

* La forme circulaire était la moins usitée.

séries, distinguées par un pallier qu'on appelait précinction, et qui résultait de la suppression d'un gra-
din. Chaque série était composée d'un nombre plus
ou moins considérable de marches. On y arrivait par
des escaliers pratiqués tout au tour de l'édifice. Au
rez-de-chaussée et aux étages supérieurs, des galeries
voûtées, sous lesquelles circulaient les spectateurs
avant de se rendre aux places qui leur étaient réservées,
supportaient cet immense appareil de siéges de pierre
sur lesquels on débouchait par des ouvertures ayant la
forme d'un carré long, désignées sous le nom de vo-
mitoires.

L'Arène, dite aussi *cavea*, était affectée aux combats des gladiateurs et des bêtes. On croit que des loges
destinées aux animaux, dont la férocité contribuait
si puissamment aux plaisirs du spectacle, étaient pratiquées tout au tour de l'arène en dessous du *podium*.
Mais il est difficile d'admettre cette opinion qui manque de vraisemblance. Les loges de notre amphithéâtre ne laissent apercevoir aucune trace de fermeture. Elles semblent avoir été de tout tems ouvertes
et accessibles comme elles le sont de nos jours*.

Les différences de classe, établies par les institutions
politiques entre les citoyens d'une même cité, étaient
conservées à l'amphithéâtre par la différence des places
affectées aux spectateurs.

Les gradins de la première série étaient réservés aux

* Voyez la note 2 à la fin de cet ouvrage.

sénateurs, aux vestales, aux personnages consulaires. C'est là qu'était la loge impériale.

Les chevaliers étaient en possession des places de la seconde précinction.

La troisième appartenait aux classes inférieures.

Telle était l'habile disposition des gradins que les esclaves, relégués tout-à-fait au haut de l'édifice, y voyaient de plus loin, mais tout aussi distinctement que les personnes assises sur le premier pallier.

Des voiles, que par le moyen de cordages on ouvrait ou fermait à volonté, abritaient les spectateurs contre les ardeurs du soleil. Elles étaient assez élevées pour ne pas gêner la circulation de l'air. On voit encore, à Nîmes, les pierres dans lesquelles étaient fichés les bois qui soutenaient le *velarium*. S'il survenait de la pluie pendant les jeux, les spectateurs se réfugiaient sous les galeries couvertes, assez larges pour les tous contenir. Les nuages dissipés, chacun reprenait sa place, et le spectacle recommençait.

La double arène, qu'on remarque dans notre amphithéâtre, a fait naître des opinions contraires. Cette circonstance nous paraît cependant facile à expliquer. Quand les combats avaient lieu par le concours des animaux, ils s'effectuaient sans doute sur le sol le plus bas, afin de mettre les spectateurs à l'abri de leur atteinte.

Mais quand les combats se livraient d'homme à homme, toute crainte de ce genre étant mise à l'écart, on devait élever le sol au moyen d'un plancher supporté par des madriers semblables à ceux qu'on emploie pour soutenir la scène de nos théâtres modernes. Par ce moyen , on y voyait mieux et de plus près. Les profondes entailles qui découpent la base du *podium* étaient sans doute destinées à recevoir les poutrelles qui supportaient l'échafaudage.

Quelques Auteurs ont pensé que l'amphithéâtre d'Arles était approprié à une naumachie.

La présence d'un aqueduc qui contourne l'édifice du côté de la porte du midi, et le plan incliné du sol de cette porte par lequel les galères auraient été mises à flot, ont pu donner naissance à cette idée , qu'il faut aussi attribuer au désir immodéré d'accroître l'importance des monumens antiques. Mais, quelle que soit notre bonne volonté en ce genre, nous ne pouvons aller jusqu'à croire à l'existence d'une naumachie à Arles. Aucune disposition des substructions de l'amphithéâtre ne s'y prête. S'il est difficile d'expliquer comment les eaux y auraient été introduites*, il est plus difficile encore de se rendre raison des moyens qu'on aurait eu pour les évacuer.

Nous nous résignons donc de tout cœur à sacrifier cet appendice de notre amphithéâtre, sans croire que ce retranchement doive nuire en rien à son importance et à sa beauté primitive.

Voici, en peu de mots, les principaux souvenirs historiques qu'il rappelle :

* L'aqueduc qui est voisin de l'amphithéâtre le contourne et n'y pénètre pas; ce n'est pas lui qui aurait fourni les eaux.

En 255, l'empereur Gallus y fit célébrer des jeux en réjouissance des victoires qu'il venait de remporter dans les Gaules.

On croit que c'est dans son enceinte que l'empereur Constantin livra aux bêtes féroces les prisonniers qu'il avait fait aux Francs, désignés sous le nom de Bructères. Le carnage fut horrible. Il dura plusieurs jours. Les animaux rassasiés de sang et de victimes, témoignèrent une lassitude capable de faire honte aux sentimens de l'empereur.

Son fils y célébra des fêtes plus pacifiques en 350.

Plus tard, Majorien y donna des spectacles d'une magnificence toute impériale.

En 419, un édit d'Honorius défendit les combats de gladiateurs pour y substituer la lutte des hommes. Ces combats furent peu de tems après rétablis par le roi Childebert, qui en fit donner plusieurs dans l'amphithéâtre d'Arles en 539. C'est à lui que les historiens imputent les réparations de mauvais goût qu'on remarque autour du *podium* et dans plusieurs autres parties de l'édifice.

La cessation de la domination romaine mit fin, en changeant les mœurs publiques, à ces atroces plaisirs. La nouvelle foi religieuse les proscrivait d'une manière absolue, et la nécessité de trouver un abri contre les attaques subites des Sarrasins et des Normands, acheva d'abolir cet usage en forçant les habitans d'Arles à convertir, en un château de guerre, l'amphithéâtre où ils n'étaient accourus jusqu'alors que comme à un lieu de spectaclés et de plaisirs.

Ne tardons pas plus long-tems à parler du Théâtre romain.

Cette œuvre, si compliquée de marbres et d'ornemens, porte l'empreinte des différens âges de l'architecture antique. Elle est là avec ses formes de jeunesse et de décadence, d'élégance et de mauvais goût. On fait remonter les premières constructions de notre Théâtre au règne d'Auguste. Les dernières seraient du IIIe siècle. Si la tradition est exacte, sa destruction complète est due à Saint-Hilaire, archevêque d'Arles, qui, craignant pour la foi chrétienne les souvenirs attachés aux grands monumens du paganisme, fit ruiner celui-ci par le prêtre Cyrille.

Les tems de croyance sont aussi des tems d'éloquence et d'action. Cyrille profita d'une assemblée nombreuse qui était réunie sur une des places de la ville, Il prend la parole avec l'accent d'une ardente conviction, démontre les dangers qu'aura à courir le christianisme aussi long-tems que les idoles païennes resteront debout sur leur socle; invoque les édits qui proscrivaient les temples païens; et, voyant son auditoire disposé à le seconder, il se met à la tête du peuple soulevé, l'excite, le dirige, et verse ce torrent dévastateur sur le théâtre qui est alors livré à toutes les dévastations de la fureur populaire.

Tout périt à dater de ce jour. Les statues des dieux, renversées et mutilées furent jetées pêle-mêle dans les parties basses de l'édifice. On les couvrit de terre et d'immondices. Les autres décorations, telles que corniches, candélabres, frises, *etc.*, subirent le même sort. Les dévastateurs, armés d'instrumens tranchans, se plaisaient à défigurer les statues avant de les abattre. La belle tète, découverte en 1822, porte l'empreinte du coup de hache qui lui enleva l'aîle du nez. *

Deux colonnes du mur de scène survécurent à la dévastation. Échappées à la main des hommes, elles ont résisté aux assauts du tems. Leur front continue à dominer les ruines d'alentour, et à verser sur elles les rayons de l'antique majesté romaine.

Le nom qu'elles portaient au XIIIme siècle, mérite d'être conservé. On les appelait alors les fourches de Rolland. Un des arceaux de la façade méridionale porte encore le nom de Tour de Rolland. On ne sait comment expliquer ces dénominations. Les colonnes auraient-elles servi de fourches patibulaires ? l'arceau aurait-il été un lieu de détention ? Il est impossible de résoudre ces doutes, car l'histoire qui nous a conservé les noms, ne nous dit point à quelle occasion ils ont été donnés.

Après la destruction, opérée par Cyrille, le théâtre resta abandonné à toutes sortes de dégradations. Il ne

* Cette tête est au Musée de la ville, dont elle fait le plus bel ornement. Elle fut trouvée dans une fouille faite au théâtre.

fut plus considéré que comme une mine a exploiter , une inépuisable carrière de pierres toutes taillées. On en prit pour tous les besoins. Un grand nombre de gradins fut employé à la réparation des remparts de la ville. Puis , sur ce qui restait de l'œuvre romaine , vinrent s'asseoir des places publiques , des rues , de petites maisons en tout semblables à celles qui plus tard se répandirent sur l'amphithéâtre.

En 1664 , un monastère de femme s'éleva sur l'emplacement de la scène. Les vieux murs romains, muets depuis qu'avaient cessé les chœurs de Sophocle et de Sénèque , s'éveillèrent aux chants des cantiques chrétiens. Ils se pénétrèrent d'une odeur d'encens, parfum nouveau pour eux qui croyaient avoir épuisé au tems des représentations scéniques tous les parfums de l'Arabie *. La victoire de St.-Hilaire fut alors complète. Mais l'avenir préparait de cruelles represailles. Le xviiie siècle arriva : il ruina le monastère , dispersa les vierges qui l'habitaient. Le bruit du marteau destructeur se fit entendre une seconde fois ; et avec quel fracas grand Dieu ! l'église périt comme avait péri le théâtre. Une nouvelle couche de ruines s'abattit sur l'ancienne. Débris sur débris , poussière sur poussière. Qu'est-ce donc que la volonté de l'homme! Les premiers chrétiens ont détruit l'édifice du paganisme. Nos pères abolissent le sanctuaire chrétien qui

* On répandait des parfums sur le théâtre durant les représentations.

l'avait remplacé. Nous mêmes, destructeurs à l'heure marquée par les tems, nous mettrons notre œuvre à démolir les dernières pierres du couvent dans l'espoir de trouver sous ses fondations quelques restes des constructions antiques ! Et voilà comme procède l'humanité. Son instabilité crée et renverse ; elle s'agite dans une incessante rotation, abolit d'une main ce qu'elle a édifié de l'autre. C'est l'histoire de Pénélope , détruisant la nuit l'œuvre qu'elle avait accompli le jour. A l'aspect de ces vastes débris , de ces soulèvemens du sol , de ces dévastations successives , on se dit involontairement qu'il n'y a d'immuable qu'une seule pensée , une seule puissance , et que celle-là ne relève ni de nos volontés , toujours mues par des passions, ni de nos arts, qui pourraient bien n'être que des modes décorées d'un nom sonore.

La fouille , dont le théâtre est l'objet depuis quatre années , et qui est suivie avec un goût et une persévérance également louables , a mis à découvert l'orchestre , les premiers rangs de gradins , le plateau de la scène et quelques-unes des voûtes du pourtour. Ce qu'on voit de l'enceinte circulaire donne une idée suffisante de ce qu'était l'emplacement destiné aux spectateurs. Mais pour se représenter l'aspect d'un théâtre antique , il faut rapprocher des renseignemens que fournit le théâtre d'Arles , ceux que donne le théâtre romain d'Orange. Chez nous, ce qu'il y a de conservé , se rattache à l'hémycicle. A Orange , c'est le carré affecté aux représentations qui a survécu.

En réunissant ces deux fractions, on comprend sans peine l'économie des théâtres antiques.

Au dire de Vitruve, ils s'élevaient sur un plan semi-circulaire dont les extrémités prolongées en ligne droite, formaient un fer à cheval. Ce prolongement était de la moitié du rayon, ce qui donnait pour ces deux lignes droites les petits côtés d'un parallèlogramme, dont la largeur était égale à quatre fois la profondeur.

Le parallèlogramme exclusivement réservé à la représentation dramatique, était divisé en trois parties, dont la première, destinée au jeu des acteurs, portait le nom de pupître ou *proscenium*. La partie suivante sur laquelle s'élevait une façade d'architecture, qui terminait l'emplacement de la scène, s'appelait *scenium*. La partie de derrière, désignée sous le nom de *postscenium*, était celle où se fesaient les apprêts de la représentation.

L'hémicycle, destiné aux spectateurs, était composé comme dans les amphithéâtres de trois séries de gradins, qui, du haut de la circonférence, se projetaient jusqu'au sol, et occupaient, dans leur marche coupée par trois précinctions, le quart du diamètre ou la moitié du rayon de l'hémicycle.

L'espace circulaire, laissé libre par le point d'arrêt des gradins, portait le nom d'orchestre. C'est là que s'asseyaient sur des sièges portatifs les consuls, les sénateurs, les vestales ; car dans les théâtres, les personnages les plus éminens abandonnaient la première précinction aux chevaliers , la seconde aux simples citoyens, et la troisième aux affranchis et quelquefois aux esclaves. Chaque série de gradins était coupée d'escaliers nécessaires à la circulation des spectateurs. D'autres escaliers , pratiqués autour de l'édifice, montaient à un portique supérieur, élevé au-dessus des plus hauts gradins. Ce portique , orné de colonnes, était ordinairement surmonté de statues. Le portique seul était couvert : le théâtre ne l'était pas. Des voiles, disposées comme dans les amphithéâtres, avaient la même destination et procuraient le même abri aux spectateurs.

On croit que des vases d'airain , placés dans certaines parties de l'édifice , contribuaient à grossir la voix des acteurs , et à la répandre sur toute l'assemblée. Mais on ignore comment on pouvait obtenir cet effet. Les connaissances en acoustique que possède notre siècle , supérieures sans doute à celles des romains , n'ont pu parvenir à expliquer ce mystère , et il est probable que cette croyance ne repose que sur un malentendu.

Pour satisfaire aux besoins de l'espace immense affecté aux représentations , les anciens avaient été forcés de grandir les dimensions de la stature humaine. Chaque acteur était porté sur une chaussure élevée. Un masque à grande dimension grossissait sa figure et sa tête. De longues manches , de larges vêtemens donnaient à chaque personnage une apparence colossale , nécessaire à des spectacles vûs de si loin

et en plein air. Un masque à double face, tournant
à volonté sur la tête des acteurs, exprimait, suivant
le besoin, la tristesse ou la joie.

Les décorations participaient à ce vaste appareil.
La plupart des objets qui sur nos théâtres ne sont figurés que par des peintures, étaient disposés en pleine
réalité sur la scène. Le fond du théâtre représentait
la façade d'un vaste palais sur laquelle les ornemens
étaient prodigués. On en jugera par la description que
Pline nous a laissée du mur de scène du théâtre de
Scaurus *.

Le mur de scène était percé de trois portes dont celle
du midi portait le nom de Porte-Royale. Les deux autres s'appelaient Portes des Étrangers. Derrière chacune d'elles était placée une machine triangulaire, appelée par les Grecs *periactos*, tournant sur elle-même,
et dont chaque face représentait une décoration différente : l'une assortie aux pièces tragiques, l'autre
aux pièces comiques, la troisième aux pièces satiriques ou pastorales. L'appareil théâtral des anciens,
saisissant vivement l'imagination par la grandeur et
le luxe de la scène, se passait de notre système d'illu-
sion qui, d'ailleurs, n'aurait pu se concilier avec des
représentations en plein air, éclairées par une lumière
pure et abondante comme celle du soleil.

Le théâtre d'Arles n'a conservé qu'une bien faible
partie des détails d'architecture que nous venons d'in-

* Voyez la note 3 à la fin de l'ouvrage.

diquer. Sa ruine causera peu d'étonnement, si, à la connaissance des causes particulières qui occasionèrent sa destruction, on réunit celle des circonstances générales qui présidèrent à la démolition de tant d'autres édifices antiques.

Après sa conversion à la foi chrétienne, l'empereur Constantin ordonna la cessation des sacrifices, le bris des idoles, la démolition universelle des temples païens : mais en même tems qu'il donnait cette satisfaction à la nouvelle religion, il consentait à accepter les honneurs divins que lui conférait le sénat de Rome, ne reculant pas, lui chrétien, devant la divinisation toute païenne qui lui était décernée. Du haut de son apothéose, il n'en poursuivit pas moins sa tâche de proscription, et rien ne donne une idée plus significative de la politique de ce prince, que sa constance à conserver le titre de grand-prêtre de Jupiter, et son ardeur à détruire les temples du dieu dont il avait le sacerdoce.

Encouragés par ses ordres, les chrétiens ruinèrent de fond en comble les édifices qui avaient servi au dernier culte. Sur tous les points de l'empire, les statues des dieux furent livrées à la destruction. On les précipitait dans des fournaises ardentes. On les écrasait sous des rouleaux armés de pointe de fer. Celles qu'on épargnait n'échappaient à la mutilation, que pour être transportées à Constantinople, où Constantin les employait à décorer le siège de son nouvel empire. Mais elles ne partaient pour cette destination qu'après avoir été souillées d'immondices , et garrotées comme de vils criminels. Des crieurs publics, apostés sur leur passage , annonçaient à haute voix , qu'on ne transféraient les dieux à Constantinople que pour les livrer à la risée des chrétiens. Là, cependant , on les plaçait dans les églises , où sous des noms empruntés au Nouveau Testament , elles représentaient les saints personnages de l'histoire chrétienne.

Après Constantin , l'empereur Théodose renouvela les arrêts de proscription contre les édifices du paganisme. Les villes qui étaient restées en retard d'obéir se décidèrent à raser les temples qu'elles avaient conservé jusqu'alors. Quelques-unes , comme Rome , Athènes, Constantinople , *etc.*, s'affranchirent de cette obligation. Ailleurs la destruction fut si complète, que lorsque Honorius rappella l'ordre de briser les statues des dieux , il crût devoir ajouter, *s'il en existe encore quelques-unes**.

Arles, que l'on avait cru destiné a devenir la capitale de l'empire de Constantin, avait probablement conservé ses monumens païens , par l'effet de la protection secrète que ce prince leur accordait. Mais quand il fut décidé que le siége de l'empire d'Orient serait irrévocablement établi à Constantinople , on mît moins d'intérêt à cette conservation , et St.-Hilaire profita de cette disposition des esprits pour faire détruire le théâtre qui était encore debout vers le milieu du ve siècle.

---

* *Si qua etiam nunc in templis fanisque consistunt.*

L'Obélisque, qu'Henri IV voulait employer à la décoration des Arènes, est une aiguille granitique de
15 mètres 28 centimètres de haut, érigée sur la place
de l'Hôtel-de-Ville, et qui avait été découverte dans le
xive siècle, à la Roquette, sur l'emplacement du Cirque
romain. Le terrain dans lequel il fut trouvé porte encore le nom de Jardin de la Pyramide. On croit que ce
monolithe, extrait des carrières granitiques de l'Esterel, est le seul qui ait été exécuté hors de l'Egypte.
Cette particularité ajouterait sans doute à l'intérêt qu'il
inspire, mais c'est là une opinion dénuée de preuve.

Renversé de sa base et brisé par le choc de sa chute,
à l'époque ou périrent les autres édifices romains, il
resta perdu jusqu'en 1329. Sa découverte, à cette époque, n'inspira qu'un médiocre intérêt. On le laissa gisant et mutilé à la place où il venait d'être retrouvé.
Ce n'est que sous le règne de Charles IX qu'il fut dé-
barrassé des immondices qui le souillaient.

En 1676 on l'éleva sur sa base actuelle et il fut dédié
à Louis XIV, alors régnant, *afin*, dit Duport, *de suivre en cela l'exemple des Egyptiens, qui avaient l'habitude d'élever des obélisques pour immortaliser les
grands rois**. Le pyramidion fut surmonté d'un globe
azuré que domine un soleil à rayons d'or. Le soin de
la dédicace avait été confié à l'académicien Pélisson,
qui rédigea les inscriptions destinées à orner les quatre

* Histoire de l'Église d'Arles, page 22.

faces du stylobate; ces inscriptions ont péri pendant la révolution.

L'ancien piédestal, que le tems avait rongé, fut en 1829 remplacé par celui qui existe aujourd'hui, et auquel on ne peut reprocher qu'un peu trop d'ampleur dans les dimensions.

Nous avons remarqué dans l'obélisque un défaut de taille qui n'a point encore été signalé. Les obliques qui forment le trajet pyramidal ne s'éloignent pas également de la ligne médiane. Le versant de la face orientale a moins d'écartement que celui de la face de l'ouest. Il résulte de cette inégalité que l'aiguille à l'air de manquer d'aplomb .Mais cet inconvénient n'est pas assez sensible pour nuire à l'effet monumental. Ce qu'on a dit du défaut d'élévation de la tige pyramidale ne me paraît nullement fondé. L'obélisque s'élève avec grâce, légèreté, et sa base n'a qu'une épaisseur proportionnée à la hauteur de la flèche.

Les cassures qu'il éprouva lors de sa chute, auraient pu être mieux dissimulées qu'elles ne le sont. Il suffirait pour cela d'une réparation peu coûteuse qui raccorderait le ton du ciment avec celui du granit, et répandrait sur le monument la couleur uniforme qu'il avait primitivement, et dont tout monolithe est ordinairement revêtu.

Ne serait-il pas à propos d'utiliser ce beau jet de pierre et de le convertir en un gnomon conforme à celui qui donnait l'heure à la ville de Rome? Dans ce système l'aiguille serait employée comme style et des rails en bronze, disposés sur le sol de la place, serviraient à marquer les divisions horales.

S'il fallait assigner un âge aux trois monumens dont nous venons de parler, nous éprouverions un embarras dont on va juger.

C'est environ 50 ans avant Jésus-Christ que Jules-César envoya à Arles les vétérans de la 11e légion pour y fonder une colonie. Ce tems n'était pas celui des monumens de luxe. Rome ne possédait aucun des grands édifices qui ont plus tard décoré son enceinte. Une loi de Romulus, que la république n'avait pas osé enfreindre, prohibait tous les jeux autres que les exercices du cirque. Les théâtres, dont plus tard le goût pénétra si avant dans les habitudes de Rome impériale, n'existaient pas encore ; et quoique les communications avec la Grèce eussent révélé tous les attraits des spectacles scéniques, les Romains restaient fidèles aux anciens usages. Ce fut pendant les guerres civiles, cause inévitable de décadence pour l'austérité des mœurs publiques, que le premier théâtre permanent fut construit ; et c'est à Pompée que Rome en fut redevable. Afin de pallier ce que cette innovation avait de choquant pour les anciennes lois, Pompée fut obligée de déclarer que son théâtre n'était que l'appendice d'un temple voisin, dédié à Vénus. Cet établissement ne subsista pourtant que par pure tolérance. Il ne dépendait que de la volonté du censeur de le faire détruire de fond en comble.

César eut aussi l'intention de bâtir un théâtre dont la magnificence l'aurait emporté sur celui de Pompée, mais les ides de Mars ne lui en laissèrent pas le tems. Héritier de ce projet, Auguste, fit construire le théâtre de Marcellus, qui devint une des merveilles de Rome. Cette édification donna droit de cité à ces sortes d'édifices, qui, à partir de cette époque, furent admis dans les provinces d'où ils avaient été exclus, aussi long-tems que Rome en était restée privée.

Ceci me paraît servir de réponse aux écrivains qui assignent à notre théâtre une date antérieure au règne d'Auguste, et en attribuent l'édification à une colonie grecque, établie à Arles, avant que les Romains y eussent pénétré. Les auteurs de cette opinion ont oublié qu'un établissement de cette espèce suppose une haute civilisation, une population nombreuse, un concours de choses de luxe que nos aïeuls n'avaient pas avant leur agglomération avec les Romains ; et qu'il n'est guère possible de concevoir l'existence du théâtre, indépendamment des autres établissemens qui ressortent des mêmes idées, tels que l'amphithéâtre, les temples, les palais, les aqueducs, les routes, *etc*. Quand Jules-César arriva dans notre ville, il l'a trouva réduite aux dimensions d'un *oppidum* gaulois, ayant une population de 10,000 âmes, un territoire vaste, marécageux et couvert de forêts, circonstances qui s'accordent mal avec la présence d'un théâtre ; car on ne peut supposer que des mœurs avancées jusqu'aux plaisirs des représentations dramatiques, fussent restées dans l'indifférence pour les autres causes du bien-être. Tout s'enchaîne dans la vie des peuples. Les goûts se modifient suivant les phases de la civilisation, et jamais il n'a été donné aux nations d'allier avec la simplicité primitive des mœurs les établissemens que le luxe invente et entretient. Il faut le reconnaître, c'est aux Romains seuls que notre ville doit sa prospérité, son éclat, ses monumens lapidaires. Les attribuer à d'autres, c'est fermer les yeux aux vérités les plus évidentes, et afficher une vanité d'origine, dont l'exagération touche au ridicule.

Les amphithéâtres vinrent peu de tems après les théâtres.

Le premier fut bâti par Jules-César. Il était en bois et ne servit que pour la circonstance qui l'avait fait édifier.

En l'année 728 de la fondation de Rome, Auguste fit ériger un amphithéâtre en pierre. Celui de Vespasien, connu sous le nom de Colysée, ne vint que cent ans après. Il n'est pas probable que les provinces en aient eu avant cette époque. Il faut donc assigner, à la construction de nos Arènes et de notre Théâtre, une époque postérieure à celle de l'édification de ces monumens à Rome.

La colonie de Nîmes était dans le même cas que la nôtre.

On croit savoir que son amphithéâtre fut bâti sous Antonin-le-Pieux. Si cette date est certaine, l'Amphithéâtre d'Arles serait d'une époque postérieure, car notre monument semble moins ancien que celui de Nîmes. Je n'ai, pour émettre cet avis, d'autre raison que celle-ci : il y a dans l'édifice de Nîmes des défauts qu'on semble avoir évités ou corrigés dans le plan de l'amphithéâtre arlésien. Les proportions en sont plus dégagées; le système de distribution offre plus de facilité; enfin, et c'est ici la raison culminante, l'aspect général de l'amphithéâtre a subi une amélioration sensible par le raccordement du centre des archivoltes intérieures et extérieures des arcades du deuxième étage, qui à Nîmes ne s'accordent pas, ce qui jette sur tous ces cintres une apparence de désunion et de gaucherie vraiment disgracieuse.

Si ces remarques sont exactes, on peut en déduire la conclusion que nous avons tirée, car il serait peu raisonnable de croire que ce soit à une simple différence de localité qu'il faille attribuer de pareils changemens. Les ingénieurs romains ne travaillaient pas isolément, d'après des idées purement individuelles. Les plans des édifices étaient examinés avec soin par les édiles, qui les comparaient avec les édifices déjà confectionnés, et ne donnaient leur approbation qu'après avoir attentivement étudié ce qu'il y avait à refaire. Cette méthode allait droit au perfectionnement dont les Romains étaient si jaloux, et par lequel ils s'efforçaient de racheter la stérilité de leurs inventions en architecture. Quant à notre amphithéâtre, s'il est vrai qu'il ait modifié, corrigé les plans de celui de Nîmes, sa postériorité nous paraît établie. Aussi, nous ne voyons aucune raison de repousser la tradition qui attribue à Antonin l'édification de l'amphithéâtre de Nîmes, et à Probus l'édification de l'amphithéâtre d'Arles.

L'esprit romain, peu propre aux inventions architectoniques, excellait à emprunter ce que possédaient les autres nations et à s'en approprier les jouissances. Aux Grecs il prenait la forme des théâtres, celle des palais, des temples, *etc.*; à l'Egypte, l'idée des obélisques, et Rome devenait le champ d'exposition, où était étalé, à l'admiration de tout l'univers, les produits les plus variés des arts du dessin.

Les obélisques avaient été consacrés par les Egyptiens à la décoration des temples, des tombeaux; au souvenir des grandes actions de leurs rois. Ils s'en servaient aussi pour marquer les heures par les progrès de la marche solaire.

Après ses conquêtes en Asie, Sésostris s'appliqua à décorer l'Egypte de monumens consacrés à l'utilité ou à la gloire nationale. Les plus remarquables de ses ouvrages sont les deux obélisques qu'il fit élever dans la ville Héliépolis, et qui ont une hauteur de 120 coudées.

Quand Auguste eut réuni l'Egypte à l'empire romain, il fit transporter à Rome les deux obélisques d'Héliopolis. L'un fut érigé dans le Cirque, l'autre dans le Champ-de-Mars *.

* Ces deux obélisques existent encore : le dernier est à l'état de ruine, l'autre a été élevé à la porte DEL POPULO, PAR SIXTE V, en 1589.

La présence de ces deux monumens à Rome excita l'émulation des artistes de l'empire. Chaque province eut des obélisques. Arles ne resta pas en arrière de ce mouvement, et un monolithe, tiré des carrières de l'Esterel, occupa dans le cirque d'Arles la place qu'un des obélisques de Sésostris tenait au grand cirque de Rome*.

Voilà à quoi se réduisent nos renseignemens sur la destination de ce monolithe, dont l'histoire n'est bien connue qu'à partir de sa découverte en 1389.

Ce fut dans les premières années du IVe. siècle que l'empereur Constantin vint à Arles à la suite de ses démêlés avec les Bructères. L'heureuse situation de cette ville, *dont tout l'univers était tributaire et où toutes les choses admirées comme magnifiques dans les diverses parties du monde, étaient si prodiguées, qu'elles semblaient être des produits de son sol,* frappa l'attention de ce prince, qui, jaloux de lui témoigner sa prédilection, y établit le siége du prétoire, un hôtel des monnaies, le marché général des blés, l'investit de nombreux priviléges, et lui donna son nom.

Il l'avait même choisie pour être le lieu de sa résidence à l'époque où, dégoûté du séjour de Rome, il cherchait une capitale à son nouvel empire **. Il hési-

* Voyez la note 4 à la fin de cet ouvrage.
** Le même projet se présenta plus tard à l'esprit de Théodoric-le-Grand, quand au VIe. siècle, il essaya de remonter

ta entre Arles et l'ancienne Troie, dont il voulait relever les murs. Mais la beauté de Bysance, située entre l'Europe et l'Asie, l'emporta sur les souvenirs poétiques d'Ilion, et les avantages politiques et commerciaux dont Arles était pourvue.

La dédicace de la nouvelle Rome eut lieu le 11 mai de l'année 330. Dès 314, Constantin avait appelé à Arles les ouvriers les plus habiles de son empire, pour y construire, à grands frais, un palais qu'il destinait à son habitation, et dont la magnificence devait être digne de la haute destination que lui assignait ce somptueux empereur *.

Malheureusement le tems n'a presque rien laissé de cette impériale demeure qui n'obtint qu'une déplorable célébrité, et fut, dès son origine, souillée par d'horribles attentats.

Le 7 août 316, l'impératrice Faustine y accoucha de son premier enfant, qui porta le nom de Constantin II. Peu de tems après cet événement, Maximien Hercule, beau - père de l'empereur, profite de l'absence de son gendre pour s'emparer du rang suprême qu'il avait abdiqué, déploie dans le palais toute l'ostentation du luxe impérial, et s'enfuit à Marseille en

l'organisation romaine ébranlée par les secousses que lui avaient imprimées les révolutions.

Ataulphe, roi des Visigoths et successeur d'Alaric, eut les les mêmes vues sur Arles, quand il déclara l'intention de fonder un empire gothique, modélé sur celui de l'ancienne Rome.

* Voyez la note 5 à la fin de cet ouvrage.

apprenant l'approche de l'empereur. Dépouillé par Constantin de la pourpre qu'il venait d'usurper, Maximien forme le dessein d'assassiner son gendre. Il fait entrer sa fille dans ce complot; poignarde, dans le lit de l'empereur, l'eunuque que Faustine y avait substitué en remplacement de Constantin, et s'étrangle de ses propres mains pour satisfaire à la condamnation prononcée contre lui par son gendre irrité.

Après la mort de Constantin, le palais impérial passa successivement des empereurs romains aux chefs des Goths, aux rois Francs, aux rois d'Arles, et enfin aux comtes de Provence, qui en furent les derniers possesseurs. On suit dans nos chartes les traces de son existence jusqu'au xiiie siècle. A partir de ce tems, il cesse d'en être question.

Il est à regretter qu'aucun plan, aucun dessin de cet édifice ne soit parvenu jusqu'à nous.

Tous les historiens qui en ont parlé, s'accordent à lui attribuer une magnificence extraordinaire. La brique, la pierre, le marbre, les matériaux les plus précieux, y étaient prodigués. Tout ce que nous en savons par nous-mêmes se borne à la connaissance de son emplacement, attesté par des restes de bâtisse qui ne sont pas sans intérêt. On sait aussi que sa façade, chargée d'ornemens, de colonnes et de statues, se déployait en face du Forum, et que ses arrières constructions, dans lesquelles la brique dominait, étaient baignées par les eaux du Rhône.

Il ne reste plus rien des bâtimens d'avant-corps qui

ont entièrement péri, ou sont en partie ensevelis sous les maisons de la ville. Mais il est facile de juger de leur richesse par les découvertes qui ont été faites chaque fois qu'a été soulevé le sol sur lequel ils s'élevaient, et par les fragmens de colonnes qui gisent encore dans les rues et sur la place qu'occupait le château.

La tour de la porte Saint-Jean, appelée Tour de la Trouille, du nom primitif du palais, est une dépendance des arrières constructions. Elle est bâtie, partie en briques, partie en moellons smillés. L'architecte a habilement tiré parti de la diversité de couleur de ces matériaux, pour produire un effet qui devait être fort agréable à l'œil, et qui n'est pas entièrement perdu malgré l'état de dégradation des murs. Des corbeaux de pierres, dont on ne connaît pas l'usage, règnent dans tout le pourtour de la rotonde. Ils sont percés d'un trou qui s'arrête à la moitié de l'épaisseur de la pierre, et procèdent de bas en haut. L'intérieur de la tour est occupé par une voûte en cul de four, dont les retombées arrivent jusqu'au sol. Elle étonne par sa hardiesse autant que par sa belle conservation. Au-dessus des maisons voisines, on aperçoit des pans de murs en briques qui, de droite et de gauche, arrivent à la tour. Leur épaisseur n'est pas moindre de deux mètres et trois quarts. Tout est bâti avec la même puissance. Une maison de la rue du Sauvage, présente une arcature semblable à celle de la tour, et formée des mêmes matériaux. Une autre maison, située au fond

de l'impasse, a conservé les arrachemens d'une voûte
en brique, percée des tuyaux en poterie, qui servaient
à l'écoulement des eaux pluviales. Dans une pièce voisine sont les restes d'une chapelle, dont le moyen-âge
avait doté le palais, et qui est à présent tout-à-fait détruite*. A côté des bâtimens en brique, sont de grands
murs formés de blocs de pierres, conformes au grand
appareil romain. En les considérant avec attention,
on arrive à reconnaître que, non-seulement la tour
ne s'accorde pas avec les murs à grands blocs, mais
qu'elle gêne l'ordonnance primitive des cintres dont
les arrachemens, encore visibles, iraient s'absorber,
s'ils étaient complets, dans la circonférence de la tour.
Il n'est donc pas possible que ces deux dispositions aient
existé en même tems, et l'on doit croire que ces murs
n'ont jamais fait partie du palais.

La Tour de la Trouille est devenue une propriété
particulière. Elle sert de magasin à tuiles, c'est-à-dire
qu'elle marche à grands pas vers sa ruine. Il serait à
désirer que la ville en fît l'acquisition, et sauvât, d'une
complète destruction, ce dernier lambeau d'un admirable édifice. Il serait convenable aussi d'acheter une
autre propriété particulière qui touche à la tour et
en dérobe à la vue une partie d'autant plus intéressante qu'elle est mieux conservée**. Jusqu'à présent on

* Cette chapelle était sous l'invocation de Saint-Sauveur.

** Cette propriété est une cour appartenant au sieur Ca-
chet.

a tenu trop en oubli ces précieux restes du palais impérial. L'indifférence a eu son tems; espérons qu'une appréciation éclairée succédera à cette torpeur, et que l'avenir n'aura pas à nous adresser ce qu'à bon droit nous pouvons reprocher au passé.

Le tems n'a pas été une moindre cause de ruine pour un autre édifice dont les caves et la grande cour du Collége communal recèlent quelques fragmens.

Quoiqu'ils aient été l'objet de nombreuses dissertations, nous croyons qu'il y a peu de choses à en dire.

A défaut de toute tradition, que peuvent apprendre de bien significatif, un tronçon de colonne cannelée encore debout; deux niches cintrées ouvertes dans un mur formé de grandes pierres, quelques piédestaux, et des traces informes de décoration? Ces débris sont si peu en rapport les uns avec les autres, qu'ils n'indiquent pas même le plan primitif de l'édifice. On peut croire cependant que c'était un temple de forme circulaire, construit dans le tems de l'entière décadence de l'art.

Les antiquaires qui se sont inquiétés pour lui donner un nom spécial, ont fini par en faire un panthéon, ayant à l'intérieur 28 grandes colonnes et une série de niches, destinées à recevoir les statues des grands dieux de l'Olympe. Mais ne pourrait-on pas trouver d'aussi bonnes raisons pour en faire tout autre chose? Ajoutons que si les niches destinées aux statues olympiennes n'avaient pas d'autres dimensions que celles qui subsistent, certainement les dieux n'y étaient pas fort à l'aise.

Un autre édifice, bien autrement important, est caché sous les rues et les maisons voisines. Son gisement est le même que celui du prétendu panthéon. L'un et l'autre sont enfouis à 4 mètres de profondeur sous les terres qui les recouvrent.

Cette situation est d'autant plus remarquable, que, tout près de là, s'élève en plein air l'angle du fronton d'un temple tétrastyle, qui occupe relativement au sol actuel l'élévation qu'on lui donnerait de nos jours, si le temple était à construire. Il est difficile d'expliquer cette élévation si peu en rapport avec celle des deux autres édifices souterrains, à moins qu'on ne suppose que ce fronton servait à la décoration d'un sanctuaire porté sur une base élevée, ainsi que cela paraît avoir été pratiqué pour la Maison-Carrée de Nîmes.

Quelle était la destination particulière de ce temple? On l'ignore tout à fait. Ce n'est pourtant pas faute de recherches et d'explications diverses. On en a fait tour à tour un capitole, un palais du prétoire, une basilique argentaire, un temple d'Auguste, de Bacchus, de Minerve, un édifice dédié à Constantin, une dépendance des Thermes, un appendice du Forum; que sais-je? Toutes les combinaisons ont été épuisées. Cependant le doute reste le même, et le monument continue à vieillir mystérieux et inexpliqué, comme tant d'autres œuvres, dont l'antiquité nous a refusé le secret.

C'est à la place des Hommes qu'il faut aller chercher ces fragmens de façade désignés communément sous le nom de façade des Thermes.

Là, deux colonnes en granit, surmontées chacune d'un riche chapiteau, supportent l'angle d'un fronton dont les ornemens ressortent de l'ordre corinthien et datent du meilleur tems de la sculpture romaine.

L'architrave et la frise sont criblées de petits trous qu'on attribue à l'application des lettres en bronze dont se composait l'inscription votive.

Dans le dernier siècle, M. Séguier, de Nîmes, appliqua son système d'interprétation * à ces restes informes, et parvint à composer l'inscription suivante :

Divo Constantino max principi.
Divi Constanti filio D. Claudi.

*Domino nostro semper August. Fl. Claud*io.
Constantino P. F. I. D. Constanti F.

Piissimæ ac venerabili Helenæ aviæ
Faustæ August. Matri atavisque**.

* Ce système consiste à recomposer les anciennes inscriptions en étudiant la disposition des trous qu'ont laissés sur la pierre les crampons des lettres en bronze qu'employaient les Romains pour les inscriptions monumentales.

** Les caractères italiques sont ceux des mots que M. Séguier a suppléés pour coordonner l'inscription. Les caractères romains sont ceux qui lui étaient fournis par son procédé,

Quelque intéressante que soit cette explication, qui consacre le temple à Constantin-le-Grand, à Hélène, sa mère, et au jeune Constantin son fils, il ne faut pourtant l'admettre qu'avec quelque défiance. Il est aujourd'hui reconnu que le système de Séguier est plus ingénieux qu'exact, et ne mérite pas la confiance aveugle qu'on lui accordait dans le dernier siècle.

Si une inscription en bronze a existé sur la façade du temple, elle aura été précédée ou suivie d'une autre inscription, gravée en lettres creuses, car on voit encore distinctement, vers le milieu de la frise, la lettre O qu'on croit être la finale du mot *Constantino*. Mais cette indication est trop vague pour qu'on l'accepte sans réserve. D'ailleurs, le travail des moulures et celui des chapiteaux sont d'un goût exquis que la sculpture romaine avait perdu bien avant le règne de Constantin. L'inscription pourrait, il est vrai, être postérieure à la sculpture, mais, dans ce cas, elle serait sans utilité pour expliquer l'âge de l'édifice, et trop peu significative pour en préciser la dédicace.

Les colonnes qui supportent le fronton n'ont pas eu de tout tems cette charge. Évidemment elles appartenaient à un autre édifice, car elles sont hors de proportion avec celui auquel on les a associées. Le cordon

et qu'il a recueillis, soit sur le fronton, soit sur des pierres détachées qui auraient existé dans le voisinage de la place des Hommes. Nous avons inutilement cherché ces pierres détachées, nous n'avons pû en découvrir aucune.

supérieur des fûts qui déborde de beaucoup celui des chapiteaux, absorbe une partie du bon effet qu'ils produiraient, s'ils avaient une base d'une moindre largeur.

Peut-être même la décoration toute entière a-t-elle été recueillie ailleurs et transportée là pour servir à l'ornement de la place.

Plusieurs circonstances contribuent à donner cette idée :

L'élévation dont nous avons déjà parlé, et qui semble avoir été calculée, non d'après le sol antique, mais d'après celui de la ville moderne ; l'absence totale dans les maisons voisines de toute pierre romaine ; la suspension du fronton dans un mur de nouvelle construction ; enfin, sa position au-dessus d'un monument enfoui avec lequel l'existence du temple ne saurait s'accorder.

Cette dernière circonstance nous paraît surtout remarquable, et, quoiqu'on ait essayé de rattacher l'édifice aérien à l'édifice enfoui, nous pensons que toute conciliation est impossible si on persiste à croire que le fronton conserve de nos jours la place qu'il occupait autrefois.

La différence de style qu'on découvre au premier coup-d'œil entre ces deux ouvrages, écarte l'idée d'une origine commune. Toute comparaison de la Maison-Carrée de Nîmes avec le temple tétrastyle d'Arles, est également impossible, puisque les colonnes s'appuient sur des voûtes qui ne sont pas de force à supporter un poids bien lourd, et qu'on n'aperçoit aucune trace des fondations sur lesquelles le temple aurait été assis.

L'édifice souterrain , sur lequel s'élève le mystérieux fronton, est celui que nous vous avons indiqué
comme étant voisin du panthéon , et dont les lignes
se répandent dans tous les environs de ce temple.

En effet, sous la place des Hommes, la rue de la
Paix, le Plan-de-la-Cour, la rue du Palais, la rue des
Gantiers, l'Hôtel-de-Ville, partout sur ces points se
cachent des galeries romaines, qui n'ont pas été son-
dées dans toute leur profondeur, et qui attestent la
présence d'une construction d'une immense étendue.
Serait-ce le Forum, le palais des Thermes? On ne sait.
Mais c'est, à coup sûr, un ouvrage d'une haute portée.

Le xviiie siècle en avait fait des Thermes, et c'est
sous ce nom que les historiens l'ont désigné. Mais cette
opinion, qui est contrariée par tout ce que l'on sait des
thermes antiques, l'est surtout par ce que nous ont ap-
pris les découvertes faites dans notre monument, qui
ne renferme aucune des dispositions nécessaires à un
établissement de bains.

Sa forme est celle d'une cour oblongue, encadrée
dans un portique à double galerie voûtée. De larges arcades, percées dans le mur mitoyen, et très-rapprochées
les unes des autres, ouvrent des communications mul-
tipliées entre les deux allées. Celle de l'intérieur est
éclairée par des barbacanes qui y versaient une lumière
abondante : l'autre devait être éclairée à plein jour*.
Les arcades de communications, taillées à cintre sur-
baissé, indiquent une construction postérieure de trois

* Voyez la note 6 à la fin de cet ouvrage.

où quatre cents ans, au règne d'Auguste. Le grand appareil s'y montre avec moins d'énergie que dans les belles productions de l'architecture romaine. Les voûtes, formées de minces claveaux, sont conformés à celles de l'Amphithéâtre. Les murs latéraux sont revêtus de moellons smillés jusqu'à la courbure des arceaux; ils cessent à ce point. Et c'est à partir de là que commencent les assises de grands blocs, sur lesquels les couvertures sont appuyées.

La largeur totale du portique, mesurée dans l'étendue de sa double galerie, est de 10 mètres. Celle de la cour de 37. Sa profondeur est de 80. On peut juger, par ces dimensions, de l'immensité de l'ensemble. Aussi n'aurions-nous aucune peine à croire que ce soit là le Forum romain, dont Sidoine-Appollinaire a fait la description*, et qui, au v⁰ siècle, existait encore dans tout l'éclat de sa magnificence, décoré de statues, de colonnes, de portiques, entouré de toutes parts de somptueux édifices, et digne, par sa splendeur, de rivaliser avec celui où triomphait la voix de Cicéron.

S'il est vrai qu'en 1675, lorsque furent établies les fondations du piédestal de l'Obélisque, on ait découvert, au milieu de constructions romaines, des chauffoirs et autres ustensiles de bains, on doit en conclure, sans doute, que cet appareil était destiné à des thermes. Mais est-on bien assuré que cet hypocaustum** dépendit

* Voyez la note 7 à la fin de cet ouvrage.

** L'Hypocaustum était un endroit voûté, soutenu par de

d'un établissement public? Il pouvait fort bien se rattacher au palais du prétoire, qui était situé où est de nos jours l'église Saint-Trophime, et n'avoir d'autre destination que celle de desservir le palais. Une ancienne tradition nous apprend que le préteur céda sa demeure pour l'établissement de l'église. La découverte de bâtisses romaines, faite en 1835, sous la nef de Saint-Trophime, donne à cette tradition un air de vérité qu'on ne saurait méconnaître. Il serait donc possible que l'hypocaustum fut réservé au service du palais prétorial, comme aussi il a pu être affecté à des bains publics, établis dans les environs; mais, dans aucun cas, le Forum ne doit en souffrir ni être confondu avec les thermes. Il y a place pour tous ces édifices dans la vaste superficie qu'occupent actuellement le Marché, le Plan de la Cour, la place des Hommes, les maisons et les rues intermédiaires. C'est là qu'était le centre de la ville romaine, et il est facile de se figurer, d'après des vestiges encore existans, le panorama des divers monumens qui étaient grouppés dans cette localité.

Entre le Rhône et la place des Hommes, le palais de la Trouille étalait la variété de ses murs, bigarrés de brique, de pierre, de marbres de toutes couleurs. Au midi du palais, l'espace occupé de nos jours par le Plan-de-la-Cour, les maisons et les rues de la Paix, du Palais et des Gantiers, était encadré dans le vaste

larges piliers, dans lequel les Romains faisaient chauffer l'eau nécessaire aux bains.

carré du Forum. En face des angles méridionaux de cet édifice, le palais du Prétoire à l'est, le Panthéon à l'ouest, gardaient les avenues de l'enceinte consacrée aux exercices de la parole, et, appelant les hommes à la justice et à la prière, semblaient leur enseigner que les vertus sont seules dignes d'initier aux secrets de l'éloquence. L'hypocaustum, situé au midi du Forum; entre le temple et le prétoire, s'alimentait des eaux saines et abondantes que lui fournissait un canal du Rhône, ouvert sur l'emplacement que couvrent aujourd'hui les maisons de la rue Royale *.

Le déblaiement de ces édifices, à présent enfouis, et surtout du Forum, dont la conservation semble être parfaite, serait une entreprise belle mais hardie. Il ne s'agirait de rien moins que de recouvrer d'un seul coup un monument dont l'importance est établie par son immensité, et de procéder à son dégagement sans toucher aux constructions supérieures qui devraient être religieusement respectées. Enrichi d'un édifice qui garde en dépôt, sous la ville moderne, une portion si intéressante et si vaste de la ville antique, Arles offrirait à l'archéologie un des phénomènes les plus pittoresques de l'antiquité romaine. Mais il faut bien le répéter. Cette entreprise ne devrait être opérée qu'au-

---

* La rue Royale ou du Marché, a long-tems porté le nom de rue du Fossé (CARRIERA DE VALLATO), en souvenir de ce canal, qui, après son atterrissement, fut remplacé par les maisons bâties entre les rues de la Rotonde et le Marché.

tant qu'elle se concilierait avec le respect le plus absolu du droit de propriété. Les possesseurs des maisons superposées devraient être avant tout consultés, et l'opération subordonnée à leur consentement unanime. Il faudrait leur faire comprendre qu'il ne s'agit point de mettre à nu l'extérieur de l'édifice, mais uniquement de déblayer l'intérieur des galeries ; que les allées étant fortement voûtées, l'enlèvement des terres qui les encombrent n'affaiblirait en rien la résistance qu'offrent les voûtes à la solidité des maisons, et que la sûreté resterait la même, puisque les voûtes ne tiennent point leur force des terrains amoncelés sous leur courbe, mais du poids qu'elles supportent et des efforts de butée que leur prête l'assistance des piliers latéraux.

Ne craignons pas de le redire : cette entreprise serait grande et utile. Heureusement exécutée, elle doterait la France d'un monument unique, admirablement situé, et non moins utile à l'histoire de l'art qu'à celle de notre cité.

Si nous n'avons rien à désirer sous le rapport des études dont l'architecture romaine est devenue l'objet parmi nous depuis une dixaine d'années, nous croyons utile d'entrer dans quelques explications sur les soins à prendre pour la conservation de ses œuvres.

Les édifices subissent le sort de toutes les choses humaines ; ils passent par les tems de jeunesse inévitablement suivis de l'âge de vieillesse et de décrépitude. Réalisation d'un système artistique, expression des goûts du peuple qui les a fondés, ils reçoivent de cette double origine une double consécration qui mérite d'être religieusement ménagée. C'est à l'abri de ce respect qu'il est beau de les voir traverser les siècles et répandre, à travers la série des générations, la connaissance des arts des civilisations éteintes. Mais l'époque de leur décadence, qui devrait ajouter au respect qu'on leur doit, les expose souvent à de dangereuses innovations. Sous prétexte de prêter un appui à leur caducité, que de fois ne les a-t-on pas livrés à des mutilations ou à des exubérances qui les dénaturent au point de les rendre méconnaissables?

Ce n'est point ainsi que nous comprenons les égards qui leur sont dûs.

Conserver aux ruines leur caractère solennel, respecter l'idée de l'artiste dans la forme matérielle comme dans l'esprit de son œuvre, se tenir en garde contre les sollicitations qui poussent à corriger ce qu'on croit défectueux dans les productions d'un autre âge, voilà, selon nous, les obligations imposées à tous ceux qui sont appelés à protéger d'anciens édifices. C'est surtout dans les restaurations à faire qu'il importe de rechercher, avec soin, l'intention primitive d'un bâtiment, afin d'éviter des méprises d'autant plus fâcheuses qu'elles sont ordinairement irréparables.

En général, toute pierre neuve accointée à des pierres vieillies, produit une discordance de couleur qui choque l'œil le moins exercé. Le rapiécement a beau être habile, il n'échappe point à la répugnance qu'engendre le rapprochement d'une forme jeune et vive avec celle que l'âge a accidentée. Une investigation minutieuse doit donc présider à toute réparation, si on veut qu'elle soit vraiment utile. Cette réserve servirait aussi à mettre en garde contre la mode des idées nouvelles qui, surtout en matière d'ornemens, variant d'un jour à l'autre, porte à déclarer dépourvue de mérite, telle décoration qui, avant nous, a été jugée excellente, et qui, pour recouvrer cette estime, n'aura besoin peut-être que de survivre de quelques jours à notre décision du moment.

Laissons aux ruines la majesté de leur vieillesse, leur caractère triste et solennel. Respectons l'œuvre des artistes même dans ce qui nous semble vicieux. Faisons de notre côté, mais gardons-nous de rien changer à ce que d'autres ont fait.

Que de vieux monumens doivent, à l'oubli de ces principes, les discordances qui les défigurent.

Le XVIIe siècle a mis du grec dans le vaisseau gothique de Notre-Dame de Paris. Il n'est point d'édifice chrétien du moyen-âge qui n'ait été en proie à ce goût barbare et fatal. Ses progrès sont rallentis, il est vrai, mais ils continuent à se faire sentir sur plusieurs points de la France romaine et gothique.

Je n'en citerai qu'un exemple.

Nîmes possède un amphithéâtre non moins admirable par la beauté de ses formes que par son exacte conservation.

Ce colosse de pierre, avec ses 120 gueules béantes, ouvertes à tous vents et à tous passans, donnait une

idée nette et précise de la destination d'un amphithéâtre antique. Il s'harmoniait avec la place du milieu de
laquelle il s'élève, et communiquait librement avec
elle, ajoutant sa propre grandeur à celle de son marche-pied. Une malheureuse idée de conservation a fait
entourer de grilles le géant romain. Il s'est vu saisir, ga-
rotter, mettre à la gêne, sans scrupule pour son ancienne liberté. On a ainsi dégradé son caractère,
amaigri ses proportions, porté un coup mortel à son
imposante majesté. Libre, il ne faisait qu'un avec le
socle sur lequel il pose si largement. A présent se sont
choses distinctes, et malheureusement séparées. En
isolant le colosse de son piédestal, on a repetissé l'un
pour l'autre *

Ces clôtures présentent un autre inconvénient qui
consiste à répudier le caractère primitif du monument.

Destinés à contenir une foule immense, criblés d'ouvertures nécessaires au prompt écoulement des spectateurs que l'on ne comptait que par milliers, les amphithéâtres étaient accessibles sur tous les points de
leur masse. L'architecte les disposait de manière à combiner l'effet monumental avec la nécessité d'une rapide
évacuation. Du jour, de l'air, et la suppression de toute
barrière, voilà ce qu'il fallait à ce grand peuple de
Rome. Hélas! s'il est vrai qu'il nous faille à nous des

---

* Nous n'avons pas à nous expliquer sur les rapiécemens
qu'a subis l'amphiéâtre de Nîmes, celui d'Arles n'ayant encore
rien éprouvé de semblable.

barrières et des grilles, gardons-nous de l'écrire au front de ces vétérans de l'ancien monde. A défaut de respect et de mœurs publiques, il nous reste la ressource des concierges et un article du Code pénal *.

Malheureusement Arles a suivi l'exemple de Nîmes. Nos arènes viennent d'être closes. Cette belle ruine repose sous protection de grilles et verroux. Les enfans destructeurs n'y pénètrent plus, il est vrai, mais l'aspect du monument y perd une partie de sa dignité, et le précédent de Nîmes ne console personne.

Il importe de vous signaler, Messieurs, une autre clôture, moins importante que celle-ci, mais hideuse de mauvais goût, et sur laquelle il est urgent de revenir au plutôt. C'est celle qu'a subic l'aqueduc qui, parti du réservoir de Barbegal, vient s'engager sous la ligne orientale des remparts de la ville.

Ici l'aspect d'une œuvre romaine a été convertie en celui d'une cave ignoble. Maçonnerie indigne, porte misérable, percillée à coups de vrille pour laisser pé-

---

* Cet article (257) punit d'un emprisonnement d'un mois à deux ans et d'une amende de 100 fr. à 500 fr., toute destruction, mutilation ou dégradation des monumens, statues, et autres objets destinés à l'utilité ou à la décoration publique.

Son application pourrait prévenir bien des actes de vendalisme. Reste à savoir pourquoi on hésite tant à en faire usage; peut-être, a-t-on craint que justement appliqué, il n'atteignît pas moins les mutilations stupides de l'ignorance que d'autres mutilations déguisées sous le nom do réparations.

nétrer quelques rayons du jour; rien ne manque à la dégration. Demander la prompte réparation de cette profanation, c'est si bien entrer dans nos vues, que nous croyons ne devoir pas insister davantage sur la nécessité de remplacer, par une grille en fer, cette malencontreuse fermeture. Sans doute, il vaudrait mieux supprimer toute clôture; mais nous devons respecter la nécessité fiscale qui exige que ce passage souterrain soit fermé, et nous vous proposons en conséquence de remplacer la maçonnerie actuelle par une grille intérieure, qui serait placée à l'endroit où se retrouvèrent les fers antiques qui fermaient le canal. Par là son aspect extérieur n'éprouverait aucune altération et la dépense serait moins coûteuse *.

Pour justifier l'intérêt que nous prenons à cet aqueduc, permettez-moi de vous entretenir du système auquel il se rattachait.

Nos pères n'avaient pas trouvé les eaux du Rhône suffisantes au bien-être de leur colonie. Des eaux de source furent amenées à Arles, dans des canaux dont les ramifications parcouraient en tout sens les vallées des Alpines. Ces aqueducs n'étaient pas de simples cuvettes de réception, mais des ouvrages soignés, riches, et revêtus d'un caractère monumental, car, chez le peuple romain, l'utilité ne dispensait jamais de l'art.

L'un d'eux, parti des vallées de l'Oriol, situées entre Mollégès et Eygalières, se dirigeait sur Saint-Remy,

* Voyez la note 8 à la fin de cet ouvrage.

suivait jusqu'à Saint-Gabriel le cours du Louérion, rivière aujourd'hui desséchée, et de là descendait à Fontvieille pour se rendre à un réservoir général, établi aux environs de Barbegal.

Un autre arrivait au même rendez-vous, après avoir parcouru le territoire des Baux, de Maussanne, de Mouriès, et avoir cotoyé les montagnes de Caparon.

A partir du réservoir central, une seule voie dirigeait sur Arles toutes les eaux réunies.

De nombreux vestiges de ce système existent encore. Le chemin de Mouriès est coupé par un de ces canaux suspendu, construit en moellons smillés, supporté par de vastes arcades et orné de dessins courans. Après une demi-lieue de marche, on le voit se plonger dans les marais de Barbegal, disparaître sous les eaux, puis relever sa tête vers le milieu du marais et dominer les roseaux qui l'entourent. C'est de là que, grossi de la réunion de toutes les sources voisines, il prend sa cource vers Arles et là poursuit en traversant la Crau. Arrivé au pied de la ville, il s'engage dans les remparts, rampe sous les maisons, se fait jour auprès de l'amphithéâtre, en contourne l'hémycicle méridional, s'éloigne de ce monument et se plonge de nouveau sous la ville à des profondeurs non encore explorées.

Son allure n'est pas uniforme dans cette longue marche. Subordonné aux inégalités du sol, il varie ses formes suivant les accidens du terrain qu'il parcourt.

Sur la route de Mouriès, il se montre aérien, suspendu, grandiose. Ce caractère de grandeur se retrouve dans son redressement au milieu du marais de Barbegal. Mais, à partir de là, il court à fleur de terre jusqu'au pont de Crau, où il reprenait sa suspension ainsi que l'attestent quelques voûtes antiques, situées au-dessous des arcades de l'aqueduc de Craponne. Après ce souvenir de sa première allure, l'aqueduc se cache dans une allée souterraine, la suit jusqu'à Arles; et c'est à son arrivée au pied des remparts qu'il a été emprisonné sous l'indigne clôture dont nous avons parlé *.

La circulation séculaire des eaux avait revêtu ses parois latérales et le fond de sa cuvette d'une concrétion pierreuse de plusieurs pouces d'épaisseur. Malheureusement cette enveloppe minérale ne fut point respectée par les ouvriers qui, dans le déblaiement de 1832, l'enlevèrent avec les pierres et les terres d'encombrement.

Faite avec soin, l'étude de ce sédiment et de l'épaisseur de sa croûte, aurait pu servir à préciser la qualité des eaux qui alimentaient notre ville, et jeter du jour sur la durée du service du canal. On a conservé, il est vrai, quelques parcelles du revêtement, capables de fournir les élémens nécessaires à une opération chimique, qui aurait cette analyse pour objet; mais la perte qu'a subi le monument, n'en est pas moins à jamais irréparable **.

* Afin d'avoir des eaux fraîches, les Romains tenaient leurs aqueducs souterrains autant que la chose était faisable.

** En témoignant des regrets sur la méthode suivie dans

L'utilité des eaux de source ne se bornait pas à la consommation personnelle des habitans d'Arles : elle s'appliquait surtout à la propreté et à la salubrité de la ville. Après avoir arrosé les rues, les eaux surabondantes allaient se perdre dans des cloaques chargées de les verser dans le Rhône, dont le lit, à cette époque, avait beaucoup moins d'élévation qu'il n'en a de nos jours. Ces conduits existent encore. Mais ils sont enfouis à des profondeurs que l'exhaussement du sol tend à accroître tous les jours davantage. Les découvertes partielles qu'on en a faites ont toujours été amenées par des percemens de puits. C'est ainsi que fut découverte en 1777 la cloaque située sous la maison de Barras : celle du Jardin Authéman, à Trinquetaille, en 1781 : celle de la maison Guibert en 1817.

Ces conduits, construits en forme d'aqueducs, sont les uns en briques, les autres en moellons smillés. Ils ont 3 mètres 57 centimètres de largeur, et une hauteur égale à leur largeur, dimensions semblables à celles des égoûts de Rome antique. Ils s'étendaient sous la ville et se subdivisaient en branches, dont la pente courait vers le Rhône. Leur trajet souterrain était entrecoupé

le déblaiement qui a dépouillé l'aqueduc du revêtement précieux que des eaux séculaires avaient déposé tout le long des parois, nous ne chercherons point à rappeler d'inutiles souvenirs ; nous n'avons à cœur que de démontrer l'urgente nécessité de surveiller avec soin les opérations archéologiques, quand elles rendent nécessaires l'intervention de la main des ouvriers.

de lumières par lesquelles on y pénétrait au besoin. On parcourait aussi les égouts avec de petits bateaux affectés à ce genre de service.

Quand le lit du fleuve eut été rehaussé par les dépôts annuels, ces canaux se trouvèrent trop bas creusés pour remplir leur destination. Il arriva même que les eaux du Rhône les envahirent et inondèrent les quartiers inférieurs de la ville. Pour prévenir le retour de cet accident, on abandonna les égouts, et leurs bouches d'écoulement furent fermées par des murs formés de blocs, semblables àceux de l'amphithéâtre. C'est ainsi qu'était muré celui de la maison de Barras.

Le creusement des aqueducs, celui des égouts, durent aller de front avec les autres grands travaux de l'architecture romaine. La marche du canal, qui contourne l'amphithéâtre, indique que cet édifice était commencé ou achevé quand l'aqueduc fut ouvert. Nous croyons aussi que la ville n'avait pas cessé d'être sous la domination romaine quand les cloaques furent murées. Le mode de construction et la coupe des matériaux employés pour les fermer, portent un caractère romain qu'on ne peut méconnaître : ce serait au vi^e siècle, au plus tard, que l'abandon aurait eu lieu*.

* Dans la fouille faite à la maison Guibert, on trouva le sol romain à 3 mètres 31 centimètres au-dessous du sol actuel de la ville. La voûte de l'égout était à 85 centimètres en-dessous du sol antique. L'égout avait 3 mètres 57 centimètres de hauteur et une largeur égale à sa hauteur. Sa voûte était formée d'énormes voussoirs, capables de résister aux poids les plus

De ces détails sur les voies d'eau, nous arrivons naturellement à la recherche des voies de terre qui sillonnaient le territoire de notre colonie.

Sa position géographique, sur un grand fleuve et

lourds de la voie publique, sous laquelle il était situé. On suivit son trajet sur une longueur de 61 mètres; mais des terres et des pierres amoncelées dans le canal ne permirent pas de pousser la reconnaissance plus avant.

L'égout découvert à la maison de Barras était caché à 8 mètres 16 centimètres du sol actuel. Ses dimensions étaient les mêmes que celles de l'égout de la maison Guibert : il en différait sous le rapport des matériaux employés dans sa construction. Celui-ci était tout en briques, tandis que celui de la maison Guibert était bâti partie en briques, partie en pierres smillées.

L'égout de la maison Autheman, à Trinquetaille, était plus profondément enseveli que les deux autres. Nous ne savons rien de ses dimensions; mais on croit qu'elles étaient égales à celles des égouts du quartier d'Arles. Une voie romaine, que les ouvriers entr'ouvrirent à grande peine, passait sur l'égout qui se dirigeait du nord au sud de Trinquetaille.

Une autre cloaque, large d'un mètre deux centimètres, avait été découverte on ne sait à quelle époque dans la maison Lautier (aujourd'hui Brochu). Il est probable qu'elle se rattachait à la cloaque de la maison Guibert.

On trouva, dans les terres de cette dernière cloaque, une pièce de monnaie, frappée à l'effigie de l'empereur Gordien, qui a régné depuis 238 jusqu'à 244 de l'ère chrétienne, ce qui indique que les égouts d'Arles existaient déjà vers le milieu du IIIe siècle.

dans le voisinage de la mer, lui ouvrait l'Espagne, la Gaule orientale, une partie de la Suisse, et tout le bassin de la Méditerranée. Marseille, alors en rivalité avec notre ville, possédait un libre accès sur la Mer, mais elle manquait d'un canal intérieur comme celui du Rhône. Les Romains optèrent pour Arles, qui devint le centre de leurs opérations commerciales en-deçà des Alpes, et dès-lors leurs soins tendirent à lui faciliter des communications avec le reste de l'empire. Arles devint ainsi un des points d'arrivée de la voie aurélienne qui, partie de Rome, remontait l'Italie, couvrait de ses ramifications la Gaule méridionale, et allait au fond de l'Espagne terminer un trajet de plus de 700 lieues de long.

C'est par Nice et Antibes que cette route pénétrait dans la Gaule. Après avoir franchi la vallée de l'Arc, elle se rendait à Aix, où elle se divisait en deux rameaux qui, après un long parcours, venaient se rejoindre à Arles.

De ces deux branches, l'une passait par Marseille et cotoyait le littoral de la Méditerranée jusqu'aux embouchures du Rhône, d'où elle se rendait à Arles, en longeant les digues des fosses Mariannes, et en empruntant une chaussée qui existe encore en partie sur la route de Fos. La seconde, dirigée sur Pélissanne, Salon, Aureille, Maussanne, traversait les Alpines auprès des Baux, passait par Saint-Remy, Saint-Gabriel, et de là marchait droit sur Arles, en laissant à sa gauche les îles de Montmajor et de Cordes, et le lac des

Désuviates *, qui est aujourd'hui une terre-ferme connue sous le nom de Trébon.

Une autre route, partie de Milan et passant par la colonie romaine d'Apta Julia, aujourd'hui Apt, venait aboutir à Arles.

Comme toutes les voies militaires romaines, la voie aurélienne n'avait que 8 pieds de largeur. Elle était formée de blocs de pierres, étroitement unis et assis sur des couches d'un ciment entremêlé de petits cailloux, qui lui donnaient la consistance du pouding. Des colonnes milliaires, placées à des intervalles égaux, la divisaient en fractions et servaient à mesurer les distances. Plusieurs de ces pierres ont été recueillies et transportées dans notre Musée. L'une d'elles, qui marquait le point de départ d'Arles à Marseille, et avait été élevée par le Préfet du prétoire Auxiliaris, a conservé l'inscription suivante :

SALVIS. D. D. N. N.

THEODOSIOT ET

VALENTINIANO

P. F. V. AC TRIUM.

SEMPER AUG. XV

CONS. VIR ILL.

AUXILIARIS PRÆ.

PRÆT. GALLIA.

DE ARELATE MA

MILLIARIA PONI S.

M. P. I.

* On croit que les dernières eaux de ce lac ont été refoulées dans l'étang de Désaume, dont le nom paraît dériver de celui de Désuviates.

C'est-à-dire :

SALVIS DOMINIS NOSTRIS

THEODOSIO ET

VALENTINIANO

PIIS, FELICIBUS, VICTORIBUS AC TRIOMPHATORIBUS

SEMPER AUGUSTIS DECIMUM QUINTUM

CONSULIBUS VIR. ILLUSTRIS

AUXILIARIS PRÆFECTURÆ

PRÆTORIO GALLIARUM

DE ARELATE MASSILIAM

MILLIARIA PONI STATUIT

MILLIARE PRIMUM INCIPIT.

Aucune de ces voies n'a laissé sur notre territoire des traces visibles de son passage*.

Les lignes qu'elles parcouraient ne sont même pas déterminées d'une manière bien satisfaisante ; mais on peut croire, sans trop d'abandon, que la principale voie entrait dans la ville par une porte ouverte entre les deux tours ovales, qui sont en saillie des remparts de l'est, en face du cimetière ; qu'elle se dirigeait vers l'amphithéâtre et de là vers le pont sur lequel elle passait, ainsi que l'attestent les fragmens de pierre et de ciment qu'on voit à Trinquetaille, sur les bords du Rhône, au débouché du pont antique. Son trajet en Camargues était fort court. Elle traversait la pointe

---

* Au moment où s'impriment ces lignes, j'apprends que des traces de la voie aurélia viennent d'être découvertes dans la plaine de Crau et qu'elles se rattachent à la ligne qui de Salon allait à Aureille. C'est en construisant la nouvelle route de Crau que cette découverte a été faite

de l'île et marchait sur le Petit-Rhône, où un autre pont lui facilitait l'accès du Languedoc. La porte, par laquelle la voie aurélienne pénétrait dans Arles, aura été détruite et remplacée par le mur actuel à une époque qui nous est inconnue. Mais on ne saurait nier que les tours qui subsistent ne soient une œuvre romaine, et que le mur qui les unit ne révèle une œuvre de précipitation et de défense. La porte a sans doute péri dans un tems de guerre. La même cause aura bouleversé la voie. Hélas! ces pertes ne sont pas les seules que nous ayons éprouvées : Arles a subi tout ce que l'action du tems et celle des hommes ont de plus destructeur.

En 1745, les consuls de la ville ordonnèrent la démolition d'un arc de triomphe, qui avait reçu le nom d'*Arc admirable*, et dont on ne retrouve plus le moindre vestige. Le lieu même de son emplacement est à peu près ignoré. On croit pourtant qu'il était situé dans la rue Saint-Claude, voisine de l'amphithéâtre.

Un autre arc de triomphe, élevé sur les bords du Rhône, à la porte des Châtaignes, projetait son image sur les eaux du fleuve et se rattachait à la décoration du palais impérial, bâti tout près de là. On ne sait à quelle époque il a péri.

Si le Forum a laissé quelques témoignages de son existence, c'est dans les galeries souterraines dont nous avons parlé qu'il faut aller les chercher.

La Lice moderne occupe l'emplacement de l'hippodrome. Il est probable que les pierres circulaires, ornées

de bas-reliefs, représentant des courses de char qui,
dans le Musée, servent de base au groupe de Laocoon,
ont anciennement appartenu au Cirque. Elles furent
trouvées dans un bastion de la porte de Laure, démoli
en 1827.

J'ai déjà dit ce qui nous reste du palais de Constantin. Depuis quatorze siècles, le Rhône lutte pour
renverser quelques murs de fondations qui ont résisté
jusqu'à présent, et qu'on croit avoir appartenu à cet
édifice. En descendant par l'escalier de la porte Saint-
Jean on peut les visiter quand les eaux du fleuve sont
basses. Alors, à travers les grêves, on aperçoit des
grands blocs de pierre, taillés et rapprochés avec soin,
occupant leur place primitive et revêtus d'un caractère
auquel un respect, peut-être trop facile, prête un certain air de grandeur.

Parmi ces pierres, j'en ai remarqué qui sont sculp-
tées et par conséquent étrangères à des fondations.
Elles ont dû être placées là dans quelque réparation
de beaucoup postérieure à la construction primitive.
L'une d'elles paraît avoir dépendu d'un arc de triomphe, peut-être celui qui était dans le voisinage. On suit
ce curieux blocage depuis la porte Saint-Jean jusqu'au
quai des Dominicains, c'est-à-dire, sur une étendue de
plus de 300 mètres.

Le Pont-Romain, dont il ne nous reste que de bien rares débris, était situé entre le palais impérial et la porte

de la Cavalerie. Il traversait le Rhône et allait courber
sa dernière arche à Trinquetaille, au quartier de la
pointe, où gisent des pans de murs dont les uns ont appartenu au pont et les autres à un château-fort, bâti
dans le moyen-âge par la puissante maison des Baux.

On ignore à quelle époque notre pont fut construit.
L'époque de sa ruine est également inconnue. On ne sait
pas non plus si sa voie était toute en pierre ou entre-
mêlée de travées en bois. Cette dernière supposition
réunirait le plus de probabilités, puisqu'elle se rattache au système général employé pour la construction
des ponts romains, et qu'elle donne l'explication de
certaines épithètes, appliquées au pont d'Arles par
d'anciens écrivains *.

Cependant, un auteur arabe, qui a écrit l'Histoire
de l'invasion des Sarrasins dans le Midi de la France,
semble avoir une opinion contraire.

« La ville, dit-il, est bâtie sur un fleuve le plus
» grand du pays, à deux parasanges ou trois lieues de
» la mer. Les deux rives communiquent l'une à l'autre
» *par un pont de construction antique, si vaste et si so-*
» *lide, qu'on y a pratiqué dessus des marchés.* Les envi-
» rons sont couverts de moulins et coupés par des
» chaussées, *etc.* »

Ces expressions, qui paraissent indiquer l'emploi exclusif de la pierre, seule capable de donner aux édifi-

---

* Ces épithètes sont celles de MOLLIS, TABULATUS QUE SI-
LIUS ITALICUS et AUSONNE, donnent au pont d'Arles.

cations une durable solidité, sont appuyées par les fragmens du pont que le tems a épargnés, et qui tous sont
de nature à faire croire que le bois n'entrait pour rien
dans cette construction.

Permettez-moi, Messieurs, de vous les indiquer.

Des restes des piles, cachés sous les eaux, et qu'é-
vitent avec soin les navires qui naviguent sur le Rhône,
marquent, du côté de Trinquetaille, la voie que le pont
suivait sur le fleuve ainsi que la distance des arcades.

Du côté d'Arles, un corps de bâtisse, abrité sous le
rempart de la rue Chiavary, s'avance dans le Rhône,
en affectant la forme d'une culée octogone dont les
trois faces de derrière sont tronquées par la ligne des
quais. La face qui regarde Trinquetaille est revêtue
d'énormes blocs de pierre, au-dessus desquels sur-
plomblent les arrachemens d'une voûte, sans doute
celle de la première arcade. Les faces latérales, formées de blocs de moindre dimension, sont ornées de
bossages et garnies d'anneaux de bronze, fortement
scellés dans les murs, à l'aide du plomb fondu. Des anneaux semblables se montrent sous les retombées de
la voûte. Tout au tour, les pierres sont percillées d'une
infinité de trous fouillés par la dent des instrumens
d'amarrage *.

* Au-dessus de la construction romaine, une construction
moderne a couvert, d'un bastion qui se lie au rempart, la
superficie du terre-plain et aligné les murs de défense sur
les assises du pont. Mais la différence de travail est trop bien

Voilà donc des arches en pierres aux deux extrémités du pont! N'est-ce pas une indice que le même système s'appliquait à toute la longueur de son trajet? Et s'il est vrai que des marchés, qu'une route stratégique fussent établis sur sa voie, nous serons disposés à croire que le pont d'Arles n'était bâti qu'en pierres, car il n'est guère probable qu'un pont, sur lequel passait une route aussi fréquentée et aussi importante que la voie *aurelia* ne fut pas pourvu d'une plate-forme permanente.

Une autre raison vient à l'appui de cette opinion.

Sur la petite branche du Rhône, un pont, jeté presque en face du lieu où est de nos jours le village de Fourques, servait de continuation au pont d'Arles, et, comme ce dernier, donnait passage à la voie aurélienne qui pénétrait par-là dans le Languedoc. En 1762, le lit du Petit-Rhône ayant été presque mis à sec par une longue sécheresse, on vit à nu les fondations de cette œuvre antique. Les piles étaient au nombre de neuf, et occupaient toute la largeur du Rhône. De pareils témoignages, qui ne laissent aucun doute sur la nature des matériaux employés à la construction de ce pont, me semblent décisifs pour établir que le pont d'Arles, étant appliqué au même service de viabilité, devait être aussi solidement établi; rien ne s'y opposant d'ailleurs, puisque les Romains ont facilement surmonté, dans des eaux courantes, des difficultés plus grandes que celles

marquée pour qu'on puisse s'y méprendre et confondre l'œuvre antique avec l'appendice du xvie siècle.

que présentait le Rhône à l'établissement des piles, et que les navires de mer ne remontant pas au-delà du port d'Arles, un pont à arches maçonnées était sans inconvénient pour la navigation.

Son emplacement en tête de la ville avait été sans doute commandé par les besoins du port qui, étant l'un des centres des arrivages de la Méditerranée, ne pouvait se passer d'un bassin de vaste étendue. Son développement, tout le long de la ville, offrait en outre l'avantage de mettre sous les yeux des habitans le spectacle aussi pittoresque que varié des mouvemens de la navigation.

Jaloux d'avoir sa part de ce spectacle, le palais impérial avait poussé ses constructions jusques sur les bords du Rhône, où l'un des quais voisins de la tête du pont lui servait de marche-pied. Et certes, il devait être beau l'aspect du port d'Arles, à cette époque où la ville n'avait pas moins de 100,000 habitans, au nombre desquels elle comptait des empereurs. Les eaux du Rhône, ouvertes à toutes les nations, étaient incessamment sillonnées par des navires qui, partis des contrées les plus lointaines, se donnaient rendez-vous à Arles, connue au centre de la civilisation et de l'opulence dans les Gaules. C'est là qu'aboutissaient toutes les spéculations commerciales. La Baltique y envoyait l'ambre jaune et les fourrures; la Grande-Bretagne, l'étain; l'Espagne ses chevaux, le cuivre, le fer, l'or de ses mines. Sous leur voile carrée, les Grecs l'approvisionnaient des aromates de l'Asie, des fins tissus de

Constantinople, des byssus, des objets manufacturés
de l'Archipel, des papiers d'Egypte dont la France a
fait usage jusqu'au xi⁰ siècle ; tandis que la voile latine,
effilée et rapide comme l'aile de l'hirondelle, y versait
la gomme, l'ivoire et la poudre d'or qu'elle était allée
butiner dans la Sénambie. Arles fournissait, en retour,
des armes damasquinées avec une rare perfection, des
ouvrages d'or et d'argent, recherchés par la richesse
et la beauté du travail, le blé, l'huile, toutes les productions du sol de la Gaule; et de son sein, ouvert
comme un inépuisable entrepôt à tous les échanges
du commerce et de l'industrie, rayonnait en tous sens
l'abondance dont ses marchés étaient si largement
pourvus *.

Cette antique splendeur n'a plus qu'un pâle reflet dans la fortune actuelle de notre ville. Que de
ruines n'aurions-nous pas à énumérer à la suite de
celles que nous avons indiquées ! Des débris de tem-

---

* Les empereurs romains avaient établi à Arlés une fabrique, désignée sous le nom de Gynécée, qui avait pour objet
la confection des étoffes destinées aux voiles des navires et
des autres articles de grément. Ils y avaient établi aussi un
corps d'argentiers ou brambaricarii, qui damasquinaient les
armes et la vaisselle en y introduisant des filets d'or ou d'argent. Voyez la Notice sur l'empire par Pancirole, 2⁰ partie,
chap. 38 et 40, et les Mémoires de M. Anibert sur la République d'Arles.

ples, de palais, d'édifices de toute espèce, sont répandus çà et là sur tous les points de la ville de Constantin. D'autres, cachés sous le sol, s'y pressent en si grand nombre, qu'il suffit des moindres fouilles pour les voir surgir et pour comprendre la justesse de cette vieille parole :

Ditior Arelas sepulta quam viva.

C'est ainsi qu'en 1831, le creusement du bassin du canal d'Arles à Bouc, mit à découvert le soubassement d'un édifice romain, qui se composait de grands murs construits à distance les uns des autres, de diverses séries de cellules d'égale grandeur, affectant la forme d'un carré long, et rattachées à une construction intermédiaire. Ces cellules étaient sans communication entr'elles, ce qui indique qu'elles n'étaient que des substructions destinées à supporter des corps de bâtisse supérieurs. Un aqueduc, élégamment construit en moellons smillés, circulait dans l'enceinte de l'édifice. La proximité du Rhône, l'exiguïté des cellules et surtout la présence d'une conduite d'eau, firent croire que c'était là un établissement de bains. Mais il est à peu près certain que ces bâtisses avaient une autre destination ; que les gros murs étaient ceux de l'enceinte du Cirque romain ; que les chambres fermées servaient à supporter la *spina* ; enfin, que l'aqueduc n'était que le canal de l'Euripe, dépendance inévitable des cirques antiques.

Pour mieux établir cette opinion, il convient d'entrer dans quelques détails sur l'économie de ces édifices

« Un cirque, dit un auteur dont nous empruntons
» textuellement les paroles*, est le lieu où se donnaient,
» chez les anciens, diverses sortes de spectacles et de
» jeux qui exigent un vaste espace, tels que les courses
» à pied et à cheval ; celle des chars et les chasses d'a-
» nimaux sauvages. L'immense étendue des cirques,
» dont les constructions formaient une enceinte quel-
» quefois de huit à neuf cents pieds, a été cause qu'au-
» cun ne s'est assez bien conservé pour que nous en
» puissions reconnaître tous les détails. Par la même
» raison, les médailles, les diptiques, les mosaïques et
» les bas-reliefs, où l'on trouve représentés les jeux du
» cirque, n'embrassent qu'une partie du lieu de la
» scène. On sait cependant, par les descriptions que les
» auteurs anciens nous ont laissé de ces jeux, et par
» les ruines qui nous restent, que l'enceinte du cirque
» avait la forme d'un fer à cheval très-allongé, garni
» de plusieurs rangs de gradins, moins nombreux, mais
» de même construction que ceux des amphithéâtres.

» Au milieu du fer à cheval, dans sa longueur, s'é-
» levait un massif de maçonnerie, appelé spina, de l'es-
» pèce de rapport qu'il avait avec la principale arête
» d'un poisson. Ce massif, haut de 4 à 6 pieds, vrai-
» semblablement selon la hauteur du soubassement de
» l'amas de gradins, était isolé de toutes parts ; l'es-
» pace autour formait la carrière. A chacune de ses ex-
» trémités étaient les bornes près desquelles les chars

* M Boutard, auteur du dictionnaire des arts du dessin.

» devaient passer. Ainsi, le pourtour de la spina dé-
» terminait la mesure de chaque tour de course, quelle
» que fût d'ailleurs l'étendue du cirque. Comme chez
» les anciens la religion se mêlait aux jeux et aux spec-
» tacles, la spina servait aussi à placer les statues des
» dieux et des héros, des autels, des trépieds consa-
» crés, des simulacres de temples, et toujours un obé-
» lisque, à la place, dit-on, d'un mât de vaisseau, qui
» était plus anciennement en usage. On y voyait aussi
» des figures de dauphins et d'autres attributs de Nep-
» tune, au culte duquel les courses des chevaux de-
» vaient probablement leur origine. C'était aussi sur
» ce massif que se tenait l'officier chagé de marquer le
» nombre des tours de course. Dans la suite, à Rome,
» on y établit des siéges pour les sénateurs, de même
» qu'on leur abandonna, au théâtre, l'orchestre, ori-
» ginairement consacré à la partie religieuse des re-
» présentations dramatiques.

» Entre la carrière et le soubassement des gradins, il
» y avait d'ordinaire un canal d'eau courante, en
» l'honneur de Neptune et pour le besoin des hommes
» et des chevaux, pour arroser l'arène, peut-être aussi
» afin de garantir les spectateurs de l'approche des ani-
» maux, lorsque, au lieu de courses de chevaux, c'é-
» tait des chasses et des combats de bêtes féroces qu'on
» donnait en spectacle. Quelquefois aussi ce canal, ap-
» pelé Euripe, était remplacé par la spina, creusée en
» forme d'auge.

» L'extrémité du cirque, opposée à la partie en demi

» cercle, était le point du départ des concurrens ; là
» aussi se trouvait la porte principale, la tribune des
» magistrats, juges des courses et chargés de donner le
» signal du départ ; enfin les loges *carceres*, où les chars
» étaient retenus au moment où l'on ouvrait la car-
» rière. Cette partie, la plus curieuse des cirques, est
» aussi la moins bien connue. On sait cependant que,
» dans les cirques romains, les *carceres* étaient sur une
» ligne oblique et courbe. Comme cette espèce d'irré-
» gularité ne peut s'expliquer que par un motif d'uti-
» lité, on suppose, avec assez de raison, qu'elle avait
» pour objet de rendre égal le trajet à faire par les
» chars partant nécessairement des points différens de
» cette même ligne, pour aller tourner tous également
» près de la borne placée à l'autre extrémité du cirque.
» Du reste, le système de construction des cirques était
» le même que celui des amphithéâtres. »

Cette description générale des cirques romains est conforme aux souvenirs que l'on a gardés de celui d'Arles. On sait que la spina était richement ornée ; qu'un obélisque y tenait la place de l'ancien mât de navire ; que le canal de l'Euripe était vaste et construit avec élégance. De ces anciennes dispositions, l'obélisque seul nous est resté ; l'Euripe a péri sous les convenances du nouveau canal de navigation ; les restes de la spina, les murs de prolongement du fer à cheval, ont subi le même sort. Nous avons vu de nos jours la poudre et la mine dirigées contre ces vieilles bâtisses qui opposaient la résistance du rocher. Quelques-unes étaient établies sur pilotis. Les piquets de chêne, sur lesquels elles reposaient, furent retrouvés sains et intacts, après un service qui date peut-être de plus de quinze cents ans.

Quand au xvie siècle on creusa le canal de Craponne, et que furent jetées les fondations du moulin à eau de la Roquette, on découvrit aussi des constructions romaines qui se rattachaient à celles du Cirque. Le pan du mur, à travers duquel coule le canal de la Durance en dessous du moulin, et qui sert de passage sous le nom de pont de l'*Amulette*, devait dépendre du même système. Il est antique et construit sous le même appareil que ceux de la spina.

Le sol s'est prodigieusement exhaussé depuis l'époque de l'édification du Cirque, dont il est impossible de préciser la date, mais qui ne doit pas remonter au-delà du iiie siècle, ni rester en-deçà du ve. Cet exhaussement n'est pas moindre de 6 mètres 55 centimètres. il peut servir de base aux calculs qui auraient pour objet de déterminer le niveau des terrains voisins de la ville à l'époque de la domination romaine [*].

Le plan qu'embrassait le Cirque, ne fut pas complétement mis à nu. Son étendue devait être prodigieuse à en juger parce qu'on en découvrit. Il occupait toute la largeur donnée ou bassin du canal, et se prolongeait bien au-delà de cette limite.

Dans cette fouille furent trouvés :

---

[*] Voyez la note 8 à la fin de cet ouvrage.

1o Six tombeaux en pierre calcaire, sans couvercles et sans ossemens;

2o Quelques fragmens de colonne de marbre et de granit;

3o Deux pavés en mosaïque, dépourvus de dessins et qui, par leur proportion, semblent avoir servi de fonds de baignoires, ce qui n'avait pas peu contribué à propager la croyance qu'il y avait là des thermes antiques. Ces mosaïques ont péri. Mais le Musée en a recueillis quelques échantillons suffisans pour donner une idée de leur peu de mérite.

Il n'entre point dans notre plan de vous entretenir, Messieurs, des marbres que renferme notre Musée. Ces détails trouveront place dans un autre ouvrage. D'ailleurs, ils appartiennent à la sculpture, et c'est principalement sur les productions architecturales que nous désirons fixer votre attention *. M. le conservateur Huart s'occupe d'un catalogue qui, fait avec soin, présentera la série des divers objets d'arts confiés à ses soins. Rapproché des renseignemens que nous consignons ici, ce catalogue complètera l'inventaire de nos monumens lapidaires, et servira à fixer le chiffre exact des richesses archéologiques que nous possédons.

* Voyez cependant pour ces détails, la note 9 à la fin de cet ouvrage, où l'on a consigné des renseignemens sur les principaux marbres du Musée.

Ayons surtout l'espoir d'en augmenter le nombre. Sous nos pieds le sol est vaste, riche, presque intact. Qui peut dire tous les trésors qu'il recèle et dont l'abondante récolte est offerte à la seule volonté de l'acquérir? Les localités à fouiller se présentent de toutes parts. Il en est une surtout qui paraît amplement pourvue de marbres de toute espèce et qui, à ce titre, mérite une attention particulière.

Sur le plateau de la Major, un de ces hauts lieux où les anciens aimaient à élever des temples à la divinité, on voit les ruines d'un monastère de femmes, désigné vulgairement sous le nom de *Grand-Couvent*. C'est là qu'était l'abbaye royale de Saint-Césaire, dont la fondation remonte au ve siècle; c'est là, qu'une tradition, que nous croyons exacte, place l'établissement de plusieurs temples païens qui auraient précédé celui du monastère et péri dans le sac des autres œuvres païennes*. On ne pénètre jamais dans ce vaste assemblage de cours, de maisons, de débris d'architecture de tout âge, sans être frappé de la quantité de morceaux de marbre qui s'y montrent sous toutes les formes. Des colonnes sciées servent de siéges et de seuils; des blocs sculptés sont jetés à la porte des maisons comme des bornes au coin d'une rue. Un des habitans de cette riche localité nous dit, qu'ayant voulu planter un arbre

* Voyez la note 10 à la fin de cet ouvrage.

au milieu de la grande cour, il en fut empêché par l'apparition d'une colonne établie dans l'espace destiné à sa plantation ; qu'il fouilla ailleurs, et fut encore arrêté par un obstacle de marbre ; et que voulant un arbre et non des *antiquités*, il avait recouvert de terre ces malencontreuses tranchées, et renoncé à ses projets de plantation.

Heureux et singulier pays que celui où il suffit de soulever un coin de terre pour découvrir une région de marbres et de sculptures ! L'un creuse un canal et rencontre un édifice romain dont on ne soupçonnait pas l'existence. Celui-ci, voulant planter un arbre, trouve la place occupée par une colonnade. Il n'y a pas jusqu'à la fabrique de Saint-Trophime qui, ayant cherché la crypte de son église, n'ait rencontré une série de chambres romaines au lieu de la catacombe chrétienne que l'on s'attendait à découvrir. Tout ceci prouve combien il serait utile, Messieurs, de diriger des fouilles sur l'emplacement du Grand-Couvent, de sonder le sol de ses vastes cours et d'employer, avec confiance, vos efforts et votre budget à exploiter une mine qui semble promettre une ample récompense à celui qui voudra se donner la peine de recueillir les richesses souterraines qu'elle renferme.

L'époque romaine est maintenant épuisée.

Que de révolutions ont agité le monde depuis le tems où furent édifiés les grands ouvrages qui viennent de passer sous vos yeux ! Rome a subi la loi qu'elle avait si souvent imposé aux nations. A son tour elle a porté le joug de la conquête. Ses empereurs se sont dégoûtés de sa vieille splendeur. Le siége de l'empire a été déplacé; l'Orient a prévalu sur la ville de Romulus. A l'Orient, Rome a cédé son titre de reine des peuples, son diadême d'or, son aigle impérial, désormais réfugié sur les bords du Bosphore. Mais, de l'Orient, elle reçoit en échange une puissance morale, une supériorité toute divine, gage infaillible d'un nouvel empire universel. Sa destinée lui promit de dominer le monde aussi long-tems qu'il durera : cette destinée s'accomplit. La ville païenne avait gouverné par l'emploi de la force maté-rielle; Rome chrétienne va régner par la parole évangé-lique. L'autorité des faisceaux de la république et de l'empire s'efface devant l'influence de la thiarre. Le Va-tican remplace le Capitole, et c'est encore Rome que nous allons voir présider aux œuvres de la nouvelle civilisation dont les arts vont occuper notre attention.

ÉPOQUE FRANÇAISE.

Cette époque se prête à la division que nous avons indiquée : le bysantin, le gothique, la renaissance.

L'époque bysantine s'étend, de la translation de l'empire romain à Constantinople au règne de Charlemagne, c'est-à-dire du IVe au VIIIe siècle.

Le gothique, qui commence avec le moyen-âge, dure jusqu'au règne de François Ier.

La renaissance part de ce dernier tems et couvre de son nom les productions de l'architecture française depuis le xvie siècle jusqu'à nous.

Le style bysantin est une œuvre de transition. On le reconnaît au mélange des formes grecques et romaines, alourdies par l'agrégation des idées du Nord. L'indécision de son système accuse celle des mœurs et des institutions de ce tems; car les grands ouvrages d'architecture donnent toujours le secret de l'esprit dominant du peuple qui les a créés.

Comme la plupart de nos vieux édifices tiennent à la fois du bysantin et du gothique, ou que, commencés pendant la première de ces époques, ils ont été achevés dans l'autre et en ont subi l'influence, nous réunissons sous un même titre, toutes les œuvres de cette double période. La différence de leur construction suffira pour faire ressortir la différence de leur origine.

ÉPOQUES BYSANTINE ET GOTHIQUE.

Celui qui, les yeux fixés sur les révolutions politiques, s'efforce d'expliquer, par des moyens purement humains, la chute de l'empire d'Occident, éprouve une insurmontable difficulté à rendre compte de la cause la plus efficace de cette catastrophe. L'invasion si inattendue, si tumultueuse des hordes innombrables qui, de l'Asie, se précipitent sur l'Europe, pourrait passer pour l'œuvre exclusive de cette inflexible fatalité que l'Orient a érigée en dogme religieux , si la parole d'Attila ne révélait la cause supérieure de cet immense cataclysme. Au milieu des bruits de la conquête, le chef s'écrie : *Je suis le fléau de Dieu ;* et tout s'efface devant cet envoyé de la colère : arts , sciences, civilisation, succombent à la fois. Ce flot dévastateur ne s'écoule que pour faire place à d'autres flots non moins redoutables. Aux races asiatiques succèdent les races germaines. Les hommes de la Baltique et du Danube sont les maîtres de l'univers romain. Ils le brisent, le morcèlent, l'ajustent à leur taille. Un long silence succède à tant d'agitations ; les ténèbres s'épaississent et couvrent l'Europe qui succombe accablée sous les coups de l'ignorance et de la barbarie. Laissons au tems le soin de réconcilier les vaincus avec les vainqueurs, de les confondre en un même peuple, de féconder et mûrir les germes d'une civilisation nouvelle. Pour nous, bornons notre investigation à faire remarquer que le mélange des races asiatique et européenne contribua, sans doute, à imprimer aux populations du moyen-âge une variété infinie dans les traits de la face humaine. Les sculpteurs de cette époque, peu soucieux des modèles antiques, acceptaient, pour en revêtir leurs ouvrages, les types placés sous leurs yeux. A la beauté conventionnelle, ils préféraient le vrai, quelle que fut sa difformité, et c'est à ce laisser aller de l'art qu'il faut imputer l'apparition des figures bisarres que portent la plupart des statues du moyen-âge.

Calquées sur des modèles altérés ou perdus par le

laps du tems et le croisement des races, ces figures sont de nos jours presque en dehors de l'humanité. Nous inclinons à les attribuer à des caprices échappés au ciseau des artistes. Mais on ne saurait raisonnablement admettre une telle idée. Quelques-unes des statues du cloître de notre église Saint-Trophime sont empreintes de ces physionomies surnaturelles. En les voyant appliquées à des apôtres et autres saints personnages, il n'est pas permis de mettre en doute que le sculpteur n'ait pris son sujet au sérieux, et réalisé de graves intentions. D'ailleurs, les populations modernes laissent encore échapper, par momens, des physionomies anormales, qu'on croirait avoir été modelées sur ces anciennes figures, tant elles ont de ressemblance avec elles, et dont l'apparition, au milieu de nous, semble n'avoir d'autre objet que d'entretenir la mémoire de ces types perdus.

Dans la marche des événemens qui suivirent la chute de l'empire romain, après les hommes nous vinrent les choses d'Orient, car c'est à cette contrée que nous devons le système d'architecture si improprement appelé Gothique *.

* Ceci ne contredit nullement ce que nous dirons plus bas sur l'emploi de l'ogive avant le xie. siècle; car, si je crois que l'ogive a été introdite dans les édifices d'Arles avant les Croisades, je crois aussi que ce n'est que de cette époque que le

Les édifices nés à Arles sous l'influence des idées romanes et orientales vont occuper notre attention. Leur importance égale leur nombre, et c'est à la réunion des grandes œuvres de l'art chrétien, édifiés en regard de celles de l'architecture romaine, que notre cité est redevable d'une prééminence qu'aucune ville du Midi n'ose lui disputer.

Nîmes est riche des dons de l'antiquité, mais elle ne possède rien de la période gothique : point d'églises remarquables *, point de ces flèches en pierre qui, s'élançant dans les nues, découpent si hardiment le ciel et impriment une physionomie si variée, si imposante, si pittoresque, au panorama d'une ville aperçue à l'horizon. L'aspect de Nîmes, ainsi vu, n'offre aucun caractère. C'est une ligne uniforme, plate, alongée, courant sur un ciel sans ressauts et sans découpures.

L'aspect d'Arles présente une toute autre figure que lui donnent les autres édifices chrétiens dont elle est décorée.

Le premier, par son importance, est, sans contredit, l'église Saint-Trophime. La riche beauté de son porche, l'imposante profondeur de sa triple nef, les détails de système ogival, proprement dit, s'est établi dans notre ville comme dans tout le reste de la France.

* Il faut dire cependant que la façade et la tour de Saint-Castor, sont dignes de tout l'intérêt des artistes.

l'allée qui contourne le chœur, enfin son admirable Cloître si brodé, si mystérieux; en font une des plus complètes et des plus belles basiliques de la France chrétienne.

Fondée au VIIe. siècle par l'archevêque Saint-Virgile, elle fut consacrée par lui sous l'invocation de Saint-Etienne. En 1152, Raymond de Montredon la mit sous l'invocation de Saint-Trophime, premier apôtre de la foi dans les Gaules. Le XIIIe siècle l'enrichit d'un admirable portail. En 1430, elle fut agrandie par le cardinal d'Alleman de toutes les dépendances du sanctuaire actuel. Enfin, dans le XVIIe siècle, elle subit la mode des idées grecques, alors si recherchées par les architectes et les populations.

L'ordonnance du bâtiment, l'élévation des pilastres, le cintre des arcades, les ornemens répandus sur les détails du vaisseau appartiennent au système romain.

La voûte de la grande nef est légèrement ogivale.

Les dépendances du chœur relèvent du style gothique.

Oserai-je ajouter, qu'à l'exception de cette dernière partie, tout le reste des bâtimens de l'église date bien réellement du tems de St.-Virgile?

Je le sais; c'est encourir le risque de choquer l'opinion qui assigne au XIe siècle seulement l'introduction de l'ogive en France, que de faire remonter à 400 ans plutôt un édifice dont l'ogive a courbé la voûte. Mais la date de la construction de Saint-Trophime est si précise, si authentique, qu'il n'est guère permis d'élever un doute sérieux sur ce point.

Voici le résumé des preuves qu'on en peut donner :

Les plus anciens écrivains attribuent unanimement à Saint-Virgile la construction de Saint-Trophime.

Ils nous apprennent qu'il fallût vingt-cinq années de travail pour édifier cet immense vaisseau.

Les principaux traits de la physionomie qu'ils lui prêtent se retrouvent encore à travers les changemens que l'édifice a subis.

Si on consulte les lignes de son architecture, on arrive au même résultat d'ancienneté.

La forme basilicaire, exclusivement en usage au VIIIe siècle, pour la construction des temples, a été sa forme primitive.

L'ordonnance bysantine règne dans tous les détails de sa triple nef, la principale voûte exceptée.

Les arceaux, les pilastres, les ornemens, appartiennent au style primitif de cette architecture.

Les pierres des piliers, marquées des lettres qu'employaient, pour désigner leur ouvrage, les ouvriers travaillant à la pièce, présentent les caractères de l'écriture en usage au VIIe siècle.

Une inscription mystique, profondément gravée dans les murs de la tribune des orgues, offre les mêmes signes de l'écriture onciale*.

---

* Voici cette inscription qui a exercé long-tems la sagacité des antiquaires, et qui n'est guère plus intelligible à présent qu'elle ne l'était avant les nombreuses explications qui en ont été données.

Enfin, une partie de la façade, entée sur les restes d'un édifice plus ancien, laisse apercevoir le petit appareil romain, dont la présence vient appuyer la tradition, déjà rappelée, que l'église aurait été construite sur l'emplacement du palais prétorial romain et en empruntant une partie de ses murs.

A côté de ces témoignages matériels, voici ceux que fournit notre Histoire, dont les principaux événemens,

TERRARUM ROMA GEMINA DE LUCE MAGISTRA
ROS MISSUS SEMPER ADERIT : VELUT INCOLA JOSEP
OLIM CONTRITO LETHEO CONTULIT ORCHO.

Pour saisir le sens de ces vers, il faut prendre les premières lettres de chacun des trois vers, TRO, qui sont les premières du mot TROPHIMUS ; puis prendre celles du milieu, qui sont GAL, premières lettres du mot GALLIARUM; et enfin prendre la dernière lettre de chacun des trois vers, qui sont APO, premières lettres du mot APOSTOLUS. La lettre H a été transportée du mot JOSEP au mot ORCHO, afin de laisser à la fin du second vers la lettre P, dont on avait besoin pour la combinaison que je viens d'indiquer.

L'inscription doit donc être expliquée de la manière suivante, explication qui, je le répète, pourra bien ne pas satisfaire tout le monde.

Trophimus galliarum apostolus, ut ros missus est, ex urbe Roma rerum dominâ, Gemina de Luce, scilicet à Petro et Paulo ecclesiæ luminaribus : contrito orco Letheo, nempe statim post Christi passionem, qua dæmonis et orei caput contrivit. Semper aderit : id est, semper animas nostras nutriet, cibo illo, divinæ fidei quem nobis contulit : ut alter Joseph, qui Ægypti populum fame pereuntem liberavit.

presque tous accomplis dans les murs de la métropole, donnent son âge jour par jour.

En 601, Saint-Virgile commence la construction de son église. Il la consacre le 17 mai 626.

En 650, l'archevêque Théodose, déchu de l'administration de son siége, entend lire, dans sa cathédrale, la décision du concile qui le condamne comme hérétique.

En 736, les habitans d'Arles, effrayés de l'approche des Sarrasins, vont chercher un réfuge impuissant à les défendre dans l'église de Saint-Etienne. L'église est pillée : mais les bâtimens sont respectés.

Le 10 mai 813, l'archevêque Jean y assemble un concile qui fixe les règles de la discipline du clergé et des monastères.

En 959, elle est témoin d'un cas de préséance (question grave pour ce tems-là), qui s'élève entre le co-adjuteur Radon et le comte Guillaume, gouverneur de la ville.

En 1020, Gérardus, sixième roi d'Arles, y reçoit la couronne des mains de l'archevêque Pons de Marignane, qui, peu de mois après, est indignement outragé dans cette même église par l'usurpateur dont il avait eu la faiblesse de consacrer le pouvoir.

En 1152, le corps de Saint-Trophime, jusqu'alors déposé à Saint-Honorat, est transféré dans la métropole qui, depuis sa fondation, portait le nom de Saint-Etienne et qui, à partir de cette translation, prend le nom de Saint-Trophime.

Frédéric-Barberousse y est sacré empereur en 1178.

Les événemens continuent, mais je me borne à ceux-ci, laissant à l'écart les plus récens ainsi qu'une foule de faits intermédiaires qui lient les tems et les faits historiques, de manière à ne laisser aucune interruption dans l'ordre des dates. Ainsi, qu'on ne s'étonne plus si, quelqu'imposante que soit l'opinion qui ne fait remonter l'introduction en France du système ogival qu'au retour des Croisades, nous ne consentons pas à lui sacrifier des dates aussi précises et une ancienneté si authentiquement prouvée.

La forme ogivale de la principale voûte ne change rien à cette opinion ; car je crois qu'il faut distinguer, dans l'histoire de l'ogive, deux époques bien distinctes. Dans l'une, l'arc pointu n'est employé qu'accidentellement, et cet emploi remonte sans doute fort haut, puisqu'on le trouve employé dans les voûtes des thermes de Titus ; qu'au ixe siècle une courbure à tiers-parti se montre dans les constructions d'un monastère, situé à quelques lieues de Rome, et que l'Orient en fait usage depuis un tems immémorial. Dans l'autre époque, l'ogive prend tout d'un coup un crédit qu'elle n'avait point encore obtenu. De simple accident qu'elle était, elle devient la base d'un système d'architecture. Elle règne sur tout et partout : voûtes, portes, fenêtres, ouvertures de toute espèce, prennent son inflexion et s'empreignent de son caractère. J'admets volontiers que cette intronisation ne remonte pas au-delà du xie siècle, mais je crois aussi que l'emploi accidentel de l'ogive est de beaucoup antérieur à cette époque, et qu'il ne faut pas ramener indistinctement à la date du système tous les édifices où l'ogive peut se trouver.

A l'égard de l'église Saint-Trophime, il est bien évident qu'elle n'a été employée qu'accidentellement dans la principale voûte, puisque tout le reste des constructions ressort d'une ordonnance opposée au système ogival, et que l'arc pointu ne se retrouve même pas dans les voûtes collatérales.

Cette différence s'explique facilement.

La voûte à tiers-point a été estimée de tout tems, à cause de son extrême solidité ; et, à ce titre, on a dû en faire usage pour couvrir la principale nef de Saint-Trophime, tandis que pour les voûtes des allées collatérales qui, étant moins larges, n'avaient pas absolument besoin de la même solidité, on a suivi le sytème roman auquel tout l'ancien édifice se rattache.

Le clocher n'a rien non plus des dessins du xie siècle. Il s'élève lourdement et carrément par étages, d'après un plan qui paraît avoir été emprunté à la Tour-Magne * ; mais l'imitation est pesante, massive, en tout conforme aux habitudes du bysantin du viie siècle.

Vous savez à présent, Messieurs, quelles raisons me font attribuer à St.-Virgile l'édifice de notre belle ca-

---

* Au viie. siècle, la Tour-Magne s'élevait par étages carrés, acheminés jusqu'à son sommet. On peut consulter les plans anciens pour s'en convaincre. C'est la vue de ces dessins qui m'a mis sur la voie de l'imitation que je signale.

thédrale : et c'est à vous de juger si l'âge que je lui prête est justifié par les preuves que j'ai rapportées.

Les agrandissemens successifs , qui y ont été incorporés , méritent d'être mentionnés avec plus de détails que nous ne l'avons fait jusqu'à présent. Il en est un surtout qui a droit à la plus sérieuse attention. Je veux parler du grand portail de la façade occidentale , un des ouvrages les plus importans , à Arles , de l'art du moyen-âge.

L'Archevêque Hugues Béroard, qui occupait le siège d'Arles en 1221 passe pour en être l'auteur ; cependant il ne vit pas finir l'œuvre qu'il avait si heureusement commencée, et le portail ne fut achévé , à ce que l'on croit , que par Jean de Baussan , prélat peu ami des arts , mais qui n'était pas libre de laisser inachevé le plan de son prédécesseur , et qui doit à cette circonstance d'avoir attaché son nom à un chef-d'œuvre *.

L'explication que donne la statistique du département des Bouches-du-Rhône, des diverses scènes représentées dans cette œuvre , me semble si complète , que je ne saurait mieux faire que de la rapporter textuellement :

* Cette date de la construction du portail est fournie par la forme donnée à la mitre et au pallium de la statue de St.-Trophime , l'un des personnages placés sur le stylobate ; cette forme était , avant l'épiscopat de Béroard, différente de celle qu'on voit ici.

« Le dessin du portail est simple et grand, les dé-
» tails très-riches , et la sculpture aussi bonne qu'on
» puisse l'attendre de cette époque. La façade s'élève
» sur un vaste escalier de dix marches ; elle se ter-
» mine en fronton dont les deux côtés inclinés portent
» une corniche , soutenue d'espace en espace par des
» consoles dont la face représente des figures allégori-
» ques , des mufles de lion ou des feuillages , distribués
» sans symétrie. La porte est profondément enfoncée;
» elle est surmontée d'un grand arc à plein-cintre qui
» remplit le tympan du fronton et s'élève presque jus-
» qu'au sommet de l'angle. La décoration accompagne,
» en retour, l'enfoncement de la porte ; elle consiste en
» une colonnade portée sur un stylobate très-élevé , et
» surmontée d'une frise qui va former le soffite de la
» porte , et règne ainsi sur tout le développement de la
» façade. Elle sert d'imposte au grand arc qui en oc-
» cupe le centre. Au-dessous de la frise sont deux mou-
» lures qui imitent le Méandre et les vagues des Grecs;
» au-dessus est une autre moulure ornée de feuilles d'a-
» canthe : celle-ci est répétée au fronton et au ban-
» deau extérieur de l'arcade.

» Il y a de chaque côté du portail six colonnes , les
» unes carrées , les autres rondes ou octogones : elles
» forment cinq niches , dont deux sont sur le fronton ,
» deux sur chaque côté rentrant, et une à l'angle. Les
» figures qui sont à l'extérieur et dans l'embrasure de
» la porte , sont des apôtres vêtus de longues robes ;
» celle de l'angle à gauche est St.-Trophime en ha-

» billemens épiscopaux*; vis-à-vis, au lieu de l'image
» de Saint-Étienne, ancien patron de l'église, on a
» sculpté sa lapidation et l'ascension de son âme, que
» des anges portent au ciel. Les colonnes sont d'une
» pierre qui imite la couleur du bronze, et dont nous
» n'avons pu déterminer l'espèce; elles sont soutenues
» les unes par des têtes de lion, les autres par des lions
» entiers, qui dévorent des hommes : imagination sin-
» gulière et qui se retrouve fréquemment dans les
» églises de ce tems là **. Les chapiteaux des colonnes
» sont variés et leurs intervalles chargés de sculpture.
» La porte, qui s'élève encore de deux marches au-
» dessus du premier pallier, est partagée en deux par
» une colonne d'un beau granit violet, de l'Île d'Elbe,
» dont le chapitau et la base sont ornés de figures hu-
» maines. Un nombre infini de moulures remplit l'en-
» foncement de la grande arcade, le bandeau inté-
» rieur est occupé par des figures d'anges, disposées
» symétriquement. Au centre du tympan est le Sei-
» gneur, entouré de quatre animaux allégoriques : il
» juge les hommes, et ce jugement solennel est l'idée

* Sur la bande déroulée du Pallium de Saint-Trophime, on
lit les vers suivans :

Cernitur eximius, vir Christi discipulorum.
De numero Trophimus, hic septuaginta duorum.

** J'ai souvent pensé que ces représentations sont le symbole des hérésies vaincues : car c'est presque toujours à des
animaux que l'église considère comme le symbole de la force
évangélique, qu'est livrée cette pâture humaine.

» fondamentale de toute la composition. Le genre hu-
» main est représenté sur la frise, les douze apôtres oc-
» cupent la partie qui est au-dessus de la porte ; sur
» les parties extérieures on voit les âmes qui ont reçu
» leur sentence. A la gauche du spectateur, c'est la
» droite du juge, sont les élus ; ils sont couverts d'am-
» ples robes, et semblent aller avec joie recevoir leur
» récompense. Du côté opposé, des figures nues, liées
» à une même corde et entraînées par des démons,
» marchent parmi les flammes : ce sont les réprouvés
» livrés déjà aux effets de la malédiction éternelle.
» Dans les parties de la frise qui occupent la profon-
» deur de l'arc, sur les flancs de l'édifice et dans les
» vides des niches, sont sculptés des sujets accessoires
» qui tiennent au sujet principal. On y voit St.-Michel,
» pesant les âmes ; la tentation d'Ève, principe des
» malheurs de la race humaine; la naissance de Jésus-
» Christ, gage de rédemption et de salut; des scènes de
» la vie agreste; enfin, des supplices où, comme dans
» les conceptions du Dante, l'horrible et le grotesque
» se tiennent par la main ».

L'ordre des tems nous fait passer du portail, œuvre
du xiiie. siècle, au sanctuaire actuel, dont la construction ne vint que deux cents ans après.

Jusqu'à cette époque le chœur de l'église Saint Tro-
phime avait conservé la disposition ordinaire aux basiliques romanes, qui d'ordinaire se terminaient par

une triple abside. Celle de gauche recelait le trésor composé des vases sacrés; celle de droite était occupée par la bibliothèque, appelée depuis sacristie, et qui prenait son nom de bibliothèque du dépôt des missels, des rituels et des Saints-Évangiles. L'abside du milieu, plus large que les deux autres, était réservée au Maître-Autel, aux cérémonies du culte, et portait le nom de *Sanctun Sanctorum*, ou Sanctuaire*.

L'architecture gothique adopta une disposition différente.

Elle supprima les deux petites absides; prolongea le trajet des allées collatérales qui, jusque-là, s'était borné à aboutir à ces deux hémicycles, et fit tourner autour du chœur le prolongement des deux petites nefs. Le *Sanctun Sanctorum* fut aussi transformé, et une chapelle, dédiée à la Ste.-Vierge, prit place à l'extrémité supérieure du chevet.

En 1340, le cardinal Louis d'Allemand, qui occupait le siége d'Arles, voulut donner à son église la disposition alors en usage. Il remplaça l'abside

* Cette disposition se retrouve encore à Arles dans quelques vieilles églises. Elle existe en partie dans celle de Saint-Pierre-de-Mont-Major ; dans celle de St.-Honorat-des-Aliscamps. Elle est surtout bien marquée dans l'église de St.-Honorat, qui est plus ancienne que celle de St.-Pierre-de-Mont-Major. Quoique cette ordonnance paraisse établie en travers de la croix latine, cette apparence de défaut vient de ce que l'église, n'ayant pas été achevée d'après le plan primitif, le nouveau vaisseau a été jeté en travers de celui qu'on avait projeté.

principale par le chœur actuel ; l'entoura d'une allée qui le contourne, et se raccorde aux nefs collatérales ; fit disparaître la bibliothèque et le trésor, et imprima à l'église le double aspect architectonique qu'elle présente de nos jours.

Nous ne dirons rien des ornemens grecs, jetés au XVIIe siècle par M. de Grignan, sous ces berceaux bysantins ; non plus que des constructions de la même époque, auxquelles se rattachent la nouvelle sacristie, la chapelle Saint-Genest, la tribune des orgues, celle des musiciens, celle de la grande porte. Quelque élégans que soient ces dessins, il n'y a qu'à déplorer le goût fatal qui les a placés là*.

Le défaut d'unité que présente l'église, se reproduit dans les constructions du Cloître ; mais ici le système de composition se prête aux changemens de style qui, bien loin d'être nuisibles à l'effet général du monument, ou d'en dénaturer le sens, contribuent au contraire à varier ses aspects, à les rendre plus pittoresques et plus piquans par l'inattendu et la diversité des spectacles.

Ce cloître est à Arles l'œuvre la plus complète de l'art chrétien.

Il a déposé là ses idées les plus gracieuses, ses ornemens les plus recherchés, son luxe de sculpture, la

---

* Les deux petites portes, situées à droite et à gauche du grand portail, ont été faites en 1700.

variété de ses lignes, tous ses trésors de hardiesse et d'imagination. On dirait un livre dont un art habile a divisé le travail. Ce drame en pierre a son exposition, son nœud, son dénouement. On y suit pas à pas l'origine, les progrès, la décadence de l'art gothique; l'action roule sur le système de composition le plus attachant qu'ait imaginé l'esprit humain au moyen-âge.

Il ne faut qu'un moment de réflexion pour se figurer les principales dispositions de cet admirable édifice.

Quatre galeries sont disposées carrément autour d'un préau ou jardin qui leur distribue l'air et la lumière par les issues que laissent les nombreux entre-colonnemens des murs intérieurs. Sur les murs opposés sont encastrées des tablettes de marbre, portant des inscriptions tumulaires en lettres gothiques. Des niches dentelées, des statues de saints, des colonnettes, des trèfles, des ogives, distribuées avec habileté, ornent ces allées où tout est calme et silence. Le demi jour qui les éclaire, y entretient un ton de mystère qui saisit l'âme et la prépare à subir je ne sais quelle toute puissance, quelle magie de lignes que l'architecte a répandue sur son œuvre et qui font croire aux béatitudes de la vie monastique.

Les quatre galeries, construites à des époques différentes, portent chacune une physionomie qui leur est propre.

L'allée du nord, plus rapprochée que les autres des tems de la primitive église, montre la pauvreté d'ornemens, l'absence de luxe qui caractérisent les premiers édifices chrétiens. Sa construction paraît remonter au ixe siècle, peut-être même à une époque antérieure. Les voûtes à plein-cintre se courbent à la façon de celles de l'amphithéâtre romain. Des arcs doubleaux les fortifient par intervalles. C'est l'imitation du style antique, le seul existant à cette époque, qui a donné cette direction aux couvertures, et versé des feuilles d'achante sur le chapiteau des colonnes engagées dans le mur intérieur.

L'imitation perd ce caractère de servilité dans quelques détails de la galerie de l'est. Le dessin romain y domine encore ; mais les souvenirs de l'antique, devenus plus rares, laissent entrevoir les indices d'une voie nouvelle.

Le premier sentiment du goût oriental y dégage les colonnes des proportions grecques ; les chapitaux se dépouillent de l'achante pour prendre des ornemens empruntés aux légendes chrétiennes ; la courbure des voûtes se conforme aux règles de Vitruve ; mais on pressent une tendance à effiler les couvertures, à leur donner plus d'élévation et de perspective. Dans les parties d'ornemens, il y a décidément indépendance, innovation de style. Le gothique ne règne pas encore. Trop jeune pour obtenir une confiance illimitée, on ne s'abandonne qu'avec réserve, et dans des œuvres secondaires, à ses premiers essais.

Mais l'âge de force et de virilité arrive bientôt après. l'art chrétien, procède seul avec tout l'éclat de son dogme et de ses croyances. C'est à lui seul qu'appartient la construction de la galerie de l'ouest : ogives admirables de souplesse et d'élancemens, nervures éclatantes de vigueur, arêtes, broderies, festons, tout ce qu'il y a d'élancé, de pyramidal, de gauffré, d'aérien, de fantastique dans le système oriental, se réunit pour parer cette galerie et donner une idée complète de la puissance de l'architecture chrétienne. Les colonnettes se couronnent de chapiteaux admirablement variés. Les voûtes, descendues d'un rond point, s'entrouvent légèrement, glissent le long des murs et vont se perdre dans les triangles dont le sommet renversé s'appuie sur les colonnes et les piliers du portique. Tout le goût, l'idéal de l'art gothique est là. Si vous désirez connaître l'architecture du moyen-âge dans toute sa splendeur, venez voir cette galerie. C'est pour elle que devrait être faite la boîte d'or dont Mansard voulait protéger la Maison-Carrée de Nîmes : et s'il est vrai que les murs de Troyes ont été bâtis aux sons de la lyre, ceux-ci l'ont été aux harmonies de l'orgue, aux parfums de l'encens.

Je ne parviendrais jamais à dire tout ce qu'il y a de suave dans la disposition de ces pierres. Impossible de décrire ; il faut voir.

On conçoit aisément que l'architecture chrétienne se soit longuement admirée dans les décorations du système ogival ; qu'elle ait tenu en oubli et presque en mépris les formes imposantes, mais un peu froides des édifices antiques. Ce système a bâti en France dix-sept cent mille églises * ou clochers. Puis le goût s'est lassé à force de jouissance et de perfection, de même que l'unité de l'église s'est rompue par un effet même de sa grandeur.

Ces deux révolutions se sont opérées presque en même tems.

Les dissidences de l'église au xve siècle ont donné au système gothique, symbole de la pensée chrétienne, le même ébranlement qu'au symbole canonique. L'ogive, dont l'existence était dévouée à celle de l'église, a chancelé avec elle.

C'est à cette époque de décadence que fut construite la quatrième galerie du Cloître. Aussi, l'arc pointu n'a-t-il plus la même confiance en ses effets? Il sort hésitant des mains de l'ouvrier. Plus de ces arêtes brillantes, énergiques, si pleines de vie et d'autorité. Les nervures manquent de force; l'ogive l'affaisse; un système de décomposition énerve toutes les lignes. L'art du moyen-âge vient de succomber.

J'ai parlé d'un drame architectonique. Nous sommes arrivés au dernier acte, l'œuvre est sans nom d'auteur. Les architectes du Cloître nous sont tous inconnus. Les artistes de ce tems attachaient plus de prix à bien faire qu'à perpétuer leur mémoire. Ils vivaient dans leurs

---

* Ce chiffre, dont l'élévation a quelque chose qui effraye l'esprit, résulte cependant des calculs de Jacques Cœur, et je le donne tel que lui-même me le fournit.

œuvres et prenaient peu de souci d'y attacher leur nom*.

La conservation de ce chef-d'œuvre exige le prompt établissement d'un concierge. Il suffirait de sa seule présence pour éloigner les enfans qui en dégradent à plaisir les statues, et s'attachent de préférence à mutiler les parties les plus délicates de la figure. Cette mesure doit être prise au plutôt. Il est à regretter qu'elle n'ait pas été ordonnée dès 1826, époque où le Cloître, enseveli depuis plusieurs années sous des immondices et des ruines, fut déblayé et restitué à l'admiration de l'artiste et à la vénération des fidèles.

Il ne me reste plus qu'un mot à ajouter pour compléter ce que j'avais à dire sur Saint-Trophime.

* Tout ce qu'on sait des diverses constructions du Cloître, se borne à peu de choses. On attribue à l'archevêque François de Conzié la galerie occidentale qui aurait été bâtie en 1389. La quatrième galerie serait l'œuvre des premières années du XVIe. siècle. Quant aux deux autres galeries, leur âge n'est indiqué que par le mode de leur architecture. La seconde a dû être construite peu de tems après la première.

Il est probable que ces édifications successives sont l'effet du hasard, et qu'elles ont été occasionées par la destruction successive des couloirs primitifs du Cloître, qu'on a dû remplacer à fur et mesure qu'ils tombaient en ruine.

Sous la grande nef se cache une substruction qu'on avait l'habitude de considérer comme la crypte de l'église, et qui, abandonnée depuis longues années, était encombrée de terres et de ruines. La mémoire en était presque perdue, quand une exploration récente est venue en révéler l'intérêt. Cette construction, d'origine romaine, fesait partie d'un monument qui n'existe plus, et dont on ne sait pas au juste l'ancienne destination. Dans le déblaiememt, qui fut opéré en 1835, on découvrit cinq chambres voûtées, disposées sur le même axe, communiquant entr'elles par des portes cintrées, dont les claveaux, entremêlés de pierres et de briques, se ressentent du goût des architectes du IVe siècle. Les voûtes ont été enfoncées sur plusièurs points pour établir les piliers de l'église. Il paraît que d'autres chambres font suite à celles dans lesquelles on a pénétré. La crainte de compromettre la solidité des constructions supérieures, mit fin aux opérations de la fouille, qui ne fournit d'ailleurs aucun renseignement sur l'usage primitif de ces substructions ; mais leur présence, à cet endroit, servit à fortifier l'opinion, où l'on était déjà, que l'église avait été bâtie aux dépens d'un édifice romain, à la date reculée que nous avons indiquée, et que nous adoptons sans réserve.

Telles sont, sur cette grande et belle basilique, nos idées recueillies et mûries par l'habitude de la voir, d'en interroger les moindres détails, de tenir compte des divers renseignemons que donnent son architecture ainsi que les traditions dont elle est l'objet, et que nous résumons en adoptant la date d'ancienneté que lui assignent l'histoire et l'appareil architectonique de sa construction.

Suivant une ancienne opinion, Notre-Dame-la-Major, appelée primitivement *Ecclesia Major*, aurait été bâtie sur l'emplacement d'un temple antique, dédié à Cybèle. L'exactitude de cette croyance n'est guère plus douteuse depuis qu'on a découvert dans l'allée qui conduit à la maison curiale, des assises de construction romaine, employées à supporter le soubassement des murs de l'église. On croit qu'elle servait de métropole avant que Saint-Trophime eût été bâti. Son édification remonte à une époque inconnue. Tombée en ruine au ve siècle, elle fut rebâtie, et l'évêque Ravenius la consacra, en 452, en présence de trente-quatre évêques.

Une inscription, gravée sur la grande porte, qui périt dans les réparations qu'on fit à l'église en 1592, sert à fixer cette date dont je ne vois aucune raison de suspecter l'exactitude.

Voici l'inscription telle qu'elle existait sur une pierre commune, fendillée en tout sens par la vétusté, et qui tomba en débris quand on essaya de la déplacer :

ANNO CREATI ORBIS IVMCCCCXIV, CHRISTI NATI IVCLII.
PONTIFICATUS LEONIS PRIMI MAGNI XIV.
VALENTI ET MARTIANI IMP. III.
OPILIONE ET VIMCOMALO ROMANORUM COSS.

MEROUEI FRANCORUM REGIS V.

RAVENIO ARELATENSIS EPISCOPO VIII IDUS JULII

DEDICATA EST BAZILICA SANCTÆ MARIÆ MAJORIS

NOSTRÆ ARELATENSIS CIVITATIS

PRESENTIA XXXIV EPISCOPORUM

QUI IBIDEM TERTIUM ARELATENSE CONCILIUM CELEBRAVERUNT.

Le style chronologique de cette inscription a fait naître des doutes sur son authenticité. On a remarqué avec raison que dans le Vᵉ siècle, l'habitude n'était pas de compter par les années de la création du monde ; que le Pape Léon-le-Grand n'a été appelé Léon Iᵉʳ., que lorsqu'il y a eu un second Pape du nom de Léon ; enfin, que la Provence, n'ayant encore rien de commun avec l'empire des Francs, le règne de Mérovée n'aurait certainement pas été mentionné dans une inscription du Vᵉ. siècle.

Ces observations, quoique parfaitement justes, me semblent cependant peu concluantes pour arriver au but qu'on se propose, celui de faire rejeter la date d'ancienneté assignée aux bâtimens de l'église ; car il est probable que l'inscription, venue long-tems après les faits qu'elle se borne à rappeler, aura employé le système chronologique, usité aux tems ou elle a été faite, de préférence à celui de l'époque de la fondation du temple ; et que dès-lors rien ne s'opposait à ce qu'elle rapportât les principaux événemens qui s'étaient passés en 453. Si ses auteurs avaient eu l'intention de faire croire qu'elle datait de la construction de l'église, ils auraient eu soin de ne pas tomber dans les erreurs qu'on a relevées, erreurs par trop grossières, pour qu'on puisse croire qu'elles aient jamais servi à couvrir une supercherie.

L'inscription de Mont-Major*, qui avait pour objet d'attribuer à l'édification de la chapelle Ste.-Croix, une fondation bien antérieure à sa date réelle, n'est pas ainsi faite. Celle-là est revêtue du soin particulier qu'on apporte à tout déguisement : aucune erreur de chronologie, de style, ni de paléographie ne s'y rencontre; et si l'on n'avait acquis, par les chartes de Mont-Major, la preuve de son inexactitude, ce n'est certainement pas dans les caractères de l'écriture, ni dans l'expression des dates, qu'on serait parvenu à la découvrir. Il ne faut donc voir dans la naïveté de l'inscription de Notre-Dame, qu'un témoignage de bonne foi et de sincérité. Elle ne prétendait pas dater de l'époque de la fondation de l'église, et c'est en lui supposant une prétention qu'elle n'avait pas, qu'on est arrivé à la déclarer apocryphe et indigne de crédit.

Le rang qu'occupe Notre-Dame-la-Major, dans l'histoire de l'église d'Arles, est des plus éminens. Plusieurs conciles ont été tenus dans ses murs. C'est là, qu'en 314, les donatistes furent condamnés, et que l'empereur Constantin répondit à ceux qui le pressaient, après la décision du concile, de juger de nouveau la cause des fauteurs de l'hérésie : *judicium meum postulant qui ipse judicium christi expecto.*

---

* Voyez la note 11 à la fin de cet ouvrage.

La construction de l'église est bysantine par l'ordonnance de la nef et des travées latérales; gothique par la voûte , ce qui lui donne une certaine ressemblance avec celle de St.-Trophime.

Quant au chœur et à ses dépendances, leur construction ne date que du XVIIᵉ siècle.

La façade , restaurée en 1592 , suivant le goût de cette époque, qui appliquait à tout les dessins antiques, manque de caractère*. Les dispositions intérieures du vaisseau sont lourdes et rampantes, défaut qui provient de l'excessive élévation du pavé. Pour le raccorder avec celui de la rue , on l'a tellement exhaussé que les piliers sont enfouis à un tiers de leur hauteur; Il serait bon de profiter du premier remaniement à faire dans le dallage pour ramener le sol à son ancien gisement; on releverait ainsi l'édifice à sa hauteur primitive , et la majesté des cérémonies du culte n'aurait rien à perdre à ce changement.

Le quartier de la Major est celui des églises.

C'est là qu'était celle de Sainte-Marie-Magdeleine , dont l'abside seule a conservé sa première forme. Mais

---

* C'est dans la tranchée ouverte , pour asseoir les fondations de la grande porte, que fut trouvé l'autel de la bonne Déesse, que l'on conserve au musée. L'ancien chœur de l'église était enrichi de belles colonnes antiques de porphyre, que Charles IX nous envia, et qu'il fit transporter à Paris.

elle est menacée de périr sous les volontés du propriétaire qui a déjà rendu méconnaissables les autres parties du vaisseau. Cette perte serait d'autant plus affli-
geante, que l'édifice remonte aux premiers tems de la
chrétienté. Les sculptures et les murs attestent la domination des idées romanes à l'époque de son édification ; c'est un monument que nous inclinons à attribuer au vi^e. siècle, et que nous croyons avoir été
consacré par St.-Césaire et St.-Cyprien, en l'année
506*.

Ce que je dis ici de Sainte-Magdeleine s'applique
également à l'église St.-Jean, qui, voisine de Sainte-
Magdeleine, construite à la même époque, a éprouvé
le même sort, et, comme elle, se trouve réduite à
l'hémicyle extérieur de son abside. Des chapiteaux à
feuilles d'acanthe, des pilastres cannelés en décorent
le pourtour extérieur. A l'intérieur, le sanctuaire est
enseveli sous des immondices qui, croissant de jour
en jour, finiront par corroder et détruire les parties

* Il est écrit dans la vie de St.-Césaire, qu'en cette année là, les deux évêques Césaire et Cyprien, consacrèrent à
Arles une église sous l'invocation de Ste.-Marie-Magdeleine.
Le nom de l'église, le style de l'architecture et son ancienneté apparente, s'accordant avec l'indication que je viens de
rapporter, je ne vois point d'obstacle à ce que la date de
506 ne soit admise.

délicates de la décoration, qui sont encore en évidence. La voûte, à nervures plates, qui couvre le sanctuaire, est moins ancienne que les murs et d'un autre style. Elle ne remonte pas au-delà du XIIIe siècle. Au centre d'un ornement sculpté sous l'agraffe de la voûte, est un agneau pascal accosté d'une croix. Le tout est assez grossièrement fait. On lit autour de ce symbole les mots suivans, dont je conserve l'orthographe :

ECCE ATHGNUS DEI.

Soit qu'on interroge les lignes d'architecture de l'abside ou les annales du pays, tout porte à croire que cette église est celle qui dépendait du monastère des femmes, fondé par l'archevêque St.-Césaire, en 557 *, et dont la fondation ne fut pas sans utilité pour les lettres, par l'obligation qui était imposée aux religieuses de copier des manuscrits.

Ces restes de vieilles églises, précieux pour l'histoire de l'art, ne le sont pas moins pour celle du christianisme. Si l'archéologie les réclame pour fixer l'état de l'architecture dans des tems si éloignés de nous, la foi chrétienne s'incline avec respect devant ces vénérables débris du culte primitif. En effet, si les dates que nous avons données sont exactes, ces églises sont au nombre de celles qui, les premières bâties au grand jour, ont vu pénétrer les rayons du soleil dans les sanctuaires chrétiens, jusqu'alors cachés au fond du catacombes, et sont devenues le berceau de ces augustes céré-

---

* Voyez la note 16.

monies , dont l'imposante grandeur saisit l'ame , l'entraîne, la maîtrise , et à force d'éclat et de majesté , parvient à lui révéler la présence d'une invisible divinité.

A côté de St.-Jean s'élève l'église de St.-Blaise (où St.-Césaire), qui fut construite en 1005, et agrandie en 1280 de toute une travée par la famille des Porcellets, dont les armes sont incrustées dans les murs extérieurs. Indépendamment de la date que je viens de préciser, l'époque de cet agrandissement est indiquée par le caractère ogival, bien décidé, dont les nouvelles constructions sont revêtues ; tandis que le bâtiment de 1005 ne présente qu'une légère inflexion dans les voûtes et les arceaux latéraux.

Comme tous les édifices chrétiens de cette époque, la nef est dépourvue de toute espèce d'ornement. Sur les pilastres, taillés à forme prismatique, les chapiteaux conservent la simplicité la plus absolue. Point de sculptures recherchées ; aucune intention de luxe ; l'austérité du style primitif y règne sans altération, et l'on ne peut se défendre d'une certaine émotion quand on se trouve en présence de ces grands murs froids, sévères, voués à la ruine , et conservant dans leur abandon une imposante physionomie de vieillesse et d'autorité.

Il est probable que St.-Blaise fut bâti pour remplacer l'église de St.-Jean, qui menaçait ruine, et que dé-

laissèrent trop facilement les Dames de St.-Césaire ,
qui avaient tant de raisons pour conserver une église
consacrée par le vénérable fondateur de leur règle.
Les deux temples dépendaient de leur monastère. Dans
le nouveau elles établirent l'exercice du culte : le
sanctuaire de St.-Jean fut converti en un caveau de sépultures, réservé aux religieuses du couvent. Il y a peu
d'années encore que les cercueils reposaient disposés à
côté les uns des autres dans ce vaste tombeau. Ils ont
maintenant disparu , et de nos jours rien ne rappelle
cette pieuse destination *.

C'est à sa position, sur un des points culminans de
la ville , qu'il faut attribuer l'opinion qui a fait de
St.-Blaise un temple jadis consacré à l'adoration des
dieux olympiens. Mais cette tradition , quoique fau-
tive, ne doit pas être entièrement dédaignée. Trop de
souvenirs populaires, fidèlement transmis de génération en génération , désignent le plateau du Grand-
Couvent comme l'emplacement de plusieurs temples
païens, pour qu'il n'y ait pas quelque vérité cachée
sous l'universalité de ces croyances. La grande quan-

* L'église de St.-Blaise n'est plus desservie depuis la su-
pression du couvent. En 1818, la confrérie des Pénitens Gris
y rétablit les cérémonies du culte ; mais depuis quelques années l'église est retombée dans l'abandon , et nous croyons
savoir qu'elle sera prochainement mise en vente. Il est à désirer que la ville saisisse cette occasion de faire une acquisition
qui probablement lui sera livrée à bon marché, et qui lui as-
surerait un monument respectable à tous égards.

tité de marbre, dont les débris couvrent le voisinage, appuie ces traditions, et je crois que c'est une raison de plus pour insister sur l'opportunité d'une fouille à diriger dans ce sol encore intact.

Je termine cette revue de nos vieilles églises par celle de St.-Lucien, qui était située sur la place des Hommes, anciennement appelée place du Cestier, et qui a dû être un des premiers édifices chrétiens de notre ville. Son nom primitif lui venait d'un temple établi dans le voisinage. Jusqu'au viiie. siècle on l'a appelé Notre-Dame-du-Temple. A cette époque, l'empereur Charlemagne lui ayant fait don des reliques de St.-Lucien, elle prit le nom de ce martyr ; et elle l'a porté jusqu'à l'époque de sa destruction au dernier siècle *.

Elle cachait sous son vaisseau une construction antique qui, selon toutes les probabilités, a servi de catacombe et abrité les premières assemblées chrétiennes. Son existence était tellement ignorée, que c'est au hasard seul que l'on doit sa découverte faite en 1835. Cette crypte n'est autre chose qu'une galerie romaine, à voûte d'arète, revêtue du petit appareil, ayant à droite et à gauche des arcades cintrées auxquelles répondent des pièces carrées que l'on considère

---

* Quelques parties de l'église s'étaient conservées, mais elles ont péri en 1821.

comme autant de chapelles, bien qu'elles n'aient aucune ressemblance avec celle de nos églises. L'extrémité orientale de la nef, qui court du couchant au levant, est terminée par une abside à voûte semi-sphérique, formée de minces claveaux. Au centre est un autel, et au fond une fenêtre à plein-cintre, seule ouverture par où la lumière semble avoir été appelée dans ces sombres caveaux.

Quoique d'une très-haute antiquité, l'abside ne date pourtant pas du même tems que les autres constructions. Son ancienneté est moindre, et il est évident qu'elle a été ajoutée à l'édifice primitif, quand on a voulu lui donner une destination chrétienne. L'autel est en simple pierre, dépourvu d'ornement. La tablette, sur laquelle on célébrait les Saints-Mystères, reposé sur un dé qu'elle déborde d'un pied environ sur ses quatre faces. A son extrémité occidentale, la nef va se perdre dans une galerie voûtée à plein-cintre, qui semble avoir fait partie des allées du Forum, dont nous avons parlé au titre des monumens romains.

Tous ces caveaux sont noirs, infects, privés de lumière, jonchés de débris de cercueils, de têtes, d'ossemens humains entassés les uns sur les autres et obstruant tous les passages. Il est impossible de faire un pas sans marcher sur des os qui crient et se brisent sous le pied en répandant une odeur sépulcrale qui soulève le cœur. L'encombrement est tel, qu'à certains endroits on ne peut avancer qu'en ayant le corps plié en deux et le visage presque appliqué sur ces débris de squelettes. L'étude est impossible à de pareilles conditions ; aussi, n'est-ce qu'après le déblaiement qu'il sera permis d'aller, sans sacrilége, étudier des questions d'art dans ces demeures du silence et de la mort. Je me borne à mentionner le haut intérêt que paraissent mériter ces diverses constructions, principalement l'abside qui pourrait bien être le monument le plus ancien de la chrétienté dans notre ville ; et à exprimer l'ardent désir de voir rendre à la sépulture ces dépouilles humaines qui sont journellement livrées à toutes les profanations d'une condamnable curiosité *.

Avant de sortir de la ville pour aller visiter les monumens chrétiens qui l'entourent, permettez-moi, Messieurs, de vous entretenir de quelques vieux édifices à la veille de tomber dans l'oubli, et d'appeler vos regards sur des fragmens peu connus, dont le gothique a décoré notre ville.

Le palais de justice, qui fut rebâti en 1200 sur son emplacement primitif, n'a conservé de sa reconstruc-

* L'Administration municipale a témoigné l'intention de les faire transporter dans le cimetière de la ville. Elle accomplira par-là un acte honorable à remplir et un devoir commandé par le respect que nous devons aux cendres de nos pères. Pour rendre cette mesure aussi bonne qu'elle doit l'être, il importe de la prendre au plutôt.

tion que les murs de la façade septentrionale. Une
porte à plein-cintre, une couronne de créneaux, défi-
gurée par des constructions ultérieures, voilà tout ce
que le tems a laissé de ce vieux palais , dont les salles
ont successivement reçu les sermens des rois d'Arles,
des consuls et des podestats de la république. Son nom
a varié dans la série des âges. On l'a successivement
appelé chambre des plaids, cour royale , palais commun. Après la réunion de la Provence à la Couronne,
il devint le siége de la sénéchaussée, et, de nos jours,
il sert de prétoire à la justice de paix , unique expression à Arles du pouvoir judiciaire qui y a eu , durant
tant de siècles, une si haute représentation.

Contre la façade du palais s'appuie un autre monument qui ne doit pas être oublié. Je veux parler des
larges dalles dont les dispositions graduées forment
une série de siéges terminés par un dossier. Ces pierres
ne sont pas moins respectables par leur vétusté que par
leur usage primitif. C'est là que le Viguier d'Arles,
venait prêter serment de bien faire; c'est là, qu'en
plein air, il rendait la justice, comme St.-Louis, sous
les arbres de Vincennes. Ce siége existe encore un pied
sur la rue, un autre sur le Plan-de-la-Cour, qui est lui-
même une autre célébrité de notre ville.

Quand la domination romaine eut cessé, Arles ne
perdit pas d'un coup les habitudes que Rome avait
introduite dans ses mœurs.

Quelques goûts de l'ancienne civilisation continuèrent à s'y faire sentir sous le régime féodal , et la

population d'Arles se plaisait aux réunions en plein air, sur le Plan-de-la-Cour, qui lui rappelait le Forum romain. On s'y assemblait, comme aux tems antiques, pour agiter les intérêts du pays. L'influence de ces rassemblemens ne fut pas toujours avantageuse à la bonne tenue des affaires de la république. Ils devinrent aussi l'occasion de la plupart des troubles que la ligue souleva à Arles. Après les guerres civiles, le peuple se dégoûta de ces assemblées dont il avait reconnu les dangers : il en déserta le théâtre ; et le Plan-de-la-Cour échut en partage à la classe noble, qui en fit un lieu de promenade privilégiée*. Cette réminiscence des mœurs antiques n'est pas entièrement éteinte. Elle se laisse entrevoir de nos jours dans les rendez-vous de quelques habitués, qui fréquentent cette localité par respect pour ce qui se fesait autrefois, et qui peut-être ne se doutent guère que sous l'habit français du xixe. siècle, ils entretiennent et perpétuent les habitudes de la cité de Constantin.

Les fragmens gothiques** pour lesquels je réclamais

* L'emplacement de l'ancien Plan-de-la-Cour n'était pas exactement le même que celui du Plan-de-la-Cour actuel. Il était tout-à-fait en face du Palais de Justice, et s'avançait moins que la place actuelle vers la rue de la Calade.

C'est en 1617, que le Plan-de-la-Cour actuel fut pavé en mosaïque, comme on le voit de nos jours.

** Je place ces dessins dans le chapitre des monumens gothiques, parce qu'ils dépendent de ce système ; mais je dois dire votre attention sont en bien petit nombre. Ils appartiennent au style flamboyant, ainsi nommé à cause de l'éclat de ses formes, et qui, né au XVe. siècle, sert à marquer la dernière période du règne ogival. Les œuvres de ce système sont trop rares parmi nous, pour qu'il me soit permis de passer celles-ci sous silence.

L'un de ces fragmens se trouve dans la petite cour de l'ancien couvent des Ursules. Il consiste en la décoration d'un balcon dont les compartimens représentent des cœurs allongés ; et en une baie de porte couronnée de médaillons. Ces dessins, qui sont d'un assez bon goût, courent le risque d'une prochaine destruction. Les enfans s'en sont emparés, et à Arles, mieux que partout ailleurs, on sait tout ce qu'ils savent faire.

Les murs extérieurs d'une chapelle de l'église des Prêcheurs conservent des décorations du même genre. Celles-ci sont un peu mieux abritées contre les coups de pierre et les mutilations ; mais elles sont loin de présenter le même intérêt architectonique que celles du couvent St.-Ursule.

Enfin, le plus brillant échantillon que nous ait laissé le style flamboyant consiste dans les ornemens d'une voûte qui jadis faisait partie du monastère des grands Carmes, dont l'église a péri de fond en comble à l'épo-

qu'ils sont d'une date postérieure à la renaissance, et que c'est le système de composition et non la date de leur origine, que je consulte pour cette classification.

que de la suppression du culte. Une rue publique remplace la nef et le sanctuaire. Quelques chapelles latérales n'ont échappé à la destruction que pour être converties en maisons particulières, et c'est dans une de ces habitations que s'est conservée la voûte de l'ancienne chapelle de Notre-Dame de l'Assomption, fondée à la fin du xvie siècle par un gentilhomme d'Arles, nommé Des-Albert. La singularité de son testament, dans lequel il constitue son ame héritière de la grande fortune qu'il possédait, lui a donné plus de célébrité que la fondation de la chapelle Notre-Dame, destinée par lui à recevoir le tombeau de son épouse ; et cependant la chapelle devait être un chef-d'œuvre, s'il est permis d'en juger par ce qui reste de sa magnifique voûte, riche et brodée comme le voile d'une jeune mariée. Dans cette œuvre, que je n'hésite pas à qualifier d'admirable, la pierre est taillée, amincie, découpée avec tant de délicatesse, qu'elle s'est convertie en fleurs, en festons, en fines dentelles, dont les ondulations s'enlacent, se déploient, se jouent avec une grâce et un art vraiment merveilleux. Ce n'est point une voûte en pierre qu'on a sur la tête, mais un ciel d'étoiles, de feuillages, de broderies, d'admirables ciselures, et l'on ne sait ce qu'il faut estimer le plus de l'art qui a imaginé ces prodiges, où de la patience humaine qui s'est résignée à accomplir une tâche si longue, si minutieuse, si infinie *.

---

* C'est dans cette chapelle qu'était renfermé le bas-relief

Quoique la courbure de la voûte, celle des fenêtres et l'ordonnance générale de la composition soient absolument ogivales, l'ornementation n'en est pourtant pas exclusivement empruntée aux dessins gothiques. L'artiste a mis à contribution ceux de la sculpture grecque, et répandu à pleine main sur toute son œuvre, des palmettes, des feuilles d'acanthe, des cordons de perles, qui se plient à toutes les inflexions de l'ogive, courent le long des nervures et s'associent

représentant l'Assomption de la Ste.-Vierge, qu'on voit à présent en face des fonts baptismaux dans l'église St.-Trophime. Ce morceau de sculpture du XVIe. siècle avait été enlevé de l'église des Carmes, à l'époque de la révolution, et vendu, comme bloc de marbre à un marbrier de la ville. En 1813, M. Sauret, maire d'Arles, apprit par hasard que le marbrier, peu soucieux de l'œuvre qu'il possédait, se disposait à scier le marbre pour le convertir en tablettes de cheminée. Il s'empressa de prévenir la destruction du bas-relief, en remboursant au propriétaire la modique somme qu'il lui avait coûté, et le fit transporter dans le musée de la ville. Plus tard il fut donné au clergé de l'église St.-Trophime, qui le fit placer près de la sacristie, dans un angle où on le voyait à peine. C'est à M. le curé Perre, qu'il doit son emplacement actuel et les attentions dont il est devenu l'objet. Ce bas-relief était autrefois resserré dans un cadre à colonnes et à baldaquin de marbre qui est à présent à Aix. Nous croyons savoir que M. Perre s'est donné beaucoup de soins pour rendre au bas-relief son ancien encadrement, et que s'il n'a pas réussi, c'est que les prétentions du propriétaire ont mis à cet achat un obstacle que la modicité du budget de l'église n'a pas permis d'applanir.

heureusement aux caprices les plus exigeans du style oriental.

Ce rapprochement des ornemens antiques avec ceux du moyen-âge, se rencontrent fréquemment dans les édifices gothiques de notre ville. Il faut l'expliquer par la présence des monumens romains, qui, bien qu'ils appartinsent à un système repoussé par les architectes chrétiens, exerçaient pourtant sur leur imagination un empire auquel ils n'étaient pas maîtres de se dérober tout-à-fait. La plupart de nos édifices du moyen-âge se ressentent de cette influence, qui leur a imprimé un caractère particulier, et que ne doit jamais perdre de vue celui qui veut les étudier et les comprendre.

La chapelle Notre-Dame est depuis long-tems coupée en deux par une charpente qui procure au propriétaire l'avantage d'avoir un rez-de-chaussée et un premier étage. Heureusement cette division n'a point porté préjudice aux beautés de la voûte qu'il est tems encore de sauver, et dont l'acquisition, par vous projetée, Messieurs, assurera à notre ville la possession d'un chef-d'œuvre dont on ne peut trop apprécier la richesse et le mérite plastiques.

Je jette en vain les yeux autour de moi. Il ne reste plus que des décombres, des murs croulans, des édifices qui succombent sous le poids de l'âge ou de leur nouvelle destination, des débris tellement broyés, qu'ils ne sont plus qu'une poussière sans forme et sans nom.

Voyez vous-mêmes, Messieurs :

L'ancienne église des Prêcheurs, jadis si imposante et si vénérée, n'est plus qu'un vaste magasin à fourrage. Son clocher, rival d'élévation et de masse, avec celui de St.-Trophime, a péri violemment pendant la révolution. Le cloître, dont chaque travée était ornée de fresques, n'a plus que deux ou trois arcades vouées à une imminente destruction *.

---

* L'église des Prêcheurs ou Dominicains date du milieu du xv°. siècle. Sa construction avait été retardée à cause des difficultés qui étaient intervenues entre les Prêcheurs et le Chapitre de St.-Trophime. En 1391, les religieux de l'ordre ayant refusé de marcher aux processions sous la croix de la Métropole, le Chapitre, par voie de représailles, leur enleva la faculté de prêcher dans la chaire de St.-Trophime. Les Dominicains réclamèrent, mais le Chapitre tint bon. Les chanoines portèrent leurs plaintes devant l'official. Un procès, fort long et fort compliqué, s'en suivit ; enfin, par transaction, en date du 7 juillet 1413, il fut convenu que les Dominicains marcheraient à l'avenir sous la croix de la Métropole, et qu'ils auraient la faculté de prêcher tous les jours des cendres dans l'église métropolitaine, ainsi qu'ils en avaient le droit avant les troubles de 1391. La discussion ainsi appaisée, les Dominicains s'occupèrent d'une nouvelle église dont les bâtimens furent ornés de tout le luxe de l'architecture du xv°. siècle. L'église fut vendue pendant la révolution. Ses bâtimens, quoique défigurés par les constructions que les propriétaires y ont faites, pourraient cependant recouvrer leur ancienne physionomie.

La flèche des Cordeliers tombe en ruine et n'est pas soutenue , quoiqu'elle soit une des principales décorations du panorama de la ville et qu'elle se rattache à la triangulation des opérations géographiques de Cassini * ;

St.-Isidore, célèbre par sa fondation , dont l'origine remontait au vi^e. siècle, sert d'auberge sous l'enseigne du Bras-d'Or ** ;

St.-Claude , dont la porte ogivale forçait les passans à s'arrêter pour admirer la souplesse et la grâce de ses inflexions , n'est plus qu'une remise ;

St.-Paul , un grenier à foin ;

St.-Laurent , un magasin de farine *** ;

Ste.-Croix , une salle de danse ;

St.-Martin , un atelier de menuiserie **** ;

St.-Pierre de Trinquetaille , un grenier à sel ;

Le cloître , qui date de la même époque que l'église , était enrichi de peintures. On avait orné toutes ses travées de fresques, représentant des religieux , des aspects de ville , des paysages , etc. Des enfans ont attaqué les peintures qui restent et ils n'ont pas manqué d'animer à leur manière toutes les figures d'hommes et de femmes.

* Ce clocher fut bâti en 1469. Le prix-fait en fut consenti le 7 août de la même année , à Pierre de la Chapelle, maître-maçon , au prix de quatre florins la canne carrée , en mesurant tant plein que vuide.

** St.-Isidore portait vulgairement le nom de St.-Sille.

*** St.Laurent portait anciennement le nom de St.-André.

**** L'architecture de St.-Martin appartient à la plus mauvaise école du xviie. siècle. Mais il reste adossé au vaisseau

Le palais archiépiscopal n'a pas conservé une seule pierre de ses anciens murs. Une architecture sans goût et qui serait presque sans souvenirs si elle ne rappelait le nom du vénérable Dulau, remplace celle de la demeure des Césaire, des Virgile, des Raymond de Montredon. Les fragmens d'une inscription gothique, œuvre peut-être de l'un de ces archevêques, sont noyés sans ordre et sans respect dans les murs d'un couloir abandonné. Les recueillir eût été une œuvre digne d'honorer la main qui aurait pris ce soin ; mais cette main ne s'est pas rencontrée et l'inscription s'est effacée jusqu'à devenir illisible ;

Le château de la Carbonnière, construit au IXe. siècle, entre le théâtre et l'amphithéâtre, donné en apanage à la maison des Baux, et par elle transmis aux frères Minimes, qui y rétablirent leur couvent en 1360, n'a conservé que deux arceaux à plein-cintre qu'on découvre avec peine dans un mur fesant face à la petite porte de la salle de spectacle.

Sortons de la Ville. Ses environs fourmillent de chapelles, d'églises, de tombeaux, qu'on ne saurait visi-

actuel l'abside de l'ancienne église qui fut convertie en chapelle par le changement des plans de la nouvelle construction. Cette abside révèle une haute ancienneté. Elle se rapproche beaucoup de celle de St.-Honorat-des-Aliscamps, de St.-Pierre-de-Mont-Majour, et de celle de St.-Lucien, démolie en 1821.

ter avec trop de respect et qui méritent votre attention et tous vos soins.

Et d'abord, rangeons au nombre des monumens
extérieurs ces murs d'ancienne défense ; cette ligne
de remparts fortifiés par des bastions et des tours, dont
les pierres accidentées, croulant sous le poids de l'âge,
présentent une série d'aspects et de décorations fan-
tastiques.

Lorsque l'empereur Charles-Quint vit nos fortes
murailles, il comprit que la hardiesse et le génie de
Clovis eussent succombé devant elles, et il renonça à
en faire le siége. Le connétable Duguesclin avait fait
aussi l'expérience de leur invincible résistence. Mais
ce qui était fortification de ce tems n'est plus, de nos
jours, qu'accidens pittoresques. Cependant on éprouve
un secret attachement pour ces pierres ébranlées qui,
ne défendant plus personne, continuent à serrer la
ville dans leurs bras défaillans, semblables à ces ser-
viteurs qui, épuisés d'âge et de fatigues, et se trouvant hors d'état de prêter secours à ceux qu'ils ont
servi, se placent encore, par un dernier dévoûment,
entr'eux et le danger qui les menace.

Dans des momens de trouble, nos remparts furent
réparés aux dépens des édifices antiques. Le théâtre,
l'amphithéâtre, le cirque fournirent leurs gradins à
ces rapiècemens. Les sculptures les plus fines, considé-
rées comme simples blocs de pierre, entrèrent dans des
œuvres de fortifications. On voit encore sur la ligne du
midi des dessins dignes, par leur élégance et leur pu-

10

reté, de figurer avec avantage dans un musée. Des caissons, des rosaces, des génies, des rinceaux à feuille d'acanthe , *etc.*, y sont jetés à pierres noyées avec une incroyable profusion ; et qui sait tout ce que ces murs renferment! C'est dans un des bastions de la porte de Laure , démoli en 1826, que furent trouvées les pierres circulaires , représentant des courses de char qui , transportées dans le musée, servent de socle au groupe de Laocoon *.

Les deux tours qui regardent l'Orient sont évidemment l'ouvrage des Romains. C'est bien là leur manière de tailler et d'asseoir la pierre **.

Pourquoi des remparts si imposans de vieillesse ont-ils été défigurés par l'adossement d'une guérite destinée à la perception de l'octroi? Cette invention date de trois ou quatre ans au plus. Qu'on dise ensuite que nous n'avons pas le sentiment des arts, et du respect pour la vieillesse !

Des monumens consacrés par l'âge, nous passons à ceux consacrés par la mort.

* Quelques-unes de ces sculptures ont appartenu à un arc de triomphe. Plusieurs d'entre elles ont leur analogue à l'arc de triomphe d'Orange. Les feuilles d'acanthe sont en tout semblables à celles des pieds droits de ce dernier monument. Les remparts de Narbonne sont incrustés de sculptures antiques comme les remparts d'Arles.

** Ces deux tours sont celles qui flanquaient, à ce que je crois, la porte par laquelle la voie aurélienne pénétrait dans la ville. J'en ai déjà fait mention en parlant des voies romaines.

A l'est de la ville, le terrain s'élève par degrés, et forme une éminence dont la croupe arrondie s'étend depuis Arles jusques à l'ancienne léproserie de Saint-Lazare *.

Cette éminence, encore sensible de nos jours, devait l'être bien davantage avant que les inondations et les dépôts du Rhône eussent exhaussé les terrains qui entourent cette élévation, ménagée par la nature du sol, sans que la main de l'homme y ait contribué.

C'est ce lieu que nos aïeuls avaient choisi pour le champ des sculptures. Alors, comme de nos jours, c'était le point le plus élevé des terrains circonvoisins. Là, les tombeaux étaient à l'abri des eaux d'inondation, si fréquentes à cette époque, où le Rhône n'était pas encore emprisonné dans des digues. C'est là que des milliers de sarcophages furent consacrés au souvenir des populations éteintes, et que vinrent se presser et se confondre les dépouilles de trois grandes civilisations.

Les Gaulois furent les premiers à ouvrir aux sépultures cette terre qui devait absorber tant de générations diverses.

Après eux vinrent les Romains, qui, avant que l'habitude de brûler les corps eût été abandonnée, y déposèrent les urnes funéraires renfermant les cendres des trépassés ; et plus tard y élevèrent des monumens

---

* La construction de l'hôpital St.-Lazare fut commencée le 16 avril 1556, et terminée en moins de deux ans.

de marbre dont il nous reste de si riches débris*.

A l'établissement de la foi dans les Gaules, les évêques d'Arles, bénirent ce champ de repos et le consacrèrent aux inhumations des chrétiens dont les tombeaux prirent place à côté de ceux des Gaulois et des Romains, leurs prédécesseurs, dans ces domaines de la mort **.

De ces tombeaux, les uns étaient de marbre revêtus de riches sculptures ; d'autres sans ornemens ; d'autres de simples pierres ; d'autres enfin, à la différence des premiers qui tous étaient monolithes, furent formés par la réunion de différentes pierres rapprochées et unies à l'aide du ciment. Chargés d'inscriptions funéraires, ces sarcophages étaient groupés au tour des nombreuses églises dont la présence sanctifiait le cime-

---

* Voyez la note 18.

** La tradition porte que St.-Trophime convoqua, pour bénir les Aliscamps tous les évêques de la Gaule qui s'y réunirent en grand nombre. Quand il fallut procéder à la cérémonie, chacun s'excusa par esprit d'humilité. Alors Jésus-Christ apparut au milieu d'eux et bénit lui-même le cimetière. La voix des anges se fit entendre pendant la consécration. Le Sauveur fléchit le genou, et l'empreinte de cette génuflexion resta empreinte sur le rocher. Après la bénédiction, St.-Trophime éleva un autel en terre à la place où Jésus-Christ était apparu. L'archevêque Michel de Morières, qui rappelle cette tradition, dans une lettre encyclique, adressée à la chrétienté, ajoute que la voix des anges n'a pas cessé de se faire entendre dans le saint cimetière, et que de son tems (en 1203), le miracle se renouvelle quelquefois.

tière. Quelle richesse et quel aspect! Des milliers de tombeaux ! Dix - neuf églises ou chapelles * protégeant

* Le chiffre que je donne n'a rien d'exagéré.

Voici l'état nominatif des églises ou chapelles renfermées
dans l'enceinte des Champs-Élisées, dont je suis parvenu à
recueillir les noms :

1re. Notre-Dame-de-Grâce ou St.-Honorat, dont la fondation est attribuée à St.-Trophime.

2e. St.-Pierre et St.-Paul, attribuée à St.-Denis.

3e. St.-Honorat, fondé en 600, par St.-Virgile, qui in-
corpora dans cette construction la chapelle de Notre-Dame-
de-Grâce. En 603, le Pape St.-Grégoire-le-Grand accorda les
priviléges les plus éminens à l'église de St.-Honorat, qui
était alors desservie par des religieux de l'ordre de St.-Be-
noît. L'invasion des Sarrasins ayant forcé les religieux à dé-
serter l'abbaye, elle fut donnée au viiie. siècle aux moines
de St.-Victor de Marseille, qui la desservirent et la possé-
dèrent jusques à cette époque. Ils la cédèrent en 1450 aux
religieuses bénédictines de Tarascon, qui y établirent un vicaire perpétuel. En 1616, les Minimes d'Arles en prirent
possession. Dès la fin du ixe. siècle, elle avait été érigée en
prieuré.

4e. Notre-Dame-de-Beaulieu, annexée en 508, par Saint-
Césaire, à l'abbaye qu'il avait fondée. Elle fut démolie en 1374
par ordre des consuls de la ville.

5e. Notre-Dame-de-Bellis, sur l'emplacement de laquelle
a été bâtie depuis l'église de St.-Lazare.

6e. L'église bâtie en 1224, par une dame de Porcelet.

7e. St.-Jacques.

8e. St.-Serge.

9e. Ste.Marthe.

10e. St.-Pierre.

cette innombrable légion de morts, dont les rangs se serraient tous les jours davantage! Aussi les Aliscamps étaient-ils un cimetière unique dans la chrétienté. C'est au milieu de ces vallées de pierres funéraires que Saint-Césaire alla se cacher quand il voulut se dérober aux honneurs de sa promotion au ponctificat; et c'est là que, le front penché sur les tombeaux, il vint si souvent, dans la suite, demander, aux images de mort qu'il avait sous les yeux, des règles de conduite pour sa vie archiépiscopale. C'est là que des rois, que les évêques d'Arles furent inhumés pendant une longue série de siècles, et que chacun se montra jaloux d'obtenir une place après la mort.

11e. St.-Pierre-des-Mouleirès.

12e. St.-Jacques de Fabregoules.

13e. Ste.-Eulalie.

14e. St.-Didier.

15e. Ste.-Ursule.

16e. St.-Burdulphe, dont il reste encore quelques murs près du tombeau des consuls.

17e. Ste.-Rèhéode.

18e. St.-Jacques et St.-Philippe, connus sous le nom de chapelle de la Génouillade.

19e. St-Accurse désigné sous le nom de chappelle de Crucifix ou du duel.

Voilà tous les noms que j'ai pu recueillir au livre des fondations des chapelles et églises des Aliscamps. Mais dans son histoire de l'église d'Arles, Gilles du Port, avance comme chose certaine que les Champs-Élisées ne possédaient pas moins de trente églises ou chapelles.

La dévotion aux sépultures des Aliscamps devint bientôt si générale que, depuis les Alpes jusqu'aux Pyrénées, tous les hommes illustres voulurent y être ensevelis. Les villes situées sur les bords du Rhône y envoyaient les corps déposés dans des bières qu'on mettaient au fil de l'eau sur le fleuve, et qui arrivaient à Arles sans autre sauve-garde que le respect inspiré par ces cercueils flottans. Une somme d'argent, déposée sous la tête du trépassé, indiquait quelles funérailles devaient lui être accordées, et quel monument il fallait lui ériger. Au sujet de cette pieuse coutume, Gervais de Tilbury, grand maréchal du royaume d'Arles, rapporte dans son livre *de Mirabilibus mundi*, écrit dans le xiie. siècle et dédié à Othon IV, empereur d'Allemagne, un événement merveilleux qu'il raconte très-gravement et dont il prétend avoir été le témoin oculaire.

« Quelques jeunes matelots de Beaucaire, dit-il,
» ayant vu passer sur le Rhône la bière d'un mort,
» l'arrêtèrent pour prendre l'argent qu'on avait mis
» pour satisfaire à ses funérailles ; mais il ne fut jamais
» en leur pouvoir de faire continuer son chemin à la
» bière, quelques efforts qu'ils fissent pour la pousser
» au cours de l'eau. Elle ne fit que tourner au même
» endroit jusqu'à ce que le larcin ayant été découvert,
» le vol fut sévèrement punis. On n'eût pas plutôt
» remis l'argent dans la bière, que, prenant elle-même
» le courant de l'eau, elle arriva heureusement à
» Arles, en présence d'une multitude de personnes qui

» donnèrent mille bénédictions au Ciel d'un si rare
» prodige * ».

Cependant les sépulcres se multipliaient à l'infini aux
Aliscamps. Les tombeaux païens, dépouillés de leurs
premiers possesseurs, avaient reçu des dépouilles chrétiennes. Les cadavres s'étaient entassés dans un même
sépulcre. Étagés les uns sur les autres, les tombeaux
s'élevaient en pyramide**. La vaste enceinte du cime·
tière ne suffisait plus à cette foule de morts, quand
au xiie. siècle, le corps de St.-Trophime, jusqu'alors
enseveli dans la crypte de St.-Honorat-des-Aliscamps,
fut transféré à l'église Saint-Étienne. Cette translation, dont il est difficile d'expliquer la véritable
cause, porta coup aux priviléges du cimetière. Les
hauts dignitaires de l'église cessèrent dès ce moment
d'y choisir leur sépulture***. Les hommes illustres du
pays suivirent cet exemple. Le Rhône cessa de charrier
des cercueils, et peu à peu les Aliscamps furent aban-
donnés.

* Voyez la note 19.

** En 1616, les Pères Minimes ayant été mis en possession
de l'église St.-Honorat-des-Aliscamps, trouvèrent, en creusant les fondemens de leur couvent, quatre rangées de tombeaux les uns sur les autres. L'un de ces tombeaux renfermait
des bijous en or, et de tresses de cheveux qui y avaient été déposées avec les bijous.

*** A partir de 1152, on enterra les archevèques dans les
caveaux de l'église métropolitaine. Aussi, n'est-ce que de
cette époque que datent les inscriptions funéraires qu'a con
servées cette église. Cependant l'archevêque Eycard y avait
été inhumé en 1090.

Il existe encore sur place un assez grand nombre de sarcophages ; mais le défunt, ses cendres, ses ossemens ont disparu. Tant bien que mal la pierre a conservé son nom en caractères usés, et c'est tout ce qui reste de lui.

Pour prendre une idée de la condition, de l'âge, du nombre des trépassés ensevelis dans cette nécropole, il n'y a qu'à regarder autour de soi parmi les populations vivantes. L'image la plus exacte des variétés de la mort se réfléchit dans les variétés de la vie. Ici, le tombeau d'une jeune fille ; là, celui d'un enfant ; plus loin, celui d'un vieillard ou celui d'une épouse qui reposait à côté de son mari dans un tombeau à deux places. Les expressions de la douleur y sont variées à l'infini : le marbre, la pierre, le bronze les recueillaient pour les transmettre à la postérité, qui les a reçus avec indifférence, et qui a méconnu la sainteté des tombeaux. Hélas ! quand on voit ces dernières demeures bouleversées, disjointes, mutilées, entr'ouvertes à la pluie et aux vents, se couvrir de mousses et de hautes herbes, on se demande ce qu'il y a de stable dans la vie ou dans la mort des hommes !

La plus grande partie des sépulcres a été enlevée ; ceux surtout dont la richesse était faite pour tenter plus vivement la curiosité ou la cupidité, ont disparu depuis bien des années.

Charles IX en fit charger plusieurs navires qui sombrèrent dans le Rhône, au pont Saint-Esprit. Tous les musées du midi de la France en possèdent : celui d'Arles en a conservé plusieurs. Quant aux tombeaux monolythes de simple pierre, en prend qui veut à la mine, c'est-à-dire, aux Champs-Élysées. Personne ne s'en fait faute. Pas de maison de campagne du vaste territoire d'Arles qui n'en puisse montrer quelqu'un appliqué aux usages les plus abjets *.

* Pour prévenir la ruine du cimetière, plusieurs archevéques d'Arles avaient adopté des mesures sévères qui, si elles avaient été maintenues, auraient certainement rempli cet honorable but ; mais elles étaient sans cesse méconnues par les premiers magistrats du pays, qui témoignaient la plus coupable indifférence pour la conservation des Aliscamps.

En 1654, la ville fit don à Charles IX d'une grande quantité des plus beaux tombeaux du cimetière.

En 1591, elle eut la même largesse pour le duc de Savoie, et pour le prince de Lorraine.

En 1625, Le Conseil municipal, par délibération motivée, accorda treize tombeaux au marquis de Chaumont, lieutenant du roi, en Provence.

En 1640, le cardinal de Richelieu en obtint tant qu'il en voulut.

Quelques années plus tard ce fut le tour du cardinal Barberin.

Puis vint M. le président Lebret.

M. Bon, premier président de Montpellier, n'allait jamais à sa baronnie de Fourques, sans venir à Arles et sans emporter des tombeaux ou autres RARETÉS du cimetière.

M. d'Arlatan, le comte de Buton, le marquis do Crillon, le marquis d'Ausan, le marquis de Canneval, plusieurs présidens au parlement d'Aix, en firent enlever à discrétion. Le manuscrit de M. Bonneman, dans lequel je prends ces rensei-

Jusques à présent l'administration a toléré ces lar-
cins; mais elle doit veiller à la conservation de ce qui
reste ; car à nos yeux, la garde de ces débris d'un cime-

gnemens, ajouté que la même faveur fut accordée à bien
d'autres personnes.

En 1702, l'archevêque de Mailly lutta vainement contre
cette générosité. Il lança l'excommunication contre ceux qui
enleveraient des tombeaux ou qui aideraient à l'enlèvement.
La défense n'arrêta personne, grand ni petit, magistrat ni
simple habitant. Voici le mandement dont il est bon de conserver la mémoire.

« François de Mailly, par la miséricorde de Dieu et la grâce
du Saint-Siége apostolique, archevêque d'Arles, primat et
prince, conseiller du roi en tous ses conseils, etc.

» Ayant égard au comparant de notre promoteur, faisons
très-expresses inhibitions et défenses aux tailleurs de pierre,
et autres qu'il appartiendra, de creuser et tirer de la pierre
dans le cimetière St.-Honorat-des-Aliscamps, aux endroits
où il y a des tombeaux enterrés, à peine d'être procédé contre les contrevenans, par toutes les rigueurs du droit ; et re-
nouvelant les ordonnances de nos prédécesseurs, défendant
de prendre ni transporter aucun tombeau dudit cimetière, à
peine d'excommunication encourue par ce seul fait, tant par
ceux qui les prendront, que par ceux qui aideront à les
prendre ; ordonnons que tous ceux qui, depuis quatre années,
ont pris de ces tombeaux, aient à les faire remettre et transporter sur le lieu dans un mois, faute de quoi nous ordonnons
qu'il sera informé contre ceux qui depuis ledit tems ont enlevé de ces tombeaux, prêté secours pour en enlever ou permis d'en enlever ; et au défaut de preuve d'en venir par
censures ecclésiastiques et monitoires, pour être ensuite procédé comme de droit. Voulant que notre présente ordon-

tière monumental, entre essentiellement dans l'ordre de ses plus nobles devoirs.

Du milieu des sépulcres violés, s'élèvent les murs de cinq églises ou chapelles encore debout.

Un arceau à plein-cintre, érigé sur le chemin d'Arles à St.-Honorat, ouvre l'avenue de cette série de temples chrétiens. Suivant une ancienne tradition, cet arceau serait la principale porte d'un abbaye, construite par St.-Césaire, dans les premières années du VIe. siècle. Mais la coupe des murs, ni les ornemens ne sont de cette époque, et, d'ailleurs, je crois pouvoir assurer que le monastère de St.-Césaire, n'a jamais été là *.

En l'année 506, ce saint archevêque avait commencé la construction d'une abbaye de femmes dans les Champs-Élisées. Les travaux n'étaient pas terminés quand la ville fut attaquée par les Francs, commandés par Clovis. Durant le siége, l'armée ennemie détruisit le monastère, dont les murs gênaient ses opérations. Quand les Francs se furent retirés, St.-Césaire reprit son ancien projet. Toutefois, instruit par l'expérience du danger qu'il y aurait à laisser un établissement de

nance soit lue par nos curés, dans leurs prônes, pendant trois dimanches consécutifs, afin que personne n'en prétende cause d'ignorance.

Fait à Arles, le 16 novembre 1702,

Signé, MAILLY, archevêque d'Arles.

* Voyez la note 20.

femmes hors des murs de la ville, c'est dans son enceinte qu'il l'établit cette fois. Le lieu choisi par lui , porte de nos jours le nom de *Grand-Couvent.* On avait long-tems cru, sur la foi de quelques historiens que, ce monastère avait été réédifié sur l'emplacement de celui qu'avaient miné les Francs. Cette opinion vient d'être récemment adoptée par un écrivain que je vois parmi vous, Messieurs, et dont nous apprécions tous le haut mérite et l'admirable talent historique. Mais, quelle que soit son autorité , je ne puis me résoudre à admettre une tradition qui me semble s'éloigner des documens de l'histoire, aussi bien que des indications fournies par le caractère architectonique du monument attribué à St.-Césaire.

Cette édification est évidemment postérieure au viiie siècle. L'ornementation de l'arceau ne laisse guère de doute sur ce point. On sait que, dans le système des compositions bysantines, l'emploi des ornemens empruntés au règne végétal a précédé celui qui mit à contribution l'espèce humaine, pour en répandre ses traits sur les édifices. Or, la face humaine est employée à décorer l'arceau dont nous parlons. Aux deux extrémités de la baguette qui coupe l'archivolte, apparaît une tête d'homme, regardant en face, et qui n'est là qu'à titre d'ornement. Un pareil système n'était pas en usage au tems de St.-Césaire. La courbure de l'arc n'est pas non plus de cette époque; elle affecte le fer à cheval, et par là révèle un caractère sarrasin qui ne saurait remonter au-delà de l'invasion des Maures.

Il n'est pas probable non plus que l'arceau ait jamais été disposé pour recevoir une fermeture ; et il suffit de le regarder avec attention pour en être convaincu : aucune trace de scellement, aucun point d'attache à des murs latéraux. Ce n'est point là une baie de porte destinée à être fermée; mais l'entrée monumentale d'un cimetière, destinée à rester incessamment ouverte. Ce serait donc, à mon avis, la principale issue des Aliscamps. En effet, c'est à partir de ce point qu'apparaissent des tombeaux. Il n'en existe aucun en deçà. On y voit bien deux où trois couvercles; mais il est évident qu'ils ont été déplacés et transportés là après la violation du cimetière. Nous aimons à suivre cette idée qui précise la destination du portail et sert à expliquer en outre, la présence d'une chapelle qui touche à cette porte, et dont la construction est en dehors de la nécropole.

Voici ce qu'on sait de sa fondation, qui date du XVIe siècle.

Deux gentilshommes de la ville d'Arles se prirent de querelle.

Un duel s'en suivit : l'un d'eux eut le malheur de tuer son adversaire. En expiation de ce meurtre il fit construire une chapelle, la mit sous l'invocation de St.-Accurse, patron de sa victime, et y fonda des messes perpétuelles pour le repos de l'ame du défunt.

Celui-ci étant mort dans un combat singulier, se trouvait exclu par les lois canoniques de la sépulture ecclésiastique. Il fut enseveli en dehors des Aliscamps, mais le plus près possible de la terre sainte ; et la chapelle, bâtie à côté de sa tombe, resta comme elle en dehors du lieu jadis consacré aux inhumations chrétiennes. Le fait du duel est expliqué par un bas-relief sculpté sur la frise de la porte. Deux hommes armés marchent l'un contre l'autre. L'un d'eux appuie le pied droit sur une tête de mort, symbole prématuré de l'issue du combat, et donne le signal au son d'un olyphant ; l'autre est également armé. Il ne reste donc aucun doute sur l'origine de ce monument expiatoire ; mais il reste un regret à exprimer, et c'est celui de voir l'état d'abandon auquel il est réduit. On en a muré la porte d'entrée. Mais une fenêtre est restée ouverte et les enfans pénètrent dans l'intérieur par cette issue , en dégradant le mur.

L'édification de la chapelle, constatée par acte notarié, remonte à 1521. La voûte est ogivale, chargée de nervures et de compartimens. Les murs présentent des ornemens dont le dessin n'est pas sans mérite, quoique la mollesse des lignes révèle un système arrivé à son terme d'épuisement.

L'arceau, auquel la chapelle est adossée et qui, selon nous, aurait servi d'entrée au cimetière, se rattache au style gothique primitif. Le xi.e siècle paraît être l'époque de sa construction. Les ornemens de l'archivolte ainsi que le cintre de la voûte, sont de ce tems. Le ton de la pierre, chaud et doré, révèle la durée des insolations qui l'ont empreint de la teinte solaire. Sous sa profondeur se cache un tombeau qu'on dit être celui du malheureux duelliste dont nous avons parlé. Il est surmonté d'un tympan dans l'aire duquel sont sculptés un écusson et des armes. Autant que leur état de dégradation permet d'en juger, ces armes auraient appartenu à la famille de Latour, dont le jeune Accurse était membre.

Hâtons-nous d'arriver à une autre petite chapelle, érigée à quelques centaines de pas de celle du duel, et dédiée à Notre-Dame-de-Miséricorde. Celle-ci fut fondée en 1419, par la famille des Porcelets, dont le double écusson est gravé sur la façade.

La chapelle des Porcelets a été fermée de la même manière que la précédente. Pour économiser une porte en bois, on y a mis une porte en pierre; et comme la curiosité ne veut rien perdre de ses droits, pour voir l'intérieur, les curieux ont pris le parti d'enfoncer la voûte. Un pan de la couverture vient d'être abattu. On y pénètre à présent par le comble. Il est probable que dans peu d'années il ne restera plus que les murs latéraux qui eux-mêmes ne résisteront pas long-tems au train actuel des choses.

N'est-il pas affligeant de voir qu'on n'ait point encore

pensé à faire abattre ces indignes clôtures et à les remplacer par des portes qui permettraient d'entrer et sortir sans avoir recours à une fenêtre ou à un trou fait au toit? Nous le disons avec conviction, ces vieux monumens doivent être pour nous un sujet de gloire ou de honte. Respectés, appréciés, suivant leur mérite, ils rattachent à l'ancienne ville la ville moderne, honorent l'une par l'autre; nous relèvent dans notre propre estime. Livrés à l'abandon et à l'injure, leur dégradation proclame une indifférence coupable; l'oubli du passé et, il faut bien le dire, l'incapacité d'en soutenir l'héritage. Prenons donc pour les conserver les moyens simples et si peu coûteux que l'usage indique; faisons que l'on puisse pénétrer dans nos anciens édifices comme on entre dans la moindre chaumière. Il y a peu de dépense à faire et beaucoup de considération à gagner.

Mais voici encore une porte murée.

C'est celle de l'antique et vénérable église de St.-Honorat; de St.-Honorat riche de tant d'illustres souvenirs; de traditions si pieuses; de la sépulture de St-Trophime et des premiers archevêques d'Arles; de St.-Honorat qui semblait destinée à veiller sur le sort de tout le cimetière, à le protéger de sa sainteté, à lui assurer respect et vénération aussi long-tems qu'il resterait parmi nous un reste de foi chrétienne.

Cette église fut bâtie à diverses époques. Les premiè-

res constructions remontent aux tems les plus reculés.
les chroniques disent que dès le premier siècle de l'ère-
chrétienne, St.-Trophime consacra dans les Champs-
Elisées une chapelle à la Ste.-Vierge encore vivante;
qu'en l'année 75 cet apôtre de la foi fut enterré dans la
chapelle qu'il avait fondée; et qu'au vime. siècle cette
chapelle fut incorporée dans les constructions opérées par l'archevêque St.-Virgile.

Ainsi s'expriment les croyances du pays sur la fondation de St.-Honorat; et à l'appui de ces pieuses traditions sont les lignes de son architecture dont quelques
parties attestent une extrême longévité. Ses antiques
pierres, festonnées d'abord par la main de l'homme, et
depuis, festonnées plus profondément par l'action du
tems, jetèrent, il y a peu d'années, l'épouvante au
cœur de quelques hommes prudens. Ils craignaient la
chute de quelques pans de mur. Voici ce qu'ils firent
pour se mettre à l'abri de toute crainte.

On abattit une des tours de l'église.

Un clocher à croix voilée, qui rattachait une partie
des constructions de St.-Honorat, avec les constructions les plus anciennes de l'abbaye de Montmajor, fut
inexorablement jeté à bas.

Une chapelle fut rasée jusqu'en ses fondemens.

Une des cryptes fut comblée.

On arracha, sans plus de façons, à la chapelle des
Porcelets, voisine de ces sacrilèges, les pierres de son
dallage culminant, ce qui a merveilleusement préparé
le crèvement de la voûte survenu peu de tems après.

Puis avec ce pêle-mêle de matériaux de tout âge , il fut procédé à des réparations qui ont couvert de mortier et de boue la vieille église, impuissante à se défendre , et outragée à satiété au nom du bon goût et de la sûreté publique !

Fuyons ces profanations. Les ruines de la nature, celles que le tems à élaborées sont solennelles et attachantes ;. mais est-il rien de plus hideux que celles faites à mains d'hommes?

Près de St.-Honorat gît une ruine romaine dont je n'ai pas encore parlé pour ne pas la confondre avec les monumens intérieurs de la ville.

Son origine est inconnue. Chroniques, traditions , voix populaire, tout garde le silence sur sa destination. Il est probable que c'est un ancien tombeau, semblable, mais sous de moindres proportions, au tombeau de la Tourmagne à Nîmes. La pièce du rez-de-chaussée n'a pu servir à autre chose. La partie supérieure, percée de fenêtres, n'est là que pour donner de l'importance et servir d'ornement au monument funéraire. Le tombeau de Cécilia Métella, à Rome, présente la même disposition.

Cette ruine mérite plus d'égards qu'on ne lui en accorde communément. Les murs sont en moellons smillés, coupés à des intervalles égaux par des cordons de briques. Le cintre des fenêtres est formé par

des claveaux de pierre et de brique qui alternent suivant le goût des édifices du IVme. siècle.

Cependant la construction des murs et la forme des
matériaux ne laissent entrevoir aucun signe de la décadence de cette époque, et si l'emploi de la brique y
était moins fréquent, on pourrait attribuer cet édifice
au meilleur tems de l'architecture romaine. Les murs
intérieurs ont conservé des traces d'une fresque grossière qui ornait l'hémicycle du rez-de-chaussée. Malgré
l'état de dégradation où elle se trouve, on en distingue
encore les principaux traits ; ce sont des lozanges et
des trépieds qui alternent et coupent le mur en panneaux. Cette peinture paraît être du même âge que
celle dont on a découvert des restes sur le podium de
l'amphithéâtre antique, et qui a du être appliquée
dans une des restaurations de mauvais goût dont cet
édifice a été l'objet aux IVe. V^e. et VIe. siècles.

A quelques pas du tombeau romain, il en est un autre debout sur le point culminant du cimetière. Une
croix en pierre le domine et on y lit la date funeste de
1720. C'est le cénotaphe des consuls, victimes de leur
dévoûment pendant la peste qui ravagea la ville d'Arles et une grande partie de la Provence dans les premières années du XVIIIe. siècle. Il fut restauré en 1820 à
l'occasion d'une procession séculaire. Mais le souvenir
du fléau durera plus long-tems que le monument con-

sacré à ses victimes. L'ouverture d'une carrière de pierres, tracée sans ménagement sous ses pieds, l'expose à une chute prochaine. Une partie des fondations est mise à nu et le moindre choc peut décider de sa ruine complète.

Le même danger menace le tombeau romain, également miné et chancelant sur sa base.

Près de là apparaissent les murs dégradés de la chapelle St.-Burdulphe et des vestiges d'anciens édifices, à présent sans nom et sans autre intérêt que celui qui s'attache aux choses antiques et profanées. Si vous jetez les yeux du côté du nord, vous apercevrez l'église de St.-Pierre-des-Mouleirés, existant encore, mais avilie et réduite à la condition de bergerie. Son architecture porte l'empreinte du style bysantin étouffé sous des constructions du xvime siècle. La grande croix de bois, enchassée dans une pierre quarrée élevée devant la porte principale, a été inclinée par les vents. Personne ne prend la peine de la redresser. Le bâtiment succombe sous l'action réunie des élémens et des coups de l'homme. Son utilité comme étable peut seule le sauver : mais n'est-ce pas là une bien noble espérance?

La chapelle de St.-Jacques et St.-Philippe, connue

sous le nom de Génouillade, n'a à craindre jusqu'à présent que les flots de lait de chaux, dont une piété trop prodigue de blanchissage, inonde annuellement sa façade. La porte est revêtue d'ornemens un peu prétentieux. Sa construction ne remonte pas à plus de trois cent ans. La chapelle actuelle fut bâtie avec les matériaux de celle qui avait été élevée sur le rocher, sanctifié par la tradition dont j'ai déjà parlé, et qui porte que lorsque Jésus-Christ apparut dans le cimetière pour le bénir, il s'agenouilla sur un rocher qui a conservé l'empreinte de ses genoux.

Jetons un dernier coup-d'œil sur les Aliscamps, vaste champ de tombeaux, de ruines, de poussière humaine, où se pressent tant de générations éteintes, ou tant de passions, de fortunes diverses, dorment ensevelies. Il ne reste presque plus rien de ses nombreuses églises. Les unes ont disparu tout-à-fait; les autres tombent en ruine; le souvenir des morts n'y est plus qu'une vaine pensée; et si quelque ame pieuse et triste se laisse aller au respect, dû à tant de débris, elle est bientôt distraite de ce sentiment par les scènes vulgaires que présente ce champ ouvert à des canaux, à des routes, à des cultures qui ont déchiré ses entrailles, dispersé les sépulcres et aboli l'attachante austérité de ce site funèbre.

Une courte lieue sépare Arles de Montmajor; de
Montmajor qui est la colline de prédilection du moyen-
âge, le lieu dans lequel chaque génération chrétienne
a voulu élever une pierre, déposer un témoignage de
son respect et de son affection. Il y a là trop de richesses entassées pour qu'il me soit permis d'entrer dans
des détails. Je me bornerai à dire que Montmajor,
dont l'abbaye aurait été fondée, au dire de quelques
historiens, par le roi Childebert au viii.e siècle, et où
vecurent dans l'étude et la prière, des solitaires de
l'ordre de St.-Bernard, a conservé une eglise du vie.
siècle, creusée dans les flancs de son rocher ; *

Un cloître, une église et une crypte du xie;**

Une tour du xiv.e bâtie par l'abbé Pons de Ulmo;

Des bâtimens du xviiie;

Et enfin la chapelle Ste.-Croix, chef-d'œuvre d'élégance et de légéreté, fondée par l'abbé Rambert, supérieur de l'abbaye, et consacrée par l'archevêque
Pons de Marignane, le 13 mai 1019.

De ces divers édifices le dernier, seul, appartient à la
ville ; les autres sont des propriétés particulières. Le

---

* Avant la fondation de l'abbaye, Montmajor était déjà un
lieu de retraite et de priéres. C'est à ces tems primitifs du
christianisme que remonte l'église dont nous parlons.

** La Gallia Christiana et les Chartes des bénédictins, assignent à ces constructions la date de 1016.

bâtiment du xviii.ᵉ siècle est presque entièrement ruiné. Quelques fragmens n'ont échappé à la destruction que pour nous conserver une idée de la magnificence de sa construction.

On ne s'éloigne jamais de Montmajor sans tourner fréquemment les yeux derrière soi. Le désir de revoir son site et ses belles ruines, nous ramènera peut-être un jour sur la montagne. A présent nous avons hâte de poursuivre notre tâche et de la completter en vous parlant, Messieurs, de Trinquetaille et du Delta si connu sous le nom de Camargues.

Trinquetaille n'a pas toujours été ce qu'il est aujourd'hui : un simple faubourg d'Arles, jeté sur une île, entre deux bras du Rhône.

Un même nom, signe caractéristique d'une même origine, servit long-tems à désigner les deux villes, collectivement appelées par les anciens auteurs *Duplex Arelas* *. Cette communauté dura jusqu'au ivᵐᵉ. siècle,

---

* Arles est le nom primitif de notre ville. Jules-César est l'auteur le plus ancien qui en ait parlé. En l'année de Rome 707, et 46 ans avant Jésus-Christ, il y envoya Claude-Tibére Néron père de l'empereur Tibére pour y fonder une colonie qui fut composée des vétérans de la viᵉ. légion. Arles prit le nom de Julia Paterna. Plus tard on lui donna le surnom de Théline à cause de la fertilité de son territoire; mais il ne paraît pas qu'elle l'ait jamais porté comme nom patronymique; c'était une épithète plutôt qu'un nom.

où le quartier de la rive gauche, habitée par l'empereur Constantin, reçut le nom de ville Constantine.

Le quartier de la rive droite prit alors celui de St.-Genest, en mémoire de l'illustre martyr qui y avait été mis à mort pour avoir refusé d'enregistrer l'édit de proscription lancé par Dioclétien contre les chrétiens.

Ces dénominations n'eurent qu'une courte durée. Dès le vme. siècle on voit le quartier impérial reprendre, pour le porter exclusivement, le nom *d'Arelate*. Plus tard la ville de St.-Genest n'est plus désignée que sous celui de Trinquetaille *.

La distinction des noms présageait une séparation plus importante, qui ne tarda pas à s'opérer.

Survinrent les invasions des Sarrasins et des Normands, contre le retour desquelles les deux villes voulurent se mettre en défense. Arles fortifia ses arènes. Trinquetaille releva ses remparts, et bâtit une série de châteaux forts, dont le plus important, établi au quartier de la pointe, en tête du pont romain, permettait au besoin de fermer toute communication avec la terre-ferme. Ces mesures prises dans des vues de défense par-

---

* Les auteurs ne sont pas d'accord sur l'origine de ce nom. Les uns le font dériver des deux mots Trencar et Taillar, empruntés au vieux langage provençal qui signifié opérér des retranchemens, des réductions, et qui aurait eu pour objet d'indiquer les réductions que l'enceinte de Trinquetaille éprouva à cette époque. D'autres croient que ce mot indique la franchise ou retranchemens des tailles et impôts dont Trinquetaille jouissait.

ticulière devinrent une cause de division entre des intérêts jusqu'alors identiques. Les deux populations prirent peu à peu l'habitude de se considérer comme distinctes l'une de l'autre ; les liens de la communauté
s'affaiblirent ; et les guerres civiles du moyen-âge
achevèrent de les rompre.

Distrait de la cité d'Arles, Trinquetaille passa, à
titre de fief, sous la domination de divers maîtres. La
maison des Baux le posséda pendant longues années ;
celle de Barcellonne et les comtes de Provence se le
disputèrent et l'obtinrent successivement.

En 1204 Alphonse II, s'en étant emparé de vive
force, fit raser les fortifications de la ville conquise.
Mais il ne la garda pas long-tems. Trinquetaille
subit encore le joug de divers maîtres. Ses murailles
et ses forts relevés soutinrent de nouveaux siéges. Enfin,
ce fief finit par tomber dans le domaine temporel des
archevêques qui, par contrat, en date du 7 septembre
1579, la cédèrent aux consuls d'Arles, au prix de 725
écus d'or, de soixante sols pièces. *

C'est ainsi que la communauté d'Arles recouvra son
ancien annexe ; et tout porte à croire que deux villes ,
si intimement unies par une même origine et par
l'identité de leur population, sont destinées à vivre
désormais inséparables l'une de l'autre , et à partager
une même fortune.

* Voyez note 21.

Aussi long-tems qu'avait duré la domination romaine, l'aspect monumental de la ville de Trinquetaille ne le cédait en rien à celui de sa sœur jumelle.

Comme Arles, Trinquetaille avait une ceinture de remparts, des temples, des édifices publics, un luxe, une existence toute romaine. Son heureuse situation, sur une île fertilisée par les deux Rhônes, en faisait rechercher l'habitation par les classes les plus opulentes de la colonie, et surtout par les commerçans qui y avaient fixé leurs principaux établissemens.

Le riche pavé en mosaïque, découvert dans une fouille au jardin de M. Autheman, atteste l'élégance des maisons de campagne, qui, groupées aux environs de la ville, y entretenaient la verdure et la fraîcheur.

Son cimetière romain ne doit pas être non plus oublié.

Sans entrer en rivalité avec celui des Aliscamps, il était pourvu d'une décoration tumulaire digne du riche pays auquel il appartenait. Sa situation au quartier de la pointe, sur les bords même du Rhône, revèle une haute antiquité ; car on sait que, comme les Grecs, les Gaulois se plaisaient à placer aux bords des eaux leur dernières demeures dans l'idée, qu'après la mort, les ames étaient purifiées par la vertu des eaux comme les corps l'avaient été durant la vie *.

* Pausonias donne à cet usage une bien autre origine; il dit

Quand l'architecture gothique eut remplacé l'art romain, la ville de St.-Genest fut décorée d'édifices chrétiens, dont le nombre et l'imposante grandeur nous sont attestés par l'histoire.

Ce que sont devenus ces monumens, il faut le demander au tems, aux guerres civiles, aux flots du Rhône :

Aidé du christianisme, le tems a détruit les temples Païens.

Les guerres de religion ont dévasté les sanctuaires catholiques.

Les sables enveloppent d'un épais manteau les derniers restes de l'église de St.-Pierre l'ancien, si célèbre dans les annales du moyen-âge.

Les flots du Rhône ont couvert le cimetière romain, ainsi que les débris du pont antique et ceux du château de la pointe.

Il ne reste de tout ce passé que le souvenir confus d'une illustration éteinte; un sentiment de ruine qui contriste le cœur; et le fleuve envahisseur, dont les eaux, quand elles sont basses, laissent entrevoir quelques pierres à forme tumulaire, dernières et fugitives images de la nécropole submergée.

que le choix que l'on fesait du voisinage des eaux pour la sépulture des corps, avait pour objet de faire entendre que l'homme était composé de terre et d'eau! Voilà une explication bien satisfaisante.

Autour de ces grandes ruines apparaissent çà et là d'innombrables fragmens de poterie qui jonchent les bords du Rhône et vont se perdre sous ses eaux. On croit qu'ils proviennent d'une fabrique romaine de terre cuite, établie dans le voisinage du cimetière. Des lampes funéraires, des lacrymatoires, des amphores parfaitement conservées, ont été de tout tems extraites du milieu des sables qui récèlent aussi des pièces de monnaies, des figurines en bronze, des bijoux d'or, d'argent ou d'ivoire, et qui, chaque fois que les eaux du fleuve s'abaissent, sont fouillées par des femmes et des enfans dont les recherches sont rarement infructueuses *.

C'est à ce même quartier de la pointe que le Rhône,

* En 1819, le Rhône ayant éprouvé pendant le mois de janvier une baisse extraordinaire, on découvrit, à une petite distance du rivage, une double rangée d'Amphores qui, très-rapprochées les unes des autres, s'avançaient vers le milieu du fleuve et disparaissaient sous les eaux. On enleva un grand nombre de ces vases; mais la précipitation et le peu d'ordre qu'on apportait à cette extraction fit perdre presque tous les avantages du sauvetage. La plupart des amphores furent brisés; l'une d'elles, mieux conservée que les autres, a été déposée au musée de la ville.

partageant ses eaux, forme, par sa division, le Delta de Camargue *.

Je n'ai point à parler longuement de cette île sous le rapport de son utilité territoriale. Son étendue était moindre dans les premiers siècles de notre ère, qu'elle ne l'est de nos jours. Formée par les alluvions du Rhône, elle s'accroît annuellement; et la Mer, qui s'éloigne sans cesse devant elle, lui promet un agrandissement sans limites.

Au tems de Jules-César, la Camargues était à l'état de forêt. Le général romain y fit couper des bois pour la construction de neuf galères qui furent construites en dix-neuf jours **. Reconnaissant des secours qu'il avait obtenus des habitans d'Arles, le vainqueur des Gaules prit la ville sous sa protection; y envoya les vétérans de la sixième légion; l'éleva au rang de colonie romaine, sous le nom de *Julia Paterna*, et l'associant ainsi aux destinées de l'empire, y jetta les fondemens d'une grandeur qui atteignit son plus haut degré de puissance sous le règne de Constantin-le-Grand, et de ses successeurs.

Il est probable que c'est de la colonisation que datent

* Quelques étymologistes ont décomposé ce nom qui selon eux dérive de ceux de CAMPUS MARII AGER.

** César, qui rapporte ce fait dans ses commentaires sur la guerre civile des Gaules, ne dit pas s'il employa pour cette rapide construction, des habitans du pays ou des ouvriers de son armée. Il est probable que ce sont les ingénieurs et les ouvriers romains qui furent chargés de cette construction.

les plus importants défrichemens de l'île. Un temple,
que l'on croit avoir été situé sur les bords du petit
Rhône aux environs du Château-d'Avignon, y fut consacré à Diane, déesse protectrice de tous les lieux boisés.
Mais en moins d'un demi siècle, c'était Cérès qui régnait sur cette vaste plaine, ouverte aux plus riches
cultures. Le sol se couvrit de moissons et de troupeaux;
plusieurs villages, bâtis sur différens points de l'île,
servirent de demeure à une nombreuse population qui
s'appliqua exclusivement aux travaux agricoles; la
fécondité de la Camargue fut élevée à un tel point de
production, que cette terre reçut le nom de grenier
d'abondance de la milice romaine, *horrea ac celleria,*
totius militiæ romanæ.

Le moyen-âge continua cette œuvre de fructifica-
tion et obtint les produits agricoles les plus variés et
les plus abondans. En reconnaissance de sa fertilité
il l'enrichit de châteaux-forts, de monastères, d'églises,
et y consacra, par ce moyen, le souvenir de toutes les
phases éclatantes de notre histoire nationale et religieuse. Le quartier de Ville-Neuve a conservé la mémoire des chevaliers du Temple; la croix de Malte est
restée empreinte sur les murs du Salliers; Al-Baron
porte encore de nos jours le nom musulman qu'il reçut
de la station des Maures; et les sables, qui ont sub-
mergé les bâtimens de la commanderie de St.-Thomas,
n'ont point fait oublier que c'est dans son église que
fut inhumé le comte Bérenger Raymond, après le
meurtre du port de Melgueil.

Pour mieux fixer le souvenir des établissemens, dont la Camargues fut dotée, nous essayerons d'en présenter un rapide aperçu.

Ces établissemens consistaient en abbayes, prieurés, églises et châteaux-forts.

Les abbayes étaient au nombre de deux. L'une, Silvéréal, dépendait de l'ordre de Cîteaux. On ignore l'époque de sa fondation. L'autre, Notre-Dame d'Aumet ou d'Ulmet, dépendait de l'ordre de Grandmont. Elle fut fondée le 1er. mars 1194, par Ildéphonse, roi d'Aragon, et dans la suite réunie à celle de Silvéréal. Il ne reste plus rien des bâtimens de ces deux églises. Un tas de décombres, enclavé dans la terre d'Amphise, marque l'emplacement de Notre-Dame-d'Aumet, et recèle un nombre considérable de petites pièces de monnaie du moyen-âge, dont la présence, en si grande quantité dans ces ruines, est difficile à expliquer.

Les prieurés étaient ceux de St.-Jean-de-Malmissanne, de St.-Paul-de-Meyrannes, de Notre-Dame-d'Amour, de St.-Vincent-de-Camois, de St.-Ferréol, de St. Michel-de-la-Cape, de St.-Genest-de-la-Colonne, et celui d'Albaron, qui existait encore au xviiime. siècle.

Voici le nom des églises :

Saint-Pierre-de-Thort-de-Ville-Neuve-de-montille, Notre-Dame-de-la-Cape, St.-André, St.-Césaire que le pape Honoré III prit sous sa protection en 1220 ; St.-Pierre, dont il est fait mention dans une synode de l'année 1450, tenue à Arles; St.-Thomas; Notre-Dame-du-Rat ; l'église du château de Trinquetaille.

Des châteaux-forts, distribués sur les bords du grand et du petit Rhône, étaient destinés à la défense des rives et de l'intérieur de l'île.

Au château de Trinquetaille répondait celui de la Cape. Tour-Toulen continuait sur le grand Rhône la ligne de défense qui à ce point abandonnant la Basse-Camargues, alors impénétrable à cause de ses bois et de ses marais, se repliait brusquement sur le petit Rhône, traversait l'intérieur de l'île, et au moyen de quelques tours élevées dans cette direction, venait se rattacher aux châteaux d'Al-Baron, de St.-Ferréol, de Malmissanne, de Sourlite, de Ville-Neuve, et enfin à celui de Trinquetaille, point de départ et d'arrivée de ce triangle de fortification.

Les embouchures des deux Rhônes étaient gardées, l'une par des tours, qui, plus tard, furent rétablies sous les noms de Tampam, et de St.-Genest; l'autre par les fortifications de Notre-Dame-de-la-Mer *.

---

* Les Romains aussi avaient veillé à la garde des embouchures du Rhône. Ils les fesaient garder par un corps de troupes, dont le commandant portait le titre de *Comes ripæ Rhodani*. Cette dignité se trouve mentionnée dans l'épitaphe d'un citoyen d'Arles, nommé *Flavius Memorius*, qui vivait sous Dioclétien ou peu après cet empereur.

Avant eux les Anatiliens, dont l'histoire n'est pas bien connue, habitaient le long du Rhône et possédaient une ville (ANATILIA), que l'on croit avoir été bâtie dans la Camargue. On n'est pas bien d'accord sur son emplacement. L'opinion la plus vraisemblable, est celle qui la place sur les bords du Valcarès qui, probablement à cette époque reculée, n'était pas distinct de la Mer.

Sur le second plan de cette géographie militaire, venaient les édifices religieux dont nous avons parlé et qui, par leur construction, moitié église , moitié forteresse, pouvaient, au besoin, offrir une seconde ligne de défense *.

Les riches productions du sol, fécondées et recueillies sous la protection de cette double enceinte, étaient ensuite versées sur les marchés du Midi où elles y entretenaient une abondance, dont étaient bien souvent privées les provinces du Nord.

Les œuvres de ce double système de fortification sont presque entièrement abolies. On ne parvient qu'avec peine à en découvrir de légères traces; la même destruction a frappé l'église et le château. Les forteresses surtout ont péri jusqu'en leurs fondemens.

Dans tout ce qui reste des bâtimens religieux, on reconnaît le caractère bysantin le plus prononcé.

* En 1209 , Guillaume des Porcelets fortifia deux de ces églises, bâties à une lieue d'Arles, au quartier de la Cape. De là il pillait et rançonnait tous ceux qui passaient aux environs. Le légat du Pape, qui était alors à Arles, voulut mettre fin à ces déprédations et convoqua les milices du pays pour aller faire le siége de ces églises converties en cavernes de brigands. Alarmé de ces préparatifs, Guillaume vint faire ses soumissions au Prélat et livra les deux églises qui furent aussitôt démolies. L'une d'elles portait le nom de St.-André, l'autre de Ste.-Marie. Guillaume de Porcelet s'en prétendait propriétaire ensuite de l'acquisition qu'il avait faite du château de la Cape et de ses dépendances. *Voyez* ANIBERT, *Mémoires sur la République d'Arles* , tome 2. page 202.

La chapelle de Saint-Michel-de-la-Cape, desservie jusqu'au xiiie. siècle et convertie en métairie en 1360, a conservé quelques pans de mur et quelques cintres qui portent les traits de cette architecture. L'ancienne église de Ville-Neuve a entièrement disparu. Mais on voit près de là les vestiges d'un château de Templiers, dont les larges fossés creusent le sol d'un sillon circulaire encore évident.

Le château d'Albaron n'a pas perdu toutes ses vieilles pierres. Des vestiges de décorations s'y montrent à travers des tas de décombres; malheureusement l'église de Saliers qui, fondée avant les croisades, passa plus tard dans l'ordre du temple, et, après la suppression de cet ordre, dans l'économie de Malte, n'offre plus que quelques vieux murs sans caractère et sans autre insigne qu'un écusson à demi effacé.

Le monastère que dirigea Césaire avant sa promotion à l'épiscopat, n'est plus qu'une ferme dont le rendement fait tout le mérite. C'est à cette fin qu'ont abouti tous les établissemens de la Camargue, absorbés peu à peu par l'agriculture, qui seule y domine de nos jours. Mais le tems qui l'a dépouillée de ses richesses lapidaires, lui a laissé du moins son intarissable fertilité, ses vastes champs de blé, ses verts pâturages, ses bouquets d'arbres, la variété de ses scènes de culture et ses aspects de désert qui en font une terre à part dans le monde, un sol de promission pour le voyageur, l'agronome, le naturaliste, et qui l'élèvent au premier rang de ces terrains privilégiés où la nature

se plaît à étaler dans tout leur luxe ce que ses diver:
règnes ont d'éclat, de poésie et de plus haute utilité

Nous avons différé jusqu'à présent de parler de l'é-
glise St.-Genest-de-la-Colonne, située à un quart de
lieue de la ville. C'est sur elle qu'on aime à reposer
ses regards fatigués de toutes les destructions auxquelles les édifices de Camargue ont été livrés. Ce
n'est pas que St.-Genest soit encore ouvert au culte :
hélas ce n'est plus qu'un étable comme St.-Pierre-des-
Mouleirés et tant d'autres églises. Mais au moins les
pierres sont en place, et son aspect jette sur le passage
une teinte antique qui intéresse l'imagination autant
que les yeux.

On croit que cette église avait été bâtie sur un
temple païen. Quelques soigneuses qu'aient été mes
recherches pour éclaircir ce doute, je n'ai pu parvenir
à découvrir le moindre indice qui appuyât cette tradition. Les bâtimens actuels appartiennent les uns au
style byzantin, les autres au style gothique. L'intervention de ce dernier système ne se fait sentir que dans
la voûte qui date de 1684, et porte une ogive fort
aiguë. Tout le reste est d'une haute ancienneté, démontrée par le plein-cintre roman. Des tombeaux en
marbre très-ornés, mais surtout fort dégradés, sont
jettés çà et là autour de la chapelle. Une partie de:
murs est maçonnée avec des fragmens de marbre:

sculptés qui y sont employés, les uns à pierres noyées, les autres avec l'intention de les garder à découvert. L'église est bien orientée, la voûte de l'abside, plus ancienne que celle de la nef, est en cul de four sans nervures, disposition semblable à celle de Ste.-Magdeleine, et de l'église souterraine de St.-Lucien. Une porte cintrée, pratiquée sur la façade du midi, mais murée depuis longues années, appartient aux plus anciennes constructions du bâtiment. La porte occidentale est sans caractère. Elle date du même tems que la voûte. On voyait encore, il y a peu d'années, dans le mur du midi un sphinx en marbre qui en a été extrait et enlevé on ne sait par quelle main. C'était une sculpture antique, remarquable par la finesse du travail, mais sans rapport avec la chapelle, et placée là dans l'unique but de recueillir un morceau antique.

La tradition porte que c'est dans un champ voisin, de la chapelle, que St.-Genest fut décapité. Une belle colonne, en marbre blanc, était encore debout en 1812 sur le lieu même où l'on dit qu'avait été opéré le martyre. Mais cette colonne n'était qu'une borne marquant la limite de la commanderie de St.-Thomas, voisine de l'église St.-Genest, et portant les armes de cette puissante maison *.

---

* La colonne en granit, qu'on voit dans une terre du Trébon, à un quart de lieue de la ville, tout près du grand chemin de Tarascon, est aussi une ancienne borne qui servait à marquer la limite de la juridiction des abbés de Montmajour.

Un agent du Gouvernement impérial parvint à la faire abbattre pour l'envoyer à Paris. Le bruit courut, peu de tems après cette spoliation, que la colonne avait sombré dans le Rhône avec le bateau qui la charriait. Était-ce donc la peine pour arriver à un tel résultat de dépouiller un pays de ses illustrations historiques ?

La longue durée du moyen-âge vient de finir.

Le bysantin , le gothique ne fournissent plus rien à nos recherches quelques minutieuses qu'elles soient.

Donnons un dernier regard à tout ce passé, et rappelons ses principales œuvres.

L'époque romane a fondé St.-Lucien , St.-Jean , Ste.-Magdeleine , St.-Honorat, Notre-Dame-de-la-Major , St.-Trophime et une partie de son cloître.

Nous avons vu l'ogive naître , et embrasser de ses premières inflexions la voûte de la métropole.

Mais elle n'était là que comme accident.

St.-Blaise nous l'a montré dans son origine systématique.

Ses essorts de virilité , sa grâce , sa pureté, ses festons , ses élancemens les plus hardis ont éclaté à nos yeux dans la galerie occidentale du cloître St.-Trophime.

Elle nous est apparue dans la chapelle de Notre-Dame-de-l'Assomption , riche, éclatante, revêtue d'ornemens somptueux ; un peu semblable à ces femmes jui s'efforcent de cacher leur âge sous la richesse d'une parure d'emprunt.

Au déclin de son règne, le système auquel elle présidait, a édifié l'église des Prêcheurs, celle des Augustins, des Carmes, de St.-Accurse, de St.-Laurent et bien d'autres encore, derniers et débiles enfants de cette robuste famille dont les nombreuses générations ont couvert la France et l'Europe de tant de merveilleuses créations.

De tels ouvrages étonnent notre imagination qui a peine à les comprendre. On se demande comment le moyen-âge, ce tems d'ignorance et de barbarie, a pu, sans budget, sans finances régulières, au milieu des pestes, des famines, des guerres civiles et étrangères, suspendre dans les airs ces masses gigantesques, produire des œuvres si peu en rapport avec l'état de civilisation que nous lui supposons, et porter l'art de l'architecture au plus haut degré de hardiesse et peut-être de perfection. Pour se rendre compte de ces prodiges il faut s'adresser à la foi religieuse, s'enquérir de l'influence que, dans ces tems de croyance, le clergé exerçait sur les populations, et reconnaître qu'un des plus puissants moyens d'agir sur l'esprit humain, se trouve, non-seulement dans la foi chrétienne, mais surtout dans les caractères de son culte. Les évêques catholiques ont fait ce qu'aucun autre culte n'a fait ni ne saurait faire. Les indulgences étaient le moyen ordinaire qu'ils employaient pour exciter les hommes au travail. A leur voix, chacun se fesait ouvrier, et apportait sa pierre à la construction des cathédrales.

La rémission des péchés était la récompense promise à des hommes qui n'en demandaient pas d'autre , et qui se trouvaient heureux , à quel rang de la société qu'ils appartinsent , d'expier leurs fautes par d'utiles travaux. De nos jours , les princes se bornent à poser la première pierre des bâtimens ; des assises entières étaient alors élevées par de royales mains.

« C'est un prodige vraiment attendrissant , s'écriait Raymond , abbé de St.-Pierre , dans une lettre écrite en 1145, et adressée aux religieux de Tuttebery, c'est
» un prodige vraiment attendrissant que de voir des
» hommes puissans , fiers de leur naissance et de leurs
» richesses, accoutumés à une vie molle et voluptueuse,
» s'attacher à un char avec des traits , et voiturer les
» pierres, la chaux, le bois et tous les matériaux néces-
» saires pour la construction de nos églises; quelquefois
» mille personnes , hommes et femmes , sont attelées
» au même char (tant la charge est considérable) , et
» cependant il règne un si grand silence qu'on n'en-
» tend pas le moindre murmure ; quand on s'arrête
» dans les chemins , on parle , mais seulement de ses
» péchés dont on fait la confession avec des larmes et
» des prières ; alors les prêtres engagent à étouffer les
» haines, à remettre les dettes. S'il se trouve quelqu'un
» assez endurci pour ne pas vouloir pardonner à ses
» ennemis et refuser de se soumettre à ces pieuses ex-
» hortations, aussitôt il est détaché du char , et chassé
» de la sainte compagnie.

« A la nuit , on allume des cierges sur les charriots
» autour de l'église en construction , et une partie de
» ces dignes travailleurs veillent en chantant des hym-
» nes et des cantiques , *etc. etc.*

Cet enthousiasme s'est maintenu pendant plusieurs
centaines d'années qui toutes ont été marquées par des
prodiges lapidaires. Quand arriva le xvi siècle qu'on
a appelé un âge de renaissance, l'esprit italien qui pré-
sida aux arts de cette époque , n'étouffa pas tout d'un
coup le style ogival ; mais en s'efforçant de l'allier avec
les formes antiques , et de le soumettre à des proportions étrangères à son allure, il ne fonda qu'un système
spirituel, coquet , riche de gracieuses fantaisies ; système dont la marche indécise et la courte durée finirent par dépouiller l'architecture de son originalité, et
la précipiter dans une imitation servile et bien souvent malheureuse des œuvres de l'antiquité *.

---

* Les monumens de Louis XIV sont dignes de la grandeur
de ce règne ; mais on regrette de les voir revêtus d'un type
étranger à notre histoire , et emprunté à l'art grec et romain.

ÉPOQUE DE LA RENAISSANCE.

Les œuvres de renaissance sont très-multipliées à Arles : édifices religieux et civils, maisons nobiliaires et bourgeoises y bordent presque toutes les rues. On pourrait, à plus d'un titre, appeler notre cité la ville de François Ier., tant les souvenirs de ce règne et l'influence qu'il y exerça, sont fréquemment attestés sur nos monumens d'architecture. Il semble qu'à cette époque, la ville ait tout d'un coup dépouillé son ancienne enveloppe pour se revêtir du costume alors à la mode ; et qu'elle ait poussé si loin sa vénération pour le passé, que de nos jours encore elle s'abrite derrière cette riche parure tombée en lambeaux, rapiécée, mais toujours subsistante.

Il ne faut pourtant pas faire honneur à la fortune publique de ce grand nombre de constructions privées.

Au XVI siècle, notre ville était déjà déchue d'une partie de sa prospérité. La découverte du Cap-de-Bonne-Espérance, qui avait ouvert des nouvelles voies à la navigation, accéléra le mouvement de sa décadence en la privant de ses opulents marchés, de son entrepôt de marchandises d'Orient et de l'Afrique. Sa population s'abaissa presque subitement de quarante à trente mille ames. * Mais quoique ses ressources industrielles et commerciales, base de toute prospérité durable, fussent notablement amoindries, Arles resta la ville des grandes et belles terres, d'une fastueuse aristocratie, d'un clergé puissant, d'une bourgeoisie recommandable par ses lumières autant que par ses richesses. La fortune publique diminua; mais l'opulence des classes sociales resta la même, et c'est là ce qui explique la grande quantité de pierres bâties que nous a légué cette époque.

Les églises et la plupart des édifices publics furent

* Voyez la note 22. On y trouvera un tableau de la population d'Arles, depuis le 1er. siècle jusqu'au XIXe.

construits à l'aide de dons particuliers. Dès-lors nobles ou bourgeois , les riches firent les fonds nécessaires à l'érection : l'un de la nef, l'autre du sanctuaire; celui-ci d'une voûte , celui-là d'une chapelle. La vanité qui se mêlait trop souvent à ces générosités contribuait à les entretenir ; c'est elle qui avait succédé à l'ardeur religieuse du moyen-âge. Aussi, les plus grands ouvrages de ce tems restaient-ils sans nom d'auteur, tandis qu'au tems dont nous parlons , chaque construction prenait les armes de son fondateur , et portait fièrement son nom *.

En entrant dans la recherche des œuvres de ce troisième âge de l'architecture , nous arrivons à des faits accomplis à peu de distance de nous. Désormais les origines seront précisées. Ce n'est plus de l'aspect ou du caractère des murs, des voûtes cintrées ou à tiers point que nous ferons ressortir des dates. Elles sont fournies, pour la plupart, par des titres authentiques, ne laissant aucune prise à la critique.

La tour de l'horloge , construite en 1553 , est pourvue de quelques traits d'une belle architecture. Elle présente un mélange des formes grecques et romaines amendées par les souvenirs du gothique. Il est à re-

* A Arles on ne voit pas que l'archevêché ni la ville aient contribué pour beaucoup à ces édifications qui sont souvent plus fastueuses que remarquables sous le rapport de l'art

gretter qu'on l'ait privée de son allure primitive en l'encadrant dans le plan de l'Hôtel-de-Ville. Cette tour carrée, s'élevant sans effort d'étage en étage ornés de décorations empruntées aux différens ordres, terminée par une coupole à jour d'une élégance supérieure au modèle que l'architecte avait adopté *, produisait, dans son isolement primitif, un aspect à la fois imposant et gracieux. Son emplacement avait été cependant mal choisi à cause du voisinage de l'église St.-Trophime, qui de tout tems a du lui nuire par la masse de ses constructions **.

La statue en bronze, qui représente le dieu Mars et domine la coupole, fut érigée en 1555. Elle est devenue le paladium de la ville qui n'en parle qu'avec respect et affection. l'Homme de Bronze est pour Arles ce

* Celui du mausolée de Saint-Remy.

** Le 12 juillet 1542, la ville acheta de Louis et Honnoré Saunier, frères, une ancienne tour qui fut abbattue et remplacée par celle-ci, dont la construction coûta 1280 florins. Une horloge y fut placée en 1564. La grosse cloche pesait cinquante-huit quintaux et les deux petites huit quintaux chacune. Le timbre de la grosse cloche s'étant trouvé insuffisant pour porter les heures sur tous les points de la ville, une autre cloche, du poids de cent quintaux fut fondue dans la cour de l'archevêché pour remplacer l'ancienne. Martin Firmin, charron, reçut de la commune 450 livres pour la descente de la vieille cloche, la montée et la mise en place de la nouvelle.

qu'était la statue de Minerve pour Athènes, l'emblême du patriotisme et des affections de famille *.

Après la tour, l'Hôtel-de-Ville fut bâti.

Jusqu'en 1393, la commune d'Arles n'avait point eu d'Hôtel qui lui appartint en propre. Elle allait par loyers, ce qui l'exposait à des déménagemens fréquens, toujours préjudiciables à la sûreté des titres que renfermaient alors les archives **. Au quatorzième siècle on se décida à faire construire une maison commune, et ce fut dans le voisinage des arênes, au quartier de Charles Chinet qu'on l'établit.

Le choix de cette localité avait été déterminé par l'importance de cette partie de la ville qui était alors la cité proprement dite. L'hôtel qui fut bâti existe encore, étroit, mal éclairé, délabré, mais conservant ses anciennes dispositions, et portant fièrement sur le manteau déchiqueté d'une cheminée de la grande salle le Lion de la ville d'Arles. Il paraît que l'exiguité de ses dimensions et son peu de centralité, dégoûtèrent

* Cette statue, fondée par Laurent Vincent, fondeur d'Avignon, a 7 pieds de haut en dessus du piédestal, et pèse douze quintaux vingt-deux livres. Elle fut payée au prix de huit sous tournois la livre.

** En 1536, les archives d'Arles furent incendiées par une compagnie de soldats gascons qui s'étaient mutinés contre ses officiers.

bientôt les consuls de cette habitation *. On les voit,
dans le siècle suivant, acheter deux maisons voisines
du Palais de Justice, pour les convertir en hôtel-de-
ville.

C'est en 1455, époque du mariage du roi Réné avec
Jeanne de Laval, dont la cérémonie fut célébrée à Arles, que le premier conseil municipal fut tenu dans le
nouvel hôtel ; mais celui-ci ne convint guère mieux,
ni plus long-tems que le précédent. Le goût de la renaissance venait d'éveiller le désir de donner au consulat un logement dépouillé des formes gothiques. Il
fut donc décidé d'abattre celui qu'on venait de bâtir,
d'en construire un autre sur son emplacement, et pour
lui donner plus d'étendue, de faire entrer dans son enceinte, la tour de l'horloge qui était une propriété com-
munale.

Jacques Peytret **, reçut la mission d'en dresser le
plan qui fut soumis à Mansard. L'architecte de Louis
XIV corrigea quelques-unes des dispositions de l'architecte de province ; il indiqua des ornemens à ajouter

---

* La tradition n'est pas conforme à ce que je dis ici. On assigne à cet ancien hôtel-de-ville, un emplacement autre que
celui que je désigne. Mais en examinant avec soin la localité
qu'on assigne à cet édifice, on voit qu'il y a erreur dans la
tradition. La présence, dans le même quartier, de la maison
dont je parle, m'a fait croire que ce pouvait être le siége de nos
consuls, tout dans cette maison portant l'indication d'un
ancien édifice public.

** Habile architecte, né à Arles.

à ceux projetés par Peytret, et moyennant une simple révision du travail de son collègue, fut proclamé l'architecte du monument. Le nom de Peytret, étouffé sous celui de son collaborateur, se perdit si bien de souvenir qu'il est à peine connu, et que de nos jours celui de Mansard est le seul que l'on mette en avant.

Ce fut le 22 juin 1673, que la première pierre en fut posée par les consuls auxquels s'était adjoint le prévôt de St.-Trophime, délégué à la cérémonie pour remplacer l'archevêque absent. On mit deux ans à le construire; enfin, en 1765, les consuls vinrent prendre possession de leur nouveau siége qui a long-tems passé pour un chef-d'œuvre et qui n'est point tout à fait déshérité de cette réputation.

Dans la distribution des appartemens, les archives obtinrent une place digne de leur importance. Le rez-de-chaussée, décoré des portraits des comtes de Provence sculptés, et de la statue de Louis XIV, par Dedieu *, fut affecté aux réceptions archiépiscopales. Le premier étage servit plus spécialement de siége aux consuls. Quand l'archevêque se rendait à l'Hôtel-de-Ville, les consuls descendaient au rez-de-chaussée pour aller l'attendre à la grande salle du Nord. La visite terminée, les magistrats consulaires accompagnaient le

---

* La statue de Louis XIV, œuvre de l'arlésien Dedieu, et les portraits des comtes de Provence ont disparu pendant la révolution. Le vestibule a été dépouillé à la même époque de quelques marbres antiques qu'on y avait réuni.

13

prélat jusqu'au milieu du vestibule en ayant bien soin
de ne pas dépasser cette limite, et de là ils remontaient
à leurs salles du premier étage.

L'aspect de l'Hôtel-de-Ville est à la fois gracieux et
imposant, quoique l'ordonnance qui fait passer ses divers étages du rustique au corinthien , et du corinthien à des lignes indécises et flasques qu'on ne saurait
caractériser , ne me semble pas merveilleusement ima-
ginée *.

La façade du premier étage est largement dessinée;
riche sans excès d'ornement, douée de lignes heureuses
et de proportions complètement satisfaisantes. L'œuvre de l'artiste est là conçue avec intelligence, exécutée
avec bonheur ; cependant , tout n'est pas à louer dans
les parties décoratives; l'ornementation abonde en détails qu'on ne saurait trop réprouver. Que signifient
ces plates draperies étalées au-dessus des fenêtres? Mansard, auteur de ces dessins, prélude au goût des nœuds
de rubans et des ganses, que plus tard le siècle de
Louis XV poussa jusqu'à l'exagération , et qui sur-
chargea les édifices de tous les colifichets de la toilette
d'une femme.

Le second étage est peu digne du premier. Le travail
y est mesquin , étriqué. Les fenêtres courtes et larges

---

* Cette subite transition d'un ordre sans ornemens ni luxe
à l'ornementation corinthienne, présente un contraste choquant qui pourrait bien être le fait de Mansard , car la même
faute lui est reprochée dans la construction de la tour des
invalides, à Paris.

produisent un effet vraiment disgracieux. L'attique n'est pas d'un meilleur goût. Tout y est frappé de petitesse et d'avortement.

Le comble de l'Hôtel-de-Ville était, il y a peu d'années encore, dominé par d'énormes pots-à-feu, dont le goût douteux s'associait à celui de certains ornemens de la façade. Ils ont été enlevés et nous croyons que c'est à tort, car leur suppression en achevant de rendre les combles plats et nus, a porté coup à l'élévation de l'édifice. Il est à désirer que l'administration municipale répare cette erreur qui, commise dans de bonnes intentions sans doute, n'en est pas moins une irrévérence envers la mémoire d'un artiste et une faute envers un ouvrage d'art.

L'exhaussement de la place nuit aussi à l'œuvre de Peytret. Plus le sol sera élevé, plus l'Hôtel-de-Ville aura à souffrir. On y montait autrefois du côté du midi par un escalier composé de trois marches. Il a maintenant disparu sous un atterrissement dont il serait facile d'abaisser la hauteur puisquil domine les rues voisines, et que ce rehaussement n'est l'effet que d'un transport de terres opéré il y a une vingtaine d'années.

La voûte du vestibule et la distribution intérieure ne sont pas sans mérite. La voûte surtout appelle l'attention et l'étude des architectes. La principale salle, quoique spacieuse et belle, souffre de son exposition au nord qui la rend sombre et triste. On s'expliquera facilement sa vastitude quand on saura que, dans les premières années du xviiie. siècle, Arles,

n'avait pas moins de deux cent quarante-quatre con-
seillers municipaux. Ce nombre fut réduit à cent
quarante-quatre en 1707. Il est à présent de vingt-
sept. On voit que nous ne progressons pas, au moins
par le chiffre.

Dans notre pays d'anciennes franchises, on ne saurait prononcer le nom d'Hôtel-de-Ville, sans se repor-
ter au tems où s'établirent les luttes opiniâtres qui
finirent par assurer aux cités des droits dont la maison
commune devint l'emblême. De nos jours, on ne voit
dans ces édifices qu'une œuvre d'architecture dont on
calcule les proportions, dont les profils et les coupes
sont l'objet de considérations artistiques. Nos pères y
voyaient tout autre chose. L'Hôtel-de-Ville était pour
eux le code matériel des franchises communales, un
trophée de victoire, un rempart opposé aux envahisse-
mens du pouvoir féodal. Posséder un tocsin, une maison commune, était pour eux une haute ambition,
car c'était le privilége des villes affranchies. Que de
luttes, de guerres intestines, de larmes, de sang
versé n'a-t-il pas fallu pour atteindre ce but! Héritiers
peu soucieux des labeurs de nos pères, nous avons
trop facilement oublié ce qu'ils ont fait pour la cause
des lois et de la civilisation. Ce n'est qu'avec une sorte
de dégoût que nous consentons à porter nos regards
sur un passé fécond, cependant, en grandes choses et
en hommes illustres. Les vestiges qu'il nous a légué
sont ignorés ou méconnus. Arles, qui a conservé son
ancien tocsin, ne l'emploie qu'à sonner les cas d'incen-

dies et les exécutions judiciaires. On rencontre aussi
dans son enceinte des restes de maisons fortifiées, ces
vieux témoins des querelles de nos pères.

L'investigation de ces débris appartient directement
à l'histoire politique, je le sais; cependant l'archéologie lapidaire n'est pas sans intérêt à ces recherches,
puisque les édifices reflètent les phases de la civilisation, et que sous ce rapport ces deux sciences s'éclai-
rent l'une par l'autre.

A ce titre, permettez-moi, Messieurs, d'entrer dans
quelques explications sur les demeures de nos pères et
de faire remonter sommairement cette investigation
jusqu'à celles des anciens Romains, dont nos aïeux
avaient la juste prétention de descendre.

Les premières maisons des Romains n'étaient que
des toits de chaume, demeures suffisantes pour les
avanturiers qu'elles recelaient. Sous les successeurs de
Romulus, la férocité des mœurs s'adoucit et les habitations offrirent plus de commodités.

Pendant les premiers tems de la république, les
maisons se ressentirent de l'austérité des mœurs de ce
tems. Destinées à donner asile aux citoyens pour
l'heure des repas et du sommeil seulement, elles
étaient petites, étroites, assez mal éclairées; mais elles
suffisaient à des hommes qui passaient leur vie à guer-
royer, et qui, de retour à Rome, vivaient au grand

air sur le Champ-de-Mars , ou sous les portiques des édifices publics, quand l'ardeur du soleil ou le mauvais tems les forçait d'y chercher un abri. Leur isolement était absolu, et c'est de là que leur venait le nom d'*Insula* , que dans notre système de voirie nous avons appliqué à des agrégations d'habitations limitées par des rues *.

Quand les conquêtes de Rome eurent fait ruisseler dans son enceinte l'or des nations vaincues, la simplicité des anciennes mœurs disparut , et avec elle celle des habitations. C'est à partir de Pompée , et surtout de l'empire, que datent les grands travaux de l'architecture romaine. Ce qu'Auguste disait des monumens publics, qu'il avait trouvé de brique et qu'il laisserait de marbre, fut bientôt applicable aux maisons des citoyens. Le luxe éleva à grands frais de somptueuses habitations. De la métropole, ce goût se répandit dans les colonies, et l'on a peine à croire le récit des historiens qui nous ont conservé le souvenir de ce qu'étaient les demeures des riches Romains, tant cette magnificence est encore au-dessus de la nôtre. L'arrivée des Barbares fit d'abord taire ce luxe dans les provinces

---

* Cet isolement qui rendait les maisons indépendantes les unes des autres , a sans doute contribué à l'assainissement des villes antiques. Aussi , les épidémies , les pestes et toutes les maladies que procure l'infection de l'air , étaient-elles beaucoup moins fréquentes et surtout moins meurtrières à cette époque qu'elles ne l'ont été pendant le moyen-âge , où les maisons se sont groupées les unes aux autres.

qui les premières furent livrées aux malheurs de l'invasion. L'empire succomba. Avec la barbarie revinrent les toits de chaume, habitation qu'on adopte naturellement quand l'instabilité des institutions sociales livre à la violence les intérêts de la propriété. A mesure que le règne des lois se raffermit, les hommes songèrent à rendre leurs habitations plus commodes. Le moyen-âge en fit la citadelle du droit civil et politique, aussi bien que l'asile de la famille.

Tout chef de famille fortifiait sa demeure pour s'y retrancher et s'y défendre au besoin. Comme les propriétaires, les maisons prirent l'arme au bras; elles se disposèrent en ordre de bataille. Les plus fortes, garnies de tourelles, gardaient les principales rues. Les autres se réfugièrent dans d'étroites impasses qui offraient un second retranchement quand les rues étaient occupées. Afin d'être moins exposées à une surprise, ou de donner une moindre prise à l'attaque, elles n'avaient au rez-de-chaussée que des fenêtres rares, étroites, percées à la plus grande hauteur possible et garnies de barreaux en fer.

Un illustre historien nous a donné une idée de ce qu'étaient les maisons à cette époque.

« Voici, dit M. Guizot, quelle était la construction
» d'une maison de bourgeois au XIIIme. siècle, autant
» qu'on peut aujourd'hui s'en rendre compte. Trois
» étages d'ordinaire, une seule pièce à chaque étage,
» la pièce du rez-de-chaussée servait de salle-basse, la
» famille y mangeait. Le premier étage était très-élevé

» comme un moyen de sûreté : c'est la circonstance la
» plus remarquable de la construction. A cet étage,
» une pièce dans laquelle le bourgeois, le maître de la
» maison, habitait avec sa femme. La maison était
» presque toujours flanquée d'une tour à l'angle, carrée
» le plus souvent; encore un symptôme de guerre,
» un moyen de défense. Au second étage, une pièce
» dont l'emploi est incertain, mais qui servait proba-
» blement pour les enfans et pour le reste de la famille.
» Au-dessus, très-souvent une petite plate-forme,
» destinée évidemment à servir d'observatoire. Toute
» la construction de la maison rappelle la guerre ».

Ce système de construction et de défense dura aussi
long-tems que se prolongèrent les luttes pour l'affran-
chissement des communes. A Arles, il fut poussé jusqu'à l'excès, et devint l'occasion d'événemens déplo-
rables. Un article des statuts de la république, pro-
mulgués en 1245, prescrivit la démolition des maisons fortifiées ; mais cette défense n'empêcha rien, et
devint l'occasion de nouveaux troubles, dans lesquels
succomba la loi prohibitive.

Quand les droits communaux furent reconnus et
mis hors de question, les maisons particulières prirent
une allure plus pacifique. Elles se retournèrent du côté
des rues ; le rez-de-chaussée se peupla de fenêtres et
d'ouvertures ; la plate-forme des tours se convertit en
terrasse. Tout prit un aspect de bien-être et de commodité. L'époque de la renaissance acheva la conversion
et bientôt après le luxe succéda aux austérités d'un système de guerre.

Au nombre des hôtels particuliers les plus remarquables que la renaissance nous a légués, il faut placer les maisons de M. Artaud, de M. Datty, de M. Dessoliers, de M. Tournatory, jadis de Lalauzière, du Vaux-d'Estable, jadis de Varadier Saint-Andiol, de la place Saint-Esprit, de M. Vidal, jadis de Nicolay, de M. Gage, jadis de St.-Roman, *etc.*, *etc.* Celui qui parcourrait ces diverses demeures, se ferait facilement l'idée de ce qu'étaient les maisons il y a deux cents ans. Partout les rez-de-chaussée sont disposés pour l'habitation du maître, salle à manger, salon, cuisine à grande cheminée, *etc.* Le salon d'apparat est au premier étage, où l'on arrive par un grand escalier qui s'ouvre comme un éventail, et tourne sur un trompillon, en développant ses larges marches à lames triangulaires, et s'élevant avec grâce jusqu'au haut de la maison où se trouve la plate-forme d'une tourelle, qui dans ce système remplace les tourelles du moyen-âge. L'hôtel Nicolay a conservé la plupart des dispositions que je viens d'indiquer. Il a de plus les ventaux de sa porte d'entrée ornés de ferrures et de panneaux sculptés. C'est une précieuse pièce de menuiserie de cette époque.

La frise d'une des portes intérieures de la maison de M. Artaud, est ornée de sculptures d'une admirable perfection, représentant des scènes grotesques qu'on croirait échappées à l'imagination capricieuse de Callot, tant elles ont de ressemblance avec les dessins de ce peintre. Dans la façade orientale de la même mai-

son , sont incrustés des marbres antiques et sculptés.
Des inscriptions décorent l'imposte des fenêtres. De
toutes les habitations que nous avons mentionnées ,
celle-ci est certainement la plus intéressante et la
mieux conservée.

Tout serait dit si nous n'avions pris pour tâche de
dresser un inventaire complet de nos monumens d'architecture. Ceux dont il nous reste à parler n'ont plus
rien de commun avec l'art, si on entend par ce mot,
une inspiration vive, nationale, puisée dans l'actualité
d'un peuple, empreinte du caractère spécial de sa civilisation. Mais s'ils ne sont plus le produit de l'art , ces
édifices continuent d'être l'expression des mœurs de
l'époque contemporaine , et à ce titre, attention leur
est dûe.

La force, la grandeur des édifices romains, symbole
de la grandeur et de la force des mœurs romaines , leur
manquent absolument. Ils ignorent le secret des élancemens rapides par lesquels la pierre s'était si admirablement associée, dans le moyen-âge, au spiritualisme
des doctrines religieuses. Nos derniers édifices ont le
laisser aller, le pêle-mêle de vues et d'idées qui, sous le
rapport des arts, signalèrent le xviiie siècle. Comme lui
ils se parent de colifichets, courent après des combinaisons prétentieuses, parlent à la fois grec , latin , et
n'aboutissent à une mauvaise imitation de l'antique ,
que par l'impuissance de trouver de nouvelles voies,

grandes et intelligentes. S'ils employent les formes grecques, ce n'est que pour les corrompre. Voyez le goût maussade des frontons brisés, régner sans contradiction sur la porte de toutes les églises ; les décorations puériles courent le long des murs. Au lieu du caractère énergique et spécial dont le gothique avait marqué le front de toutes ses œuvres, et qui au premier coup-d'œil révélait leur destination, nous n'avons plus que des profils vagues, sans physionomie ; des constructions capables de s'appliquer à tout, de servir à volonté de sanctuaire ou de théâtre.

Ont été bâties, à Arles, sous l'influence de ces idées :
· L'église des pénitens Blancs. -- 1532.

La porte et les tours de la Cavalerie, -- 1558.

L'hôpital St.-Esprit, dont Jean de Raynaud, premier consul, posa la première pierre, le 24 février 1574 *.

* Une taxe imposée aux habitans d'Arles, servit à faire les frais de cet établissement qui reçut le nom d'hôpital général, et réunit les diverses maisons de ce genre, qui étaient dispersées dans la ville, au nombre de trente-deux.

Derrière l'hospice, à côté de l'entrée du couvent, est une porte à colonnes et à fronton, qui mériterait d'être plus soignée qu'elle ne l'est. Elle est d'une bonne architecture et d'un dessin correct. Près de là se trouve, dans la maison de M. Brun, les restes d'un hospice ouvert dans le XIIe. siècle pour les pélerins qui revenaient de la Terre-Sainte.

L'église de Notre-Dame-la-Principale, plus connue sous le nom de Ste.-Anne et qui sert aujourd'hui de musée, -- 1621 *.

Celle des Augustins, desservie de nos jours sous le nom de St.-Césaire, -- 1627 **.

Celle de la Trinité, dont la première pierre avait

---

* L'ancienne église avait été démolie sous Louis XII. Sa disposition gênait la place du Marché. Pour parer à cet inconvénient, le nouveau bâtiment fut érigé sur l'emplacement de l'arsenal, dont quelques murs furent employés dans la nouvelle construction. L'église de Ste.-Anne, fut bâtie en 1621, et consacrée l'année suivante par l'archevêque Gaspard du Laurent.

** Cette église fut construite en 1451. Le cloître, qui en dépendait, est de la même époque. Mais il n'existe plus sous sa forme primitive. Les galeries sont incorporées à des maisons particulières, et ce n'est que pour mémoire que j'en parle. Quant à l'église, elle fut incendiée dans les premières années du xviie. siècle. Le feu avait surtout exercé des ravages sur la première travée, la seule qui ait été gravement endommagée. Dans la réparation, cette travée fut abandonnée, et la nef réduite à ses dimensions actuelles. L'ancienne porte fut employée à orner la nouvelle façade. Les sculptures dont elle est revêtue semblent antérieures au tems de Louis XIII. Les chapiteaux et surtout la sophite ont quelques traits de ressemblance avec les sculptures du portail de Saint-Trophime; la niche, creusée dans le tympan, est évidemment d'un âge postérieur à la décoration dans laquelle elle est encadrée. A l'intérieur, l'église n'offre rien de remarquable. Dans l'ancienne chapelle de St.-Nicolas, sont les tombeaux de la famille Quiquéran de Beaujeu. Celui d'Honoré mérite attention par les souvenirs que rappelle ce nom devenu historique pour Arles. C'est en 1627 que l'église actuelle fut consacrée par l'archevêque Gaspard du Laurent.

été posée, le 24 février 1630, par les consuls d'Arles , sous l'invocation de la Très-Sainte-Trinité et de Saint-Roch, et qui, plus tard, fut confiée aux religieux de la rédemption des captifs.

Celle des Dames de la Visitation , -- 1632 *.

L'aqueduc du pont de Crau , 1641 **.

Les bâtimens et l'église du collége , -- 1646 ***.

La halle aux poissons , érigée en 1647, sur une partie de l'emplacement du cimetière de la paroisse Sainte-Croix.

L'église St.-Julien , dont l'archevêque M. de Grignan posa la première pierre en 1648.

* Avant que ces Dames fussent dans le couvent, il avait été occupé par les religieuses de Ste.-Claire , dont le monastère, bâti en dehors de la ville, à la Roquette , près le moulin à eau, avait été détruit en 1360 par l'effet des guerres civiles. Alors ces Dames se retirèrent dans la ville; un monastère fut bâti pour elle; mais il ne tarda pas à être détruit, et c'est par ses ruines que les Dames de la Visitation bâtirent leur église.

** Une tour qui est à présent détruite , avait été élevée au milieu du pont de Crau , en 1417 , pour servir de corps-de-garde aux tems de guerre; mais elle prit une destination contraire , comme elle était rarement gardée par la milice , les malfaiteurs allaient s'y embusquer pour arrêter et voler les passans. On l'a démolit pour parer à cet inconvénient.

*** En 1646, la ville acheta l'hôtel Laval, pour bâtir l'église des Jésuites. François Vautier, premier médecin de Louis XIII, fit présent de 12,000 livres pour cette construction, et la ville paya 3,000 livres. Les Jésuites vinrent occuper , en 1649 , le nouveau collége , qui fut agrandi par la réunion de la maison de M. de Broglie, dont le prix s'éleva à 4,000 livres.

Le palais archiépiscopal restauré par le même prélat , en 1769.

Les bâtimens du petit séminaire , fondé en 1675.

L'arc de triomphe de la porte Marché-Neuf, élevé en 1707 , en remplacement d'une autre porte triomphale, bâtie en 1589, à l'occasion de l'entrée à Arles , du roi Louis XIII.

L'église St.-Paul, reconstruite en 1654, par les religieuses de Notre-Dame-du-Refuge *.

Celle de Ste.-Croix, -- 1720, -- dont le clocher remarquable par sa belle architecture gothique, date du xvᵉ. siècle **.

L'église des Cordeliers, construite en 1716, détruite pendant la révolution et dont il ne reste plus que la flèche ***.

* On y établit un quartier particulier , destiné à servir de maison pénitentiaire pour les filles et femmes de mauvaise vie. On croit par tradition que l'apôtre St.-Paul, passant en la ville d'Arles, pour voir St.-Trophime , logea dans le même local. C'est en mémoire de cet événement , que les processions du chapitre métropolitain étaient obligées de s'y arrêter pour chanter la collecte de cet apôtre.

** La date du clocher de Ste.-Croix n'est pas bien connue. Son architecture la fait remonter au milieu du xviᵉ. siècle ; cependant on sait que la première cloche n'y fut placée qu'en 1599. Ce qui porte à croire qu'il a été construit peu de tems avant cette date. C'est un monument remarquable par sa hauteur, autant que par son énergique et habile construction.

*** Ce clocher est d'une date antérieure à la construction de l'église. Il fut bâti en 1649, par Pierre de la Chapelle, mai-

Celle de St.-Martin, bâtie en 1635, sur une ancienne église malheureusement absorbée sous les nouvelles constructions *.

Celle des Récolets, 1729 **.

Celle de St.-Pierre-ès-Liens , à Trinquetaille, 1690.

Celle des Carmes Déchaussés , 1675.

L'église des Carmélites, annexée de nos jours à l'hospice St.-Joseph, et bâtie en 1731, mérite d'être distinguée de tous les édifices qui viennent d'être énumérés. Sa façade est une habile copie des dessins antiques : ce n'est pas qu'elle soit sans défauts , car le comble, découpé comme un cartonnage, est d'un goût décidément mauvais. Le campanille est aussi par trop exigu ; mais le système de construction du portique est gracieux et correctement dessiné ; l'intérieur du vaisseau est remarquable par une bonne distribution.

L'ancienne tour seigneuriale ou palais de justice de

tre-maçon. Le prix en fut payé *à raison de quatre florins la canne carrée, en mesurant tant plein que vuide.*

Cette flèche est d'une élégance remarquable , il est à regretter qu'on ne prenne pas plus de soin pour la conserver.

* Le clocher de St.-Martin, comme celui de Ste.-Croix, est élevé en tour carrée. Il fut bâti au milieu du XVIe. siècle par les soins et la générosité de M. Flèche. Des armes parlantes, incrustées dans un des murs de la tour, indiquent le nom du fondateur.

** L'église des récolets, coûta 200,000 livres. Le duc de Villars, gouverneur de Provence, permit de l'appuyer sur les remparts de la ville, du côté du pont de l'Observance, et y fit graver ses armes.

Trinquetaille, réparée en 1733, a droit aux mêmes égards. Elle est d'un bon style et d'un aspect agréable.

Qu'avons-nous à ajouter?

Le xixe. siècle n'a encore rien édifié à Arles. De nos jours on aime peu la pierre pour elle-même, pour ses formes pittoresques, pour les expressions harmonieuses qu'elle est si bien capable de produire. On l'emploie comme support, comme puissance matérielle, et voilà tout.

Un canal de navigation vient d'être ouvert d'Arles à Bouc. Sa construction a duré plus de trente années. Pendant ce laps de tems on a creusé neuf lieues de terrain, jeté cinq ou six ponts, ouvert presque autant d'écluses; eh bien, qu'on nous dise quelle est dans toutes ces compositions la pierre festonnée avec amour? Celle à laquelle on a voulu donner une expression artistique en reconnaissance de l'utilité qu'elle fournit? Dans cette œuvre, une seule pensée a tout absorbé : la question d'utilité positive. Le canal marche droit, nu, sans la moindre parure. Figurez-vous un sillon sans fin; des lignes sans ressaut, courant sur un horison que les trébuchets des ponts découpent d'une manière presque effrayante par leur aspect de potence. Voilà notre œuvre d'un quart de siècle!

Quand les Romains voulurent établir une communication entre les deux rives de la Touloubre, ruisseau de quatre ou cinq mètres de largeur, ils élevèrent le pont *Flavien*, qui, après quinze siècles de durée, suffit encore pour mettre en honneur la petite ville de Saint-Chamas, près de laquelle il est bâti. C'est que le pont *Flavien* est à la fois un ouvrage d'utilité et un ouvrage d'art, un œuvre de voierie et une œuvre de nationalité.

Certes, notre civilisation est grande et majestueuse dans ses œuvres. Les canaux, les routes, les chemins de fer sont des monumens aussi, j'en conviens, à la gloire de mon pays, monumens de haute utilité et d'une prodigieuse portée pour le développement de l'industrie et l'accroissement de la fortune publique. Mais un peuple riche et puissant, un peuple qui se sent placé en tête de la civilisation européenne, ne doit pas s'arrêter à l'unique satisfaction des intérêts matériels. Le soin de sa grandeur exige qu'il embrasse le présent et l'avenir; qu'il se mette en peine de laisser des traces de son passage sur la terre, et détourne, au profit de son nom dans les siècles futurs, une partie des richesses qu'il a produites. La grandeur d'un peuple n'est complète qu'à cette double condition.

La France, qui a dépassé dans son essort toutes les civilisations de l'antiquité, n'a plus que ce dernier sceau à mettre à sa fortune. Déjà ce qui se passe depuis quatre années semble indiquer qu'elle est prête à s'engager dans une voie digne d'elle et de ses hautes destinées. L'achèvement des grands édifices de Paris, suspendu pendant si long-tems; la fondation du Musée historique de Versailles qu'on ne saurait trop admirer,

14

sont , sans contredit , un événement important dans notre histoire. Mais les provinces ont besoin de prendre part à cet élan national, de s'y associer et de répondre à la voix qui a tiré du silence le palais de Versailles. Une ère nouvelle peut s'ouvrir pour les arts; car je ne saurais me décider à croire que le style monumental soit une science perdue pour nous; que nos pères en aient emporté le secret et qu'il soit avec eux scellé dans la tombe. Mais, s'il en était ainsi, et que l'esprit créateur se fut retiré d'un peuple, dont les mains ont érigé tant de chefs-d'œuvre lapidaires au moyen-âge, que de raisons n'aurions-nous pas de respecter le passé , et d'incliner nos fronts devant ses œuvres? Leur poussière a quelque chose d'olympien qui saisit l'ame de trouble et d'admiration.

Et maintenant notre tâche est remplie.

Elle s'arrête au point où le siècle nous laisse : l'avenir nous est inconnu; mais derrière nous sont de justes souvenirs d'orgueil.

Arles est la ville de l'univers qui a le plus de ressemblance physique et morale avec Rome ; l'une et l'autre portent sur leur front l'empreinte de tous les âges de la civilisation européenne. Toutes deux tiennent de l'antiquité et du caractère romain, le respect qu'elles inspirent aux hommes. Comme la ville de Romulus, Arles a successivement porté la couronne de roi, la robe consulaire, le diadème impérial. Comme la cité d'Auguste, la ville de Constantin a vu son enceinte parée de tous les attributs du luxe et de la grandeur. Il n'est point d'établissemens publics à Rome, dont la ville d'Arles n'ait été dotée sous de moindres dimensions. Temples, théâtres, amphithéâtres, hypodromes, forum, thermes, ponts, voies stratégiques, obélisque, arcs de triomphe, statues, sculptures grecques, tout cet appareil de haute civilisation fut prodigué à la Rome cisalpine.

A son tour, le Christianisme l'a marquée du sceau de sa grandeur. Arles devint le siége des premiers archevêques; le foyer de la foi en deçà des Alpes. L'architecture gothique la décora de ses plus belles pensées, de ses élancemens les plus haut portés. Les populations de la Gaule s'inclinaient devant la mitre de Césaire et de ses successeurs, comme l'Univers chrétien devant la tiare pontificale. Il serait facile de pousser plus loin ces termes de comparaison. Mais à quoi bon ces détails? Nos belles, nos imposantes ruines parlent plus haut que nous ne sauraient le faire de vaines paroles. Apprenons à les aimer, à en étudier le caractère, à nous pénétrer de leur puissance, afin d'obtenir pour nos arts le secret des rayons de génie qui éclatent si majestueusement sur leurs fronts encore si nobles, quoique mutilés. Il y a dans cette étude des trésors de force et d'intelligence que ne dédaigneront pas les esprits les plus élevés.

MUSÉE LAPIDAIRE.

Le Musée de notre ville s'est formé des débris de la
sculpture grecque, romaine et chrétienne. Presque tous
les marbres qu'il renferme étaient dispersés sur le sol
du théâtre antique , et dans l'église de St.-Honorat.
En 1813, ils furent recueillis dans l'église de Ste.-Anne,
et c'est là qu'ils sont offerts aux regards du public.

La disposition qu'on leur a assignée est pittoresque,
bien plus que scientifique. Tout est donné au spectacle

dans l'ordre qui a été adopté , et peut-être a-t-on eu raison de préférer ce système à une classification méthodique qui n'eut pas trouvée dans nos richesses lapidaires les élémens nécessaires à l'organisation de tout un système.

Dans le compte sommaire que je vais rendre des objets d'art qui composent notre Musée, je parlerai d'abord des morceaux antiques ; puis de ceux du moyen-âge ; enfin , de quelques débris fournis par l'époque moderne.

SCULPTURE ANTIQUE.—TÊTE DE FEMME.

En première ligne de la sculpture antique, se place une tête en marbre pentélique, trouvée en 1822, dans une fouille qui fut pratiquée dans le théâtre romain. On n'est pas d'accord sur le nom qu'il faut lui assigner, non plus que sur sa nature. Est-ce la tête d'une déesse ? Est-ce la tête d'une simple mortelle? Peu importe la solution de ce doute, la tête n'en est pas moins d'une beauté parfaite; et quel que soit le nom qu'elle ait porté, il lui reste celui d'admirable que personne ne lui a jusques à présent contesté.

Cette sculpture est évidemment échappée à un ciseau grec. Elle a toute la pureté et l'idéal de beauté que les artistes grecs imprimaient à leurs ouvrages, et qu'aucun autre peuple n'est parvenu à égaler.

TÊTE D'AUGUSTE.

Une autre tête, qu'on désigne sous le nom de tête

d'Auguste, fut aussi trouvée dans les terres du théâtre en 1835. Celle-ci est bien certainement un portrait : elle est revêtue du type d'individualité qui caractérise ce genre de sculpture. La manière dont les cheveux sont coupés, ainsi que sa ressemblance avec les images que l'on a conservées d'Auguste, ont fait juger que c'était le portrait de cet empereur. C'est un de nos plus beaux restes de la statuaire romaine.

FEMME GRECQUE.

A quelque distance de la tête d'Auguste se trouve le corsage drapé d'une statue de femme qui a aussi appartenu au théâtre. Rien n'est plus délicat et plus suave que les formes de ce beau corps, dont on entrevoit les contours à travers son vêtement de marbre, tant il y a de vie dans cette création. Ce fragment ne jouit pourtant pas d'une réputation égale à son mérite. Je n'hésite pas de le considérer comme un des morceaux les plus gracieux de notre musée. Les draperies sont plissées et appliquées avec un art vraiment admirable. On y reconnaît le ciseau grec.

DANSEUSES.

Le corps drapé de deux danseuses, ayant aussi appartenu au théâtre, car c'est de là que nous viennent presque toutes nos sculptures antiques, est remarquable par la grâce de la pose et la finesse du dessin. La tête manque, malheureusement, à ces deux statues, qui bien qu'elle ne fussent destinées à occuper dans les décorations du théâtre qu'un emploi secondaire, n'en sont pas moins le produit d'un ciseau fort habile.

DANSEUSE.

Une autre statue, dont il ne reste que les pieds et les extrémités inférieures, couvertes d'un vêtement flottant, paraît avoir été destinée comme les précédentes à figurer une danseuse. Le travail et la pose de ce fragment sont les mêmes que dans les deux statues que nous venons de mentionner.

SILÈNE.

Deux statues de Silène qui fesaient partie des décorations du théâtre, ont été recueillies et transportées au musée. L'outre, sur laquelle s'appuie le père nourricier de Bacchus est évidée ; le gouleau est percé. C'est par-là que coulait le vin que l'on distribuait au peuple dans les jours de fête publique. Le dessin de ces statues est fort bon ; c'est bien là l'idée qu'on se fait du dieu dont parle Virgile dans sa sixième Églogue.

MITHRAS.

Une statue de Mithras dont l'origine est inconnue, mais qui est sans contredit une de nos sculptures les plus anciennes, fixe l'attention des artistes et des archéologues. Un énorme serpent serre dans ses replis le corps de la statue, et laisse apercevoir dans les vides les divers signes du zodiaque. Tous ces détails sont exposés avec grâce et énergie. Cette statue fut trouvée en 1598, sur l'emplacement du cirque romain, et donna lieu à de longues dissertations qui , jusqu'à présent , n'ont pas éclairci sa mystérieuse origine.

APOLLON ET LES MUSES.

Un bas-relief représentant Apollon au milieu des Muses , est attribué par nos archéologues à la statuaire antique. Le style élevé et en même-tems gracieux qu'on découvre dans ce morceau fait vivement regretter qu'il soit réduit à l'état de mutilation où il est aujourd'hui.

AUTEL.

Un autel en marbre blanc fut trouvé en même tems que la tête d'Auguste, et à peu de distance de celle-ci. Il est orné d'une couronne de chêne , de palmiers et de cygnes. Peut-être était-il du nombre de ces autels dont les riches Romaines ornaient leurs palais? Rien ne précise la destination particulière qu'a pu avoir celle-ci.

AUTEL D'APOLLON.

Un autre autel, plus fort que celui-ci dans ses dimensions , fut trouvé dans la fouille de 1822, qui produisit la belle tête dont j'ai déjà parlé. Il était encore assis au centre de l'orchestre quand on le découvrit. Nul doute qu'il ne fut dédié à Apollon. Il présente sur sa face antérieure le dieu de la poésie. Sur une de ses faces latérales on voit un phrygien qui offre un sacrifice; sur l'autre est représentée la victoire d'Apollon sur Marsyas.

Le couvercle triangulaire qui le couvre fut trouvé en même-tems que l'autel. Il est d'un travail commun et sans rapport avec lui.

AUTEL DE LA BONNE DÉESSE.

Un autre autel, dédié à la *Bonne Déesse*, est orné sur le devant d'une couronne de chêne renfermant deux oreilles avec des pendants.

L'inscription est ainsi conçue :

BONNÆ DEÆ

CAIENA PRISCÆ LIBERTA ATTICE

MINISTRA.

La beauté de ce monument et la forme des lettres, le font rapporter au iie. siècle. Il fut trouvé en 1653, lorsqu'on établit les fondations de la porte principale de l'église de *Notre-Dame-la-Major*.

MÉDÉE.

Dans un groupe composé d'une femme et de deux jeunes enfans, on a cru reconnaître une Médée sur le point d'égorger ses enfans. L'un d'eux se réfugie sous la tunique de sa mère; l'autre regarde avec effroi un poignard que celle-ci tire du fourreau. Le travail de ce groupe est des plus médiocres. La pierre commune dont l'artiste a fait choix, indique qu'il n'attachait pas un bien grand prix à son ouvrage.

PIERRES DU CIRQUE.

Les pierres circulaires qui servent de base au groupe de Laocoon méritent une attention particulière ; elles représentent, en bas-relief, une course de chars. Ce morceau n'est pas d'un beau dessin ; mais l'ardeur des chevaux , la rapidité de leur course et la position du conducteur, qui se penche sur eux pour les exciter, ne manquent ni d'énergie ni de caractère. Les pierres de ce bas-relief furent trouvées dans le mois de décembre 1825 , dans les fondations d'un bastion qui fut démoli à la même époque.

BORNE MILLIAIRE.

Une borne milliaire , élevée sous le règne de Théodose et Valentinien, par Auxiliaris , préfet des Gaules, porte l'inscription suivante :

SALVIS DOMINIS NOSTRIS

THEODOSIO ET

VALENTINIANO

PIIS FELICIBUS , VICTORIBUS AC TRIOMPHATORIBUS

SEMPER AUGUSTIS DECIMUM QUINTUM

CONSULIBUS VIR ILLUSTRIS

AUXILIARIS PRÆFECTURÆ

PRÆTORIO GALLIARUM

DE ARELATE MASSILIAM

MILLIARIA PONI STATUIT

MILLIARE PRIMUM INCIPIT.

COLONNE CONSTANTINE.

Sur la colonne votive, dédiée par les Arlésiens à l'empereur César Flavus-Valerius-Constantin, fils du divin Constance, se trouve l'inscription que voici :

IMP. CAES. FL. VAL. CONSTANTINO.

P. F. AUG. DIVI. CONSTANTI.

AUG. RII. FILIO.

Les sillons horizontaux qui ont si profondément échancré le tambour de la colonne résultent de l'usage auquel on l'avait appliqué. Elle été fichée en terre sur les bords du Rhône, et là elle servait de point d'attache aux bateaux du fleuve.

COLONNES.

En sus des morceaux que je viens de mentionner, le musée renferme une foule de débris de colonnes, de candelabres et de statues, trop mutilés pour qu'on puisse rien dire de précis sur leur ancienne destination. La plus forte colonne de granit qu'il possède a été trouvée dans les cours de l'ancienne abbaye de St.-Césaire, et transportée au Musée depuis peu d'années. C'est dans ce déplacement qu'elle a été cassée en trois morceaux par défaut de soin des ouvriers qui la transportèrent.

CORNICHES ET DÉBRIS DU THÉATRE ROMAIN.

De nombreux fragmens de corniche, de frise, de chapitaux sont aussi répandus çà et là dans tous les coins du Musée. Les corniches, ornées de dessins courants, variés, mais tous également remarquables par la délicatesse de l'exécution, fesaient probablement partie du mur de scène du théâtre romain. La richesse de ces fragmens s'accorde avec ce que nous savons de ce somptueux édifice. L'exiguité du module et la finesse d'exécution de ces dessins ne permettent pas de croire qu'ils aient jamais été destinés à être vus de fort loin.

Les tombeaux romains qui nous restent sont en grand nombre, presque tous revêtus d'ornemens et de la formule invocative D. M. , qui signifie *Diis Mani-bus*.

TOMBEAU DE TYRANNIA.

De ces tombeaux, le plus intéressant par les dessins dont il est orné et qui représentent des instrumens de musique sculptés sur la face antérieure du sarcophage, est celui de *Julia Tyrannia*. Voici son inscription :

JVLIAE. LVC. FILIAE. TYRRANIÆ.

VIXIT. ANN. XX. M. VIII.

QVAE. MORIBUS. PARITER. ET.

DISCIPLINA. CETERIS. FEMINIS.

EXEMPLO. FUIT. AVTARCIVS.

NVRVI. LAVRENTIVS. VCXORI.

TOMBEAU DE CORNELIA JACÆA.

Le tombeau de Cornelia Jacæa est en ornemens le plus riche de tous ceux que possède le Musée. Il est dé-coré de têtes de beliers, de guirlandes et de rubans. la distribution de ses ornemens est ingénieuse et le tra-vail en est fort bon.

Voici son inscription :

D. M.

CORNEL. JACAEN.

SIBI. VIVA. POSVIT.

HEREDES.

CONDENDAM. CU.

RAVER.

CIPPE DE CALPHURNIE, FILLE DE C. MARIUS.

Un cippe en beau marbre blanc, porte un nom digne d'exciter la curiosité. C'est celui de Calphurnie, fille du consul Marius ; voici l'inscription qu'on lit sur la face antérieure du cippe :

D. M.

CALPHUR

NIÆ

CAÏ MARII

CONS. FILIÆ

PIENTISSIMÆ

CIMBROR

VICTRICI.

Malheureusement rien ne prouve l'authenticité de cette inscription, et il est à craindre qu'elle ne soit apocryphe.

LA CUEILLETTE DES OLIVES.

Au-dessus du tombeau de pierre, élevé à Titus Valérius Dionysiuss, par Valeria Charis, son épouse, et par Valerius Marcellus et Felicio ses fils, on voit les restes malheureusement bien incomplets d'un autre sarcophage sur lequel on a sculpté des bas-reliefs fort curieux , représentant la cueillette des olives. Treize enfans , les épaules couvertes d'une légère draperie , sont occupés à faire la récolte de ce fruit. Trois sont sur des échelles ; ces échelles de la forme la plus simple , sont formées d'un bâton garni de barres transversales , saillantes sur un de ses côtés. C'est tout juste la place nécessaire pour y poser le pied ; d'autres reçoivent les olives que ceux-ci leur font passer dans des petits paniers , qu'ils transvasent dans de plus grands posés par terre. Plus loin est placé le pressoir ou *torcularium*, dans lequel on exprime l'huile. Ce pressoir , dont la forme rappelle les moyens simples et insuffisans des tems antiques, consiste en une meule posée de champ dans une cuve, et fixée par une poutre qui entre dans un trou creusé à sa partie supérieure. Une barre transversale, assujétie au centre, sert à faire tourner la meule, que deux enfans mettent en jeu. Il est à regretter que ce sarcophage, dont les détails sont si curieux, nous soient parvenu dans un état de dégradation aussi extrême.

TOMBEAU DE TERTULLA
ET D'ÆLIANA.

Du beau tombeau d'Hydria Tertulla et d'Avia OEliana, il ne nous reste que la frise qui renferme l'inscription et servait d'ornement à son couvercle. Cette inscription, resserrée dans un cartel étroit, écrite en caractères petits et mal formés, est ainsi conçue :

HYDRIAE. TERTVLLAE.
C. F. CONIVGI. AMANTISSI.
MAE. ET AXIAE. OELIANAE.
FILIAE DULCISSIMAE
TERENTIUS. MUSEUS,
HOC. SEPVLCHRUM.
POSVIT.

Les deux bustes de femme que l'on voit de chaque côté de cette épitaphe, sont ceux d'Hydria Tertulla, épouse de Terentius Musius, et de leur fille Axia OEliana, a qui Terentius a consacré le monument. Hydria est suffisamment caractérisée par sa tunique à manches longues et par l'ample palla qui était le vêtement réservé aux femmes mariées. Elle porte au cou un collier à deux rangs de perle, et ses bras sont ornés de riches bracelets. Dans ses mains elle tient une colombe qui becquète une grappe de raisin. Derrière elle, deux femmes tiennent une draperie tendue. Axia est simplement vêtue d'une tunique à manches courtes : ses cheveux sont réunis en plusieurs rangs de tresses et deux hommes soutiennent la draperie qui est placée derrière elle. On ne sait ce que font là les hommes, tenant de volumes à la main, qui sont groupés en arrière de Tertulla.

TOMBEAU DE L'UTRICULAIRE MESSANIUS.

J'ai encore à parler de beaucoup de sarcophages romains, car ils abondent dans le Musée.

Voici celui de Messanius, chef des utriculaires de la

ville d'Arles. Ses côtés sont ornés de guirlandes de fleurs, et son champ antérieur a pour décoration deux génies ailés, soutenant un cartel à oreilles, dans lequel on lit cette inscription :

D.　　　　M.

M. IVNIO. MESSIANO
VTRICL. CORP. ARELAT.
EIVSD. CORP. MAG. IIII. F.
QVI. VIXIT. ANN. XXVIII
M. V. D. X. IVNIA VALERIA
ALVMNO. CARISSIMO.

On sait que les utriculaires étaient un corps de bateliers qui se servaient de véritables outres au lieu de barques, et c'est de là qu'ils tiraient leur nom pour se distinguer des autres bateliers. Il y en avait dans presque toutes les villes situées dans le voisinage de la mer ou des rivières. Les bateaux des utriculaires n'étaient ordinairement qu'un assemblage de deux ou de plusieurs outres gonflées d'air, ou remplies de paille, sur lesquelles on assujétissait des planches ou des perches pour former des espèces de radeaux. Leur légèreté les rendait très-propres à la navigation des rivières dont le lit est inégal.

TABLETTE FUNÉRAIRE DE LUCILLA.

La tablette funéraire élevée par Valeria Lucilla, fille de Lucillus, à Cneius Cornelius, à Prototectus, son époux, et à Eutichia, porte cette inscription :

14

VALERIA. LVC....
LVCILLA.
CN. CORNEL. LVCILLIAN
ET PROTOTECTO. CONT.
PIENTISSIMIS
ET EVTHICHIAE.

TOMBEAU DE FLAVIUS TITUS, CHARPENTIER.

TIT. FL. TITO. COR
P. FABROR. TIG
D.   NARIOR CORP.   M.
AREL. TIT. FL. IN
VENTVS PA
TRONO. PIENT.

A Titus Flavius Titus, membre du corps des charpentiers d'Arles ; Titus Flavius Inventus, à son patron très-bienveillant.

TOMBEAU DE PARTHÉNOPE.

Dans un cartouche, soutenu par deux génies qui volent, est renfermé cette touchante inscription :

O DOLOR. QVANTAE.
LACRIMAE. FECERE.
SEPVLCHRVM. IVL. LV.
SINAE. QVAE. VICXIT. KA.
RISSMA. MATRI. FLOS. AE
D.   TATIS. HIC. IACET. INTVS.   M.
CONDITA. SACXOO. VTINAM.
POSSIT. REPARARI. SPIRITVS. ILLE.
VT. SCIRET. QVANTVS. DOLOR. EST.
QVAE. VIXIT. ANN. XXVII. M. X. DIE. XIII.
IVL. PARTHENOPE. POSVIT. INFELIA. MATER.

Voici la traduction que Mme. Lucie Parny, nous a donnée de cette inscription funéraire :

Que de pleurs ont couvert ce funèbre tombeau,
Lucine de sa mère et la gloire et l'amie,
Lucine y descendit au printems de sa vie ;
Sous un marbre glacé s'éclipsa ce flambeau.
Ah ! si ses yeux éteints s'ouvraient à la lumière,
Ils jugeraient combien ma douleur est amère.
Cinq lustres et deux ans, dix mois et treize jours,
D'une si belle vie ont achevé le cours.
Parthénope à sa fille éleva cette pierre,
Triste et dernier témoin des douleurs d'une mère.

TOMBEAU DE LA JEUNE CHRYSOGONE.

Deux arcades, soutenues par des colonnes corinthiennes à cannelures torses, occupent les deux côtés du champ antérieur de ce tombeau.

Sous chacune des arcades il y a une tête de Méduse ; et l'espace resté libre entre ces deux corps d'architecture, est rempli par un cartel orné à ses côtés d'une fleur de pavot, emblême du sommeil éternel qui pèse sur les yeux de Chrysogone. On y lit cette inscription :

PAX. AETERNA.
DVLCISSMAE. ET INNOCEN
TISSIM. FILIAE. CRYSOGONE. IV
NIOR. SIRICIO. QVAE. VIX. ANN. III.
M. II. DIEB. XXVII. VALERIUS. ET CRY
SOGONE. PARENTES. FILIAE. KARIS.
SIMAE. ET. OMNI TEMPORE. VI
TAE. SVAE. DESIDERANTISSI.
M A E.

Paix éternelle à une fille ~~~~rement chérie, à Chrysogone Siricio. ~~~ vecu trois ans, deux mois et vingt-sept ~~~; Valérius son père et Chrysogone sa mère, a leur fille bien-aimée, qu'ils regretteront tout le reste de leur vie.

Ce tombeau païen est de petite dimension ; il n'a pas de couvercle, et les sculptures de la cuve sont traitées fort mollement. Sa découverte, qui eut lieu en 1618, à l'occasion des travaux qui furent faits pour creuser les fondemens des Minimes, offrit une particularité fort singulière. Placé dans une grande cuve de pierre commune, ce tombeau renfermait lui-même un cercueil de plomb, dans lequel les os de Chrysogone furent trouvés enveloppés d'une riche étoffe soie et or.

CIPPE DE CORNELIA SEDATA.

Le Cippe que Cornelia Sedata fit faire de son vivant pour elle et pour Cornélia Optata, est orné du buste des deux amies. Mais ces figures ont tant souffert, qu'il est impossible de distinguer aucun trait du visage, ni de juger le mérite du travail.

CORNELIA. L. F. SEDATA.

SIBI. ET. CORNELIAE.

OPTATAE. D. ANNORV. XX.

PIAE. VIVA. FECIT.

CIPPE DE JULIUS FLORUS.

Consacré à Julius Florus par Julia Olympian son épouse, il porte l'inscription suivante :

D..   M.

M. IVLII. FLOR.

IVLIA. OLIMPIAS.

CONIVGI. PIENTIS

SIMO. POSVIT.

QVI VIXIT. ANNIS.

XXXVIIII. MENS. XI. DIEB. XVI.

CIPPE DE SEDATUS ET DE GRAPHINA.

Le buste des deux époux est sculpté au centre d'un encadrement d'architecture fort mesquine. Pompeia Graphina tient à la main un de ces miroirs métalliques polis , dont les dames romaines se servaient pour leur toilette. Le tout se compose d'un fronton soutenu par deux pilastres ou colonnes quarrées dont les chapiteaux corinthiens sont chargés de quelques feuilles rares. Dans le tympan, il y a une rosace entre deux vases. Les petits côtés sont ornés de deux boucliers, l'un rond l'autre échancré. L'inscription est en deux lignes écrites sur la corniche et sur la base du monument. La voici :

A. ASVIO. SEDATO. POM. GRAPHINI.

SEDVLVS ET SECVRVS. FILI. PARENTIBVS.

VV.   FECERVNT.

CIPPE DE JULIA AMABILIS.

Voici son inscription qui est renfermée dans un encadrement très-orné et de bon goût. Le socle est coupé d'un grand nombre de moulures , et les côtés sont ornés d'une patère et d'un préféricule.

D.   M.

JULIAE. AMABILIS.

L. VERATIUS. PRO.

TOCTETUS. VXORI.

CARISSIMAE. ET.

IVLIA. L. F. SABINA.

MATRI. PIISSIMAE.

DALLE FUNÉRAIRE DE FABIUS.

Les dalles funéraires de Fabius et de Delius, établissent que les tombeaux qu'elles recouvraient ne devaient pas servir aux héritiers, et prouvent l'importance que les anciens attachaient à la propriété des sarcophages et du terrain qu'ils choisissaient pour le lieu de leur sépulture.

C. FABIVS. C. LIB. HERMES.

l~m~l VIR. AUG. C. I. P. AREL.

VIVOS. FECIT. SIBI ET SVIS ET

C. FABIO. L. F. SECONDO PATRON.

ET. L. FABIO. L. F. PRIMO FRATRI.

EIVS.

H. M. H. M. N. S.

Hoc monumentum heredes mei non sequitur.

DALLE DE DELIUS.

Voici son inscription :

Q. DELIVS. Q. FILIVS. NEo.

VIVOS. FECIT. SIBI. Ⅱ. SVIS.

H. M. H. M. N. S.

Hoc monumentum heredes mei non sequitur.

DALLE FUNÉRAIRE DE FILTERIUS.

L'inscription de cette dalle, ornée de guirlandes de fleurs, rappelait les goûts favoris du défunt.

TREBANIVS. FILTERIVS. HORTVL.

HORTOS VIVVS. AMAVIT.

SARCOPHAGE DE PHILON.

Voici un sarcophage bien simple , creusé dans une pierre commune. Le cartouche en relief présente cette inscription :

IVLIO. PHILONI. QVI VIXIT. ANNOS.

DECEM ET OCTO. ET MENSES. SEX.

CIPPE D'ASIATICUS.

ASIATICI.

CONFVLEIORVM.

O. H. S. S.

Ici reposent les os d'Asiaticus , affranchi de la famille Confuleia.

TOMBEAU DE DIDIMUS.

Les anciens avaient d'autres idées que nous sur la mort. Ils fesaient apparaître au milieu de leur repas , un petit squelette d'ivoire qui, en leur rappelant par sa présence que sa vie n'est pas éternelle, les excitait par-là à faire du tems un emploi agréable. Il arrivait souvent que les riches Romains préparaient eux-mêmes leurs tombeaux, et en composaient l'inscription. Ce que nos trapistes font par mortification chrétienne, les Romains le faisaient avec une indifférence philosophique au milieu des fêtes et des joies du monde.

· Voici l'inscription du tombeau de Didimus, composée par lui-même :

D.   M.

G. VALERIVS. DIDIMVS. VIVO.

SIBI. POSVIT.

TOMBEAU DE PHILOCRATHES.

Philocrathes s'est comme Didimus élevé pendant sa vie le tombeau où il devait reposer après sa mort.

D.   M.

G. VALERIVS.

PHILOCRATHES

VIVVS. SIBI

POSVIT

CIPPE DE SEMPRONIA TERTULLA.

Cerbère est représenté sur une des faces latérales de ce cippe, que recommandent l'élégance de sa forme et la richesse des enroulemens qui encadrent l'inscription suivante :

DIS. MANIB.

SEMPRONIAE.

Q.   FILIAE.

TERTVLLAE.

CIPPE DE VERIA FILTA.

Le cippe de Veria Filta porte l'inscription que
voici :

VERIAE. FILTAE.

AMICA. DOLENS.

POSVIT. IN. HONO.

REM. C. IVLI. FOR.

TVNATI. IIIIII* VIR.

AVGVSTALIS.

UXORI

TOMBEAU DE METELLIA PROTIS.

Il ne reste que l'inscription de ce sarcophage :

D.   M.

METELLIAE. PROTIDIS.

MATRI.

BIRBILITAN. LVCINAE.

CIPPE D'ATTISUS SECUNDUS.

Voici son inscription :

* Qand le sénat romain eut conféré les honneurs divins à
l'empereur Auguste, on lui bâtit des temples, et éleva des
autels. La Gaule imita l'exemple de l'empire, et la religion
du nouveau dieu se répandit dans toute cette province. Ses
prêtres s'appelaient *Augustales*. Le nombre en était déterminé ; on l'indiquait dans les inscriptions qui leur étaient
relatives. Si le nombre des prêtres était de six, on exprimait
cette quantité par le signe qu'on trouve dans l'inscription
qu'on vient de lire. S'il était de cinq, la diminution était
indiquée par la suppression d'un des traits intérieurs, ainsi
de suite. On disait : *sextum viri Augustales* , *quintum viri*, etc.

D.   M.

C. ATISI.

SECVNDI.

C. ATTIVS.

ET. AFRO.

DISIA.

OPTIMO.

ET. INTEG

ERRIMO.

PATRI. D.D.

SARCOPHAGE DE JULIA GRATA.

Une partie de son inscription a été détruite. Voici ce qu'il en reste :

D.   M.

JVLIAE. GRATAE.

ATINVS.

CONIVGI. INCOMPARABILI.

QVAE. VIXIT. ANNNIS. XXXX.

SARCOPHAGE DE SOFHRONIUS.

Ce tombeau porte l'inscription intéressante que voici :

HIC. JACET. AMBIGVA. PIETAS. DOLÓR. ET.

PVDOR. IN. SE. NOMINE. SOPHRONIVS.

CIPPES DE PARDALAS ET D'EUCARPIA.

Je réunis sous une même légende les cippes de Pardalas et d'Eucarpia son épouse. On admire le hasard qui a conservé ces deux monumens tant de siècles

après la mort des deux époux pour lesquels ils furent
faits :

D. M. ET.

SECVRITATI

AEMILIAE EVCAR

PIAE

C. PAQVIVS PARDALAS

CONJVGI CARISSIMAE

V. A. XXXXI. M. VIII. D. X.

D. M.

G.... PAQVI OPTATI.

LIB. PARDALAE. I̅ɪɪɪ̅I

AVG. COL. IVL. PAT. AR.

PATRON. IEVSDEM.

CORPOR. ITEM. PATRON.

FABROR. NAVAL. VTRICLAR.

ET CENTONAR. G. PAQVIVS.

EPIGONVS. CVM. LIBERIS. SVIS.

PATRONO. OPTIME. MERITO.

CIPPE DE GRANIUS.

Ce cippe profilé en pierre dure, porte l'inscription
que voici :

L. GRANIO. L. FILIO.

TERETINAE. ROMANO.

M. IVL. OLYMPVS. NEGO

TIATOR. FAMILIAE GLA

DIATORIAE. OB. MERIT.

L. GRANI VICTORIS.

AVI. EIVS. MERENTI.

POSVIT.

CIPPE D'AVILIA GRATTA.

Sur le cippe d'Avilia Gratta est l'inscription suivante :

D.   M.

AVILIAE.

GRATAE.

ALLITVS. AVG. LIB.

VXORI. OPTIMAE.

CIPPE DE JULIUS.

Voici l'inscription du cippe de Julius :

L. IVLI. AVGVS

TALIS. FABRI

TIGN. CORPOR.

AREL. L. IVLIVS.

TROPHIMVS.

PATER. INFE

LICISSIMVS.

CIPPE DE LICINIA.

Voici son inscription :

D.   M.

MEMORIAE.

LICINIAE. DECIMI

NAE. SEX. I. LVCINIVS.

IRENEVS. VXORI

ET LICINII IVLIVS.

MATRI.

CIPPE DE DOMITIA.

Ce cippe, qui est d'un beau style et bien profilé,
porte l'inscription suivante :

D,   M

DOMITIAE

MARTINAE

FEMINAE OPTIMAE

CONIVG.

SANCTISSIM.

TIB. IVLIVS.

IVLIANVS.

CIPPE DE BABBUS.

Le cippe à portrait de Babbus, porte l'inscription
que voici :

A. BABBI. M. F.

TERE. BENIGNA.

CIPPE DE SERVATA.

Voici l'inscription de ce cippe à portrait :

D.   M.

IVLIAE. SERVATAE.

O. ANN. XVIII MENS

DIES VII

SEX. IVLIVS DORVS.

FILIAE. PIISSIM.

Nous ne pousserons pas plus avant cette énuméra-
tion de cippes, de dalles funéraires et de tombeaux
païens. Les principaux viennent d'être décrits. Les
autres n'ont qu'un intérêt secondaire, qui nous les
fait passer sous silence, afin d'arriver plutôt aux autres restes antiques dont nous avons à parler.

MASQUE DE THÉATRE.

Un masque théâtral, sculpté sur une pierre coquillière, fut trouvé l'année passée dans le territoire
des Baux *. La ville d'Arles en a fait l'acquisition, et il
est à présent déposé dans le Musée ; on croit que c'est
un ouvrage antique, mais cette origine n'est point constatée, et l'on ne peut guère assigner de date à la confection de cette œuvre qui n'est pas sans mérite.

AMPHORES ET URNES ROMAINES.

Des amphores, des urnes romaines de toutes les formes et de toutes les dimensions se mêlent aux autres
débris de l'art antique ; les unes, destinées à être
fichées en terre afin de conserver à l'état de fraîcheur

---

* L'intérêt que soulève le souvenir des Baux, est devenu
bien plus vif depuis que M. Amédée Pichot, qui est sans contredit l'illustration littéraire la plus éminente de notre ville,
a annoncé la prochaine publication d'une chronique sur le
célèbre Barral des Baux. On se plait à voir traiter des sujets
qui se rattachent à notre propre histoire par une plume aussi
arlésienne et aussi distinguée.

le liquide qu'elles contenaient, se terminent en pointe; d'autres sont applaties par le bas de manière à garder l'équilibre. Ces vases sont tous en terre cuite et commune.

LAMPES LACRIMATOIRES,
OSSUAIRES.

Dans une armoire vitrée , le Musée conserve une grande quantité de lampes sépulcrales , de lacrimatoires , et autres objets trouvés dans les tombeaux des Champs-Élisées. Il y a aussi plusieurs vases cinéraires qui contiennent encore les débris d'ossemens et de poussière humaine que les anciens recueillaient après avoir brûlé le corps des trépassés , et qu'ils déposaient dans des vases en ivoire, en métal, en verre ou en terre cuite. Les ossuaires que possède notre Musée sont tous en verre ; la plupart sont parfaitement conservés ; tous sont hautement respectables par leur ancienneté et leur usage primitif.

TUYAUX DE PLOMB TROUVÉS DANS LE
RHÔNE.

On conserve au Musée un fragment de canal en plomb, trouvé dans le Rhône le 4 juin 1822. Il a 39 pieds 1/2 de long. Il est composé de six tuyaux soudés, dont le premier et le dernier sont tronqués. Les quatre qui sont entiers, ont chacun 9 pieds 3 pouces de long. Leur circonférence est de 13 pouces 1/2 ; l'épaisseur du plomb est de 5 lignes. Ces tuyaux sont parfaitement sains et les soudures en bon état. Chaque tuyau porte l'inscription du fabricant en ces mots :

C. Canthius Pothinus fac.

Et de plus son poids en caractères romains. Le poids du premier est de ccccx ; celui du second, de ccclxxxx ; celui du troisième, de ccxcx ; et celui du quatrième, de ccclxxxv.

Dès 1570, on avait tiré du Rhône des tuyaux semblables, portant le nom de Canthius Pothinus ; on en avait aussi trouvé à diverses époques postérieures. Depuis la découverte faite le 4 juin 1822, un nombre très-considérable de tuyaux de même métal et de même forme ont été extraits du Rhône. C'est de là qu'est venue l'opinion que nous avons émise, que des conduits en plomb, arrondis en syphons renversés, traversaient le Rhône, d'Arles à Trinquetaille, et distribuaient, dans ce faubourg, les eaux de source que les canaux de Crau, de Barbegal, *etc.*, apportaient à Arles. Il résulte de la situation des lieux, que ces aqueducs auraient été travaillés, assemblés, finis sur des bateaux, et plongés ensuite à la fois dans le Rhône. La ductilité du métal les aurait préservés de toute cassure, et les sables du fond du Rhône les ayant récouverts ils se sont maintenus dans l'état de fraîcheur et de conservation où nous trouvons, après tant de siècles, les tronçons que le hasard en a fait sortir.

Tel est l'inventaire des morceaux les plus importans

de la sculpture et de la statuaire romaine qui nous soient restés. Nos autres richesses, et ce ne sont pas les moins précieuses, ont été dispersées et livrées à qui les a voulues.

La Vénus qui porte le nom de Vénus d'Arles, et qui fut trouvée en 1651 en creusant une cave dans le théâtre romain, fut offerte à Louis XIV, qui la plaça avec honneur dans sa galerie de Versaille. Elle est à présent au Musée royal, où elle figure au nombre des belles statues de cette riche collection.

Un magnifique sarcophage, qui représente sur ses bas-reliefs tous les détails de la mystérieuse histoire de *Prométhée*, a reçu la même destination, ainsi qu'un torse admirable, provenant, comme la Vénus, de notre théâtre romain. Tous ces monumens de notre histoire sont là dignement recueillis et honorés ; mais ne seraient-ils pas plus convenablement placés dans une collection à laquelle ils appartiennent de droit, et dans laquelle leur absence laisse un vide qui porte plus de préjudice à notre histoire monumentale, que leur présence à Paris ne donne de relief à la riche et nombreuse collection du Musée royal ?

Déjà le président de la Chambre des députés, l'honorable M. Dupin, que la ville d'Arles regrette d'avoir possédé si peu de tems dans ses murs, a fait entendre sa voix éloquente en faveur des villes *qui font d'honorables efforts pour conserver à la Nation les monumens qui décorent leur sol.* Arles est de ce nombre, et M. Dupin a réclamé, avec cette raison incisive et puissante qu'on lui connaît, la restitution du torse antique que possède le Musée royal. Cet appui, prêté à une aussi noble cause, était digne de celui qui a consacré une partie de sa vie à défendre les gloires et les malheurs de l'empire ; et qui maintenant emploie son éminente position à protéger de son autorité des intérêts d'un autre empire, dans lequel il y eut aussi de la gloire et des malheurs.

Les statues en plâtre qui représentent l'Apollon du Belvédère, la Diane chasseresse, la Vénus d'Arles, la Vénus de Milo, le groupe de Laocoon, *etc.*, sont des dons qui nous ont été faits par le Gouvernement. Tous, à part la Vénus d'Arles, étant étrangers à notre histoire, je me borne à les mentionner sans entrer dans aucun détail.

SCULPTURE CHRÉTIENNE.

Il n'est pas probable qu'aucun des tombeaux qui appartiennent à l'ère chrétienne soient antérieurs au règne de Constatin Ier. Ce n'est qu'à partir de cet empereur que le Christianisme a eu des temples et des tombeaux publiquement exposés. Il n'est donc pas probable qu'aucun des sarcophages ornés que nous possédons, et qui par leur luxe paraissent avoir eu une destination publique, datent d'avant les premières années du IVe siècle. A défaut de cette indication, le travail des sculptures suffirait pour leur assigner une date postérieure au beau tems de la sculpture romaine.

Tous les tombeaux qui sont recueillis dans le Musée, ont appartenu à la merveilleuse nécropole des Aliscamps ou Champs-Élysées. Les uns étaient déposés dans la crypte de St.-Honorat, où ils jouissaient d'une réputation qui leur attribuait des miracles. Les autres, quand le cimetière eut été abandonné, furent réunis dans le préau de l'église ou incrustés dans ses murs. Ce musée en plein air, au cœur des Champs-Élysées, avait un intérêt que n'a point le musée actuel; et cependant il faut se féliciter de la création de celui-ci, car il a empêché la perte de beaucoup d'objets d'art, qui était inévitable, si le musée de St.-Honorat fut resté ce qu'il était, c'est-à-dire un lieu livré à un entier abandon, et par là exposé à toutes sortes d'injures et de profanations.

Pour faire connaître les monumens chrétiens qui vont passer sous nos yeux, je me servirai souvent des explications données par M. Jacquemin, dans son *Guide du Voyageur à Arles,* ouvrage dont je me plais à signaler le mérite et que je recommande à tous les Voyageurs qui viennent visiter notre ville.

TOMBEAU ANONYME,

REPRÉSENTANT LES MIRACLES DE NOTRE SEIGNEUR J.-C.

La troisième chapelle du Musée renferme deux sarcophages chrétiens qui méritent d'être vus. Le premier de ces tombeaux est d'une conservation très-remarquable. Les sujets qui s'y trouvent figurés sont séparés par des arbres dont les troncs sont détachés du marbre de la cuve , et dont les branches fortement entrelacées forment une sorte de portique. Telle a été du moins l'intention du sculpteur. Sur les ramaux , il y a des colombes qui s'ébattent , et un serpent qui s'élève en rampant le long du tronc lisse et uni de l'un de ces arbres , dirige sa tête vers un nid rempli d'œufs , qu'il se dispose à dévorer. L'allégorie est facile à concevoir. Dans l'arcade qui occupe le milieu du sarcophage , on voit une femme qui prie : elle a les bras étendus et c'est ainsi que l'action de la prière est représentée sur tous les monumens des premiers âges du christianisme. Les deux personnages qui sont placés derrière elle , ont donné lieu de croire que cette femme pouvait bien être Suzanne entre les deux vieillards ; mais il est plus naturel de penser que cette figure représente la jeune fille inhumée dans le tombeau , et que les deux autres personnages sont ses parents dans l'affliction. Dans chacune des six autres niches , le sculpteur a pris soin de figurer un des miracles de J.-C. ; le premier est celui de la résurrection de Lazare ; le second est celui de l'Hémoroisse , qui fut guérie d'un flux de sang par le simple attouchement de la robe du Sauveur. Plus loin , on a représenté le miracle de la multiplication des pains et des poissons. Jésus-Christ touche les paniers qui les contiennent avec une baguette. Cette scène se trouve reproduite dans l'arcade suivante , où s'opère le changement de l'eau en vin aux nôces de Cana.

Viennent ensuite la guérison de l'aveugle de Jéricho , et celle de l'aveugle-né, qui mendiait au milieu du chemin. Ce dernier est vêtu d'un simple *indusium* ou tunique courte, posée ras de la chair.

Il y a dans la composition des sculptures de ce sarcophage une grande séchéresse, un défaut absolu de goût et de dessin : et pourtant l'ensemble des divers objets qui s'y trouvent représentés ne manque pas d'effet.

TOMBEAU DE CONCORDIUS.

LA PRÉDICATION DES ÉVANGILES.

Contre le mur opposé on remarque un autre sarcophage de marbre également chrétien. Sous un riche portique, soutenu par des colonnes à cannelures en spirales, et terminé aux deux extrémités par deux frontons surchargés d'ornemens, J.-C. explique la parole divine : il est assis sur un siège élevé, les pieds posés sur une escabelle; les apôtres, assis sur des plians, dans l'attitude de gens qui écoutent attentivement , et tenant chacun un rouleau à la main, sont placés sur le devant. Derrière eux et dans les entrecolonnemens, on voit la foule des fidèles qui assistent à l'assemblée; sous le fronton de gauche il y a un homme , et sous celui de droite une femme, tous les deux en posture de supplians. Il n'est pas aisé de deviner quels sont les personnages qu'ils sont chargés de figurer. Le dessus de ce singulier sarcophage est formé d'une frise sur laquelle on a représenté les douze apôtres ; chacun d'eux a devant lui un paquet de volumes roulé à la manière antique : c'est sans doute le symbole des Évangiles. Au milieu de cette frise, le sculpteur a ménagé une table en relief toute unie et sans filets pour l'encadrer. On lit cette inscription :

INTEGER AD-QVE PIVS VITA ET CORPORE PVRVS
AETERNO HIC POSITVS VIVIT CONCORDIVS AEVO
QVI TENERIS PRIMVM MINISTRVM FVLSIT IN-ANNIS
POST ETIAM LECTVS CAELESTI LEGE SACERDOS
TRIGINTA ET GEMINOS DECIM VIX REDDIDIT ANNOS
HVNC CITO SIDEREAM RAPTVM OMNIPOTENTIS IN AVLAM
ET MATER BLANDA ET FRATER SINE FVNERE QVAERVNT

Le nom de Concordius qui se lit dans cette inscription chrétienne a fait croire à beaucoup de personnes que ce tombeau avait servi à recevoir le corps de Saint Concorde, ce qui est une erreur.

Dans la partie inférieure de la tablette qui n'est pas occupée par l'épitaphe, il y a deux colombes, l'alpha et l'oméga, et le monogramme du Christ qui occupe le milieu.

Les premiers chrétiens représentaient ainsi par des images les objets symboliques de leur religion.

La colombe et les poissons, emblêmes de la rédemption et du baptême, étaient souvent figurés sur leurs tombeaux, ainsi que le symbole de la Croix qu'ils trouvèrent dans la réunion de deux lettres grecques, qui sont les initiales du nom du Christ, et en forment le monogramme. Quand à l'alpha et à l'oméga, j'imagine que ces deux signes signifient que Dieu est le commen-

cement et la fin de toutes choses ; les côtés du sarcophage sont ornés chacun d'un griffon en relief , em-
prumpté à la Mythologie païenne.

TOMBEAU ANONYME.

PASSAGE DE LA MER - ROUGE.

Au-dessus du tombeau dit de Concordius, on voit fixé
contre le mur le devant d'un autre sarcophage chrétien
sur lequel on a représenté le passage de la Mer-Rouge :
Moïse, le bâton du commandement à la main, est suivi
de la foule des Hébreux ; ceux-ci portent au tour de
leur cou, des sacs renfermant la farine non fermentée.
Derrière eux, la Mer, en se renfermant, engloutit les
chars, les chevaux et les soldats de Pharaon.

AUTRE TOMBEAU ANONYME.

LE SACRIFICE D'ABRAHAM , UNE LAPIDATION , SUZANNE, LE LAVEMENT DES MAINS DE PILATE , DANIEL DANS LA FOSSE AUX LIONS , LE PASSAGE DE LA MER-ROUGE.

C'est dans la quatrième chapelle qu'il faut chercher
un sarcophage chrétien , de l'espèce de ceux qu'on
appelait *bisomum*, parce qu'ils étaient destinés à recevoir deux corps. Celui-ci a servi de cercueil aux deux
époux , dont les bustes sont figurés dans le médaillon
qui occupe le milieu de la face principale du tombeau.

Les sujets de l'Histoire-Sainte qui y sont représentés sont disposés sur deux bandes horizontales qui partagent en deux le devant du sarcophage. Sur la bande
supérieure on voit d'un côté une lapidation , et le sa-

crifice d'Abraham ; de l'autre côté, Moïse reçoit les Tables de la Loi; Suzanne, couverte d'un voile, est debout entre deux arbres derrière lesquels sont placés les deux vieillards concupiscens. Le dernier sujet de cette série est le lavement des mains de Pilate. La bande du dessous représente les trois jeunes-gens qui furent condamnés à être jetés dans la fournaise; Daniel dans la fosse aux lions, et le passage miraculeux de la Mer-Rouge.

AUTRE TOMBEAU ANONYME.

ADAM ET ÈVE, ABEL ET CAÏN, JONAS, *etc.*

Levez un moment les yeux sur le devant du sarcophage qui est fixé contre le mur, un peu au-dessus de celui dont il vient d'être parlé. C'était encore un bisomum dont les sculptures sont également partagées en deux séries. Le milieu de la bande supérieure et une moitié de l'autre sont occupés par une coquille en forme de médaillon, dans laquelle on voit deux figures représentant probablement les époux qui y furent renfermés. L'épouse porte au cou un collier de perles; son bras gauche est orné d'un bracelet. Elle a le bras passé autour du cou de son mari qui tient un rouleau à la main. Les sujets représentés sur ce sarcophage chrétien sont empruntés à l'ancien et au nouveau testament. Dans leur arrangement, le sculpteur s'est beaucoup plus occupé de la symétrie des groupes que de l'observation de l'ordre chronologique. Dans la première série à gauche, Dieu-le-Père, vêtu de la tunique et du pallium, à la manière des anciens philosophes, reçoit les offrandes de Caïn et de son frère Abel. Ceux-ci sont vêtus de la tunique que portaient les gens de la campagne, au tems que le sarcophage fut construit. Vient ensuite l'arrestation de Jésus-Christ, dans le jardin des oliviers. Les bonnets, que portent ceux qui saisissent le Sauveur, caractérisent les juifs du IVe. siècle ; c'était, comme nous aurons bien de fois l'occasion de le voir sur d'autres monumens, la coiffure qu'ils portaient à cette époque. Plus loin, J.-C. guérit l'aveugle Bartimée, en lui touchant les yeux. Moïse, vêtu de la tunique et du manteau, le pied posé sur une pierre qui figure le Sinaï, reçoit les Tables de la Loi. De l'autre côté du médaillon, la main de Dieu, sortant d'une nue, retient le glaive qu'Abraham levait pour consommer le sacrifice de son fils ; l'autel sur lequel brûle le sacrifice, et au pied duquel Isaac est prosterné, est un véritable autel à la romaine. Le morceau de pierre qui s'élève par derrière indique la montagne. Reste le miracle de la multiplication des cinq pains et des deux poissons. La figure qui est assise à l'extémité, et qu'entourent deux personnages vêtus d'une tunique courte n'a été mise là que comme remplissage, et il est impossible de le rapporter à quelque chose de vrai en apparence.

Le groupe qui commence la série inférieure représente Suzanne. Comme toujours, elle est placée entre deux arbres, la tête et le corps couverts d'un voile qui lui descend fort bas. Afin de ménager l'espace, l'ouvrier n'a mis ici qu'un seul vieillard. Après le miracle de l'eau changée en vin, on a représenté l'histoire de Jonas : une barque, montée par trois matelots, et voguant à pleines voiles sur une mer furieuse, occupe le dessous de la coquille où sont les bustes des deux époux ; Jonas qu'on vient de jeter à la mer, est déjà à moitié englouti par un cheval marin. De l'autre côté, le même monstre représenté une seconde fois, rejetté sur le sable sa proie encore vivante. Ici Jonas est vu endormi sur un arbre derrière lequel le Seigneur se montre étendant la main, et frappant de mort le végétal sous lequel Jonas s'est abrité. Plus loin, Adam et Eve reçoivent la punition de leur faute. Sous la forme d'un serpent, le démon rampe autour du tronc de l'arbre du bien et du mal. Une gerbe de blé placée auprès d'Adam, signifie que désormais lui et sa postérité ne devront leur subsistance qu'au travail de leurs mains ; enfin, Daniel, entre les deux lions, termine le tableau.

AUTRE TOMBEAU ANONYME.

MOÏSE AU ROCHER RAPHIDIM, ST.-PIERRE, SUZANNE, L'AVEUGLE DE JÉRICHO, LA RÉSURRECTION DE LAZARE.

Il reste encore à voir ici un devant de sarcophage de marbre, remarquable sous le rapport du travail qui est un peu meilleur, et de la conservation qui est parfaite. A une de ses extrémités. Moïse frappe de sa verge le rocher de Raphidim, et en fait jaillir des sources abondantes auxquelles les Hébreux se désaltèrent avec avidité. A côté, St.-Pierre, reconnaissable à la barbe épaisse qui ombrage sa poitrine, et au coq qui est auprès de lui, renie le Sauveur. On voit ensuite le miracle de la transformation de l'eau en vin. Suzanne et les deux vieillards, ses comparses obligées ; la guérison de l'aveugle de Jéricho et la résurrection de Lazare, rendu à la vie à la prière de sa sœur Marthe qui implore le Sauveur. Le corps de Lazare, enveloppé de bandellettes, à la manière des momies égyptiennes, est vu debout sur le tombeau.

De cette chapelle, si vous passez dans la cinquième, toujours en suivant le côté gauche de la nef, n'oubliez pas de voir le sarcophage entier et le devant d'un autre que vous verrez placé à votre droite. Ils sont tous les deux fort remarquables.

En voici la description :

TOMBEAU ANONYME DU LABARUM.

Ce tombeau était orné à son milieu du monogramme du Christ, entouré d'une couronne, et placé sur une croix portant deux colombes sur sa barre transversale; ces colombes et une portion du monogramme, ont été brisés; au pied de la croix deux soldats sont en adoration. L'un des deux dont l'armure est recouverte du *paludamentum*, et dont les yeux sont dirigés vers le Ciel, pourrait bien être Constantin, représenté au moment où la croix miraculeuse lui apparut au haut des airs. De chaque côté, les douze apôtres sont figurés debout et regardent la croix. Ils sont revêtus de la tunique et du pallium. Près d'eux il y a une ou deux étoiles alternativement. Ce qui forme le dessus des tombeaux est une frise garnie à son milieu d'un cartel resté vide, soutenu par deux anges. A droite et à gauche, il y a un médaillon décoré de gemmes, renfermant l'un, le buste d'un homme encore jeune ; et l'autre , celui d'une femme du même âge. Les deux extrémités ou les cornes du couvercle sont remplies par des têtes comme on en voit souvent aux tombeaux païens.

Une tradition qui, à la vérité, n'a plus de vogue, est restée long-tems attachée à cet antique sarcophage. Elle voulait qu'il eut servi de sépulture à Constantin II , l'aîné des trois enfans que Constantin le grand avait eu de Fausta, et qui naquit à Arles, en 316. Cela ne paraît guère croyable, surtout si on considère que ce prince, si digne par ses vertus et ses grandes qualités d'occuper le trône que lui disputaient ses frères, fut tué sous les murs d'Aquilée, dans une bataille qu'il livra à Constant. Il suffit d'ailleurs des deux bustes sculptés dans les médaillons de la frise, pour être convaincu que ce tombeau fut fait pour deux époux dont le nom nous est inconnu.

AUTRE TOMBEAU ANONYME.

L'EXPLICATION DES ÉCRITURES , *etc.*

L'autre tombeau chrétien dont il me reste à parler a été scié. Il n'en existe que la partie du devant laquelle est recouverte de bas-reliefs en pleine conservation. Sous un portique composé de quatre arcades, séparées entr'elles par un corps d'architecture que couronne un riche entablement, le Sauveur, debout sur la Montagne sainte, explique la parole divine. A ses pieds coulent les quatre fleuves auxquels les chrétiens, représentés par des agneaux, se désaltèrent; derrière lui, des palmiers, véritables symboles du triomphe de la foi, mêlent leurs têtes chargées de fruits à la décoration qui les encadre. J.-C. remet à St.-Paul l'évangile, afin qu'il aille la répandre parmi les nations qui peuplent l'univers. Dans les deux arcades contiguës à celle que le Christ occupe, on voit, d'un côté, Paul et Jean; de l'autre, Pierre et Jacques. Derrière ceux-ci, il y a des palmiers chargés de fruits; sur l'un d'eux, c'est le Phénix, puissante allégorie que les chrétiens empruntaient au paganisme, pour exprimer, par une image familière aux esprits de ce tems-là, l'immortalité de la religion nouvellement fondée. Les niches des deux extrémités nous font assister à deux scènes intéressantes de la vie du Seigneur. Dans celle de gauche, J.-C. est au moment de laver les pieds à Simon-Pierre : celui-ci est représenté assis sur une estrade, et le Christ, devenu le serviteur de ses apôtres, se dispose à leur donner ce nouvel exemple d'humilité chrétienne. Dans l'arcade de droite, J.-C. renvoyé devant Ponce-Pilate, par Hérode Antipas, qui n'avait pu découvrir aucune charge contre lui, est dans l'attitude d'un juste qui attend son jugement. Pilate, forcé de le livrer au peuple, qui, à l'instigation de ses pontifes, refusa le supplice de Barrabas, qui leur était livré en sa place , se lave les mains, et se décharge ainsi sur les juifs, de la mort de l'homme juste qu'il leur abandonne pour le crucifier.

Les colonnes qui supportent les arcades sont corinthiennes, et font bien voir à quel point de recherche et de maniérisme , l'architecture était alors tombée. Les deux qui sont placées sous l'entablement du milieu sont ornées d'un congé à l'autre de feuillages entrelacés ; deux autres, cannelées dans toute la longueur, sont rudentées jusqu'au tiers , et celles des extrémités sont couvertes de cannelures à striges ; sur les chapiteaux de ces derniers, on a sculpté des Tritons qui sonnent de la conque, et les espacemens des cintres sont remplis par des coquilles et des dauphins.

La plupart des sujets que je viens d'analyser , tirés de l'ancien et du nouveau testament, se trouvent comme on voit, répétés sur la plupart de nos tombeaux chrétiens , toujours à peu près dans le même goût, et avec la même absence de naturel et de vérité d'imitation. En général , il n'y a pas assez d'opposition et de contraste dans les attitudes, les poses, les airs de tête et l'ajustement des robes de toutes les figures qui composent ces tableaux en relief. C'est toujours la même disposition et le même agencement de groupes et de sujets; même faiblesse de dessin, même pauvreté d'idées et de style, même désaccord des principes, même oubli des convenances et des types primitifs. Pour qui sait un peu les arts , le travail de tous ces sarcophages peut servir de véritable date. Ils sont marqués à l'estampille du quatrième et du cinquième siècle. C'est toute l'époque qui sépare Constantin et Avitus.

TOMBEAU DE SAINT-HILAIRE.

C'est avec un sentiment mêlé de surprise et de respect, qu'on retrouve ici le couvercle du sarcophage où St.-Hilaire, évêque d'Arles, fut déposé après sa mort. C'est tout ce qu'il en reste, et le couvercle lui-même n'a probablement dû sa conservation qu'à l'inscription bien simple et bien concise qu'on lit sur un des petits côtés :

SACRO

SANCTAE LE

GIS ANTESTIS ᚨ

HILARIVS

† HIC QVESCIT.

AUTRE TOMBEAU ANONYME.

MOÏSE.—L'HÉMOROISSE.—RÉSURRECTION DE LA FILLE DE JAÏRE.

Un peu au-dessus du sarcophage de la jeune Chrysogone, dont j'ai parlé plus haut, ou voit appendu contre le mur, un devant de sarcophage chrétien représentant plusieurs sujets puisés comme d'ordinaire dans l'ancien et le nouveau Testament. A une de ses extrémités, Moïse frappe le rocher d'où s'écoulent des nappes d'eau vives et abondantes. Plus loin, J. C, assis sur une estrade, tient le livre de la loi ouvert sur

ses genoux. A l'un de ses côtés, l'Hémoroisse proster-
née devant lui, touche ses vêtemens et se trouve subitement guérie. De l'autre côté, un vieillard accompagné de deux personnages qui se couvrent le visage
en signe de douleur, embrasse les genoux du Sauveur;
c'est Jaïre, l'un des chefs de la Sinagogue, qui supplie
J.-C. de ressusciter sa fille qui vient de mourir. « Im-
» posez seulement les mains sur elle et elle vivra. » A
l'autre extrémité du sarcophage, J.-C. est auprès du
lit de la défunte. On l'a représenté au moment où après
avoir chassé les joueurs de flûtes, en leur disant : reti-
rez-vous, cette fille n'est pas morte, il lui prend la
main et la rappelle à la vie en l'attirant doucement à
lui.

AUTRE TOMBEAU ANONYME.

LA CHASSE AUX SANGLIERS.

Un autre devant de sarcophage de marbre, couvert
de reliefs grossiers, représentant une grande chasse au
cerf ou au sanglier, se voit à l'autre côté de la chapelle. Le travail en est bien mauvais; toutefois, ce marbre offre encore un autre genre de curiosité, relativement aux différens costumes des personnages qui s'y
trouvent figurés. Quelques-uns des chasseurs sont revêtus d'une espèce de *supercotum*, ressemblant exactement au caban de nos marins; et d'autres ont le *sagum
cucullatum*, vêtement à double capuchon, dont on fesait usage vers le IIIe siècle.

On ne sait si ce tombeau est païen ou chrétien. Je

suis cependant tenté de le considérer comme tombeau
païen, à cause de l'âge que semble lui assigner le costume qui vient d'être décrit. Pour ne pas m'éloigner
de l'opinion accréditée, je le range dans la classe des
monumens du christianisme.

AUTRE TOMBEAU ANONYME.

LA NATIVITÉ DE J.-C.

La face de ce tombeau est divisée en trois tableaux
séparés entr'eux par des espaces ornés de cannelures à
striges. A gauche, Moïse reçoit les Tables de la Loi :
il est accompagné d'un autre personnage, ce qui
n'est pas conforme au texte écrit. A droite, la main
de Dieu arrête le bras d'Abraham levé sur la tête
de son fils, et lui montre le chevreau qu'il accepte
en holocauste, à la place d'Isaac. Le tableau du milieu
et coupé en deux parties par une bande en relief. Dans
la partie supérieure, l'Enfant-Dieu est vu couché dans
une crèche. La Vierge-Marie debout à ses côtés, assiste
à l'adoration d'un berger. Le fond est rempli par l'âne
et par le bœuf. Au-dessous les trois mages, venus de
l'Orient, se montrent la crèche qu'ils cherchaient. Ils
sont court-vêtus. Leur costume est Persan, semblable
à ceux qui se voient dans les reliefs de Persopolis, et
leur tête couverte d'un bonnet phrygien.

17

SCULPTURE MODERNE.

La dernière époque des monumens du Musée est
aussi la plus pauvre. J'ose à peine en parler ; car la
mentionner c'est montrer sa complète nullité. Nos
richesses nous sont venues par héritage. Celles de l'art
antique et du moyen-âge composent tout notre patri-
moine, il est pénible de dire que nous n'y avons rien
ajouté.

Dans la première chapelle à droite, on a appliqué,
en relief sur le mur, un cadre en pierre coquillière dont

les ornemens sont ceux de l'époque dite de la renaissance. Il y a de la grace et de la finesse dans ces dessins, et une imitation de l'antique qui ne laisse aucun
doute sur l'époque à laquelle ils appartiennent. Une
arcature, en pierre de même grain que l'encadrement,
placée dans la même chapelle, date de la même époque. Ces deux morceaux de sculpture ont été enlevés
d'une des maisons qui étaient dans l'amphithéâtre antique et qui furent abattues lors du déblaiement de
ce monument. Le bon goût de ces dessins, et surtout
la facilité qu'on avait à se les procurer, les a faits
transporter dans le Musée.

Aux personnes qu'intéressent les œuvres de la renaissance, j'indiquerai une cheminée très-richement
ornée et de très beau style qui se trouve, non dans le
Musée, mais dans la maison de M. de Vaquières. C'est
un mélange de guirlandes de fleurs, de rameaux d'arbres, de personnages allégoriques qui surgissant du
sol, forme par ses enlacemens toutes les parties d'une
cheminée, en couvre le tuyau et va se perdre dans la
sophite. Il y a dans cette composition une fermeté de
style qui plaît par sa bonne tenue autant que par sa
richesse.

La maison de M. Datty renferme aussi une cheminée
très-ornée et fort curieuse. Celle-ci est décorée d'après
l'antique, tandis que celle de M. de Vaquières n'étant
assujétie à aucun système, laisse éclater une originalité qu'on aime à rencontrer lors-même que le travail
en serait d'un mérite inférieur à celui de l'imitation.

Le catalogue de nos monumens de sculpture moderne est comme on le voit bientôt épuisé. N'en parlons plus ; mais si on veut connaître tout ce que notre
ville renferme d'antique, il ne faudra pas se borner
à visiter le Musée et les monumens à grande réputation. Il faut encore chercher nos richesses lapidaires
partout et à tous pas, dans les rues, sur les places,
sur nos maisons.

Voyez ces amarres le long des quais, ce sont autant de colonnes de marbre ou de granit ; regardez
les bornes de nos rues, se sont des tronçons de frises, de corniches, de cippes, des fragmens de statues. Des sculptures antiques sont incrustées dans les
façades des maisons ; nos remparts en sont revêtus.
Partout des débris monumentaux, partout l'art antique apparaissant pour convertir notre ville en un vaste
Musée où se pressent pêle-mêle des édifices, des ruines de tout espèce, des richesses dont les unes sont
connues et dont le plus grand nombre reste à connaître. On va chercher bien loin l'Italie et les souvenirs
romains ; Arles les possède ces souvenirs et les garde
pour celui qui les cherche. Il fait mieux encore, sans
les montrer du doigt, il les laisse entrevoir à travers
une enveloppe facile à pénétrer, ce qui ajoute à leur
prix et en rend l'apparition d'autant plus attrayante
que cet aspect a presque l'air d'une découverte et que
dans cette riche mine il n'y a personne qui ne puisse
croire avoir découvert un filon d'or jusqu'alors ignoré.

NOTE PREMIÈRE.

On découvre à tout pas , sur la montagne de Cordes , des
débris de pierres meulières, de poteries, de briques romaines.
On y a trouvé aussi des monnaies frappées au coin des empereurs romains ; mais je ne sais pas qu'on y ait jamais trouvé
ni monnaies , ni débris d'armes sarrasines , quoique ces découvertes soient assez fréquentes en Provence, et cela me paraît décisif. Car s'il est vrai de dire que la présence d'ustensiles romains sur la montagne , ne prouve pas nécessairement qu'ils aient été à l'usage exclusif des Arlésiens, puisque
les Maures , maitres du pays , devaient faire usage des ustensiles qu'ils trouvaient chez les peuples par eux conquis; il est

juste aussi de reconnaitre que l'absence de toute monnaie sarrasine, de toute empreinte de ce peuple sur la montagne, est un fait qui repousse l'idée de sa longue occupation par les Maures.

Je profiterai de cette note pour indiquer aux personnes qui visitent Cordes, deux pierres plantées à peu de distance l'une de l'autre, et qui semblent avoir eu pour destination, de soutenir une table de pierre. Les deux supports sont fixés à terre, à un mètre environ de distance l'un de l'autre, et coupés à la même hauteur. La table qui a pu les recouvrir n'existe plus ; cette disposition qui rappelle les habitudes gauloises pourrait être considérée comme un acheminement à ce que nous avons dit de l'origine celtique du souterrain.

Puisque nous avons parlé des Sarrasins et de leur séjour dans la Provence, rappelons les traces utiles qu'ils y ont laissé et qui sont encore subsistantes : car la justice veut qu'à côté des graves reproches que ce peuple mérite pour les actes de cruauté qu'il a exercé sur la chrétienté, on place ce qu'il a fait d'utile à l'humanité.

L'habileté des Sarrasins dans les arts du dessin les a mis à même de donner à notre architecture des leçons dont elle a fait son profit.

Ils excellaient dans l'art des tissus et des ornemens dont ils sont susceptibles.

C'est à eux que nous devons la culture du blé noir ou sarrasin. Cette plante originaire de la Perse, passa avec eux en Égypte, et après avoir parcouru tout le littoral de l'Afrique, elle fut apportée en Espagne, et de là en France.

Nos moulins à vent sont d'origine sarrasine.

L'exploitation du chêne-liège fut aussi par eux introduite en Provence.

Ils donnèrent une puissante impulsion à l'art d'extraire du pin maritime, la résine réduite à l'état de goudron. Le nom de *guitran*, que le goudron porte encore, est celui dont ils se servaient pour désigner le goudron.

C'est à eux que le midi de la France doit le renouvellement de la race de ses chevaux. L'île de la Camargue en conserve une dont le sang rappelle celui des chevaux arabes.

Dans un ordre de choses moins utiles, ils nous ont laissé leur danse favorite, qui porte parmi nous le nom de *Farandole*.

Je ne résiste pas à la tentation et au plaisir de citer une Méridionale que M. Thévenot a composé sur cette danse toute provençale. Les vers de M. Thévenot ont toute la souplesse, la légéreté, le doux abandon et la poésie de la danse qu'il décrit ; les voici :

> Farandole,
> Vole, vole,
> Fuis comme la barcarolle
> Qui glisse sur les flots bleus !
> Tambourin suis en cadance
> Cette fantastique danse,
> Ces essaims voluptueux !

> Tantôt ils s'ouvrent, s'élancent,
> Se renferment, se balancent,
> Se poursuivent, se devancent,
> Tantôt se forment en rond ;
> Et passent comme des rêves,
> Ou des brises sur les grêves,
> Ou des rires sur le front !....
> Farandole
> Vole, vole,
> Fuis comme la barcarolle, *etc.*

Allez, folâtre jeunesse,
Livrez-vous à l'alégresse
Sous ce ciel qui vous caresse,
Et fait bondir votre cœur !
Le tambourin vous appelle,
Le fifre et le violoncelle
Forment comme un divin cœur !
      Farandole
        Vole, vole,
Fuis comme la barcarolle, *etc.*

Passez devant ma fenêtre
Oh ! je sourirai peut-être
A votre fête champêtre,
J'aime à voir vos doux ébats !
J'aime à voir la Provençale,
Ou Bayadére, ou Vestale,
Cadençant ses légers pas !
      Farandole
        Vole, vole,
Fuis comme la barcarolle, *etc.*

Trois fois autour du platane
Où tous les jours mon œil plane,
Sans aucun regard profane,
Trois fois le rond s'est formé ;
C'est sans doute pour me dire :
« Poète, saisis ta lyre
» Si nos danses t'ont charmé !...»
      Farandolo
        Vole, vole,
Fuis comme la barcarolle, *etc.*

—C'est sans doute pour me dire :
« Étranger, plus de martyre !
» Viens danser, jouer et rire !
» Viens t'enlacer à nos bras !
» Si parmi nous quelques-unes,
» Filles du Midi, sont brunes,
» Viens, toutes ne le sont pas !...»
   Farandole
    Vole, vole,
Fuis comme la barcarolle, *etc*.

Et la joyeuse volée
A peine s'est envolée,
Que ma pauvre ame isolée
Veut la suivre, mais en vain !...
Toujours là quelque pensée
Qui la retient oppressée
Comme en un cercle d'airain ?
   Farandole,
    Vole, vole,
Fuis comme la barcarolle, *etc*.

Ces vers sont extraits d'un volume de poésies que M. Thévenot a publié sous le titre de *Méridionales*. Je suis loin d'avoir
choisi la meilleure pièce du recueil. Jai pris celle qui se rap-
portait à mon sujet. J'ose assurer qu'il y a dans l'œuvre de
M. Thévenot toute la poésie et les beaux vers que comporte
le soleil chaud et fécond sous lequel il a écrit son livre.

Les Méridionales se vendent chez D. Garcin, imprimeur-
éditeur, et Serre, libraire, à Arles, 1 vol. 1835. prix 5 fr.

NOTE 2.

Les caves carrées qu'on voit entre les galeries de l'amphithéâtre ont fait supposer que c'étaient là des loges destinées

à renfermer les animaux qu'on lançait dans l'arène les jours de combat. Cette supposition est erronée. Les bêtes destinées aux jeux de l'amphithéâtre y étaient apportées dans des cages en fer, quelques heures seulement avant le spectacle. Elles y étaient rétablies à la fin des combats. Si on considère avec attention les caves de notre amphithéâtre, on verra que les baies de porte ne paraissent pas avoir été jamais fermées. On n'aperçoit aucune trace de scellement dans les murs, rien ne porte l'empreinte d'une fermeture quelconque. Ces cavaux n'avaient aucun rapport avec les luttes de l'arène. Ils étaient pratiqués pour économiser la maçonnerie, et encadrer les vides occasionés par l'échafaudage des gradins.

NOTE 3.

Au théâtre de M. Scaurus, il y avait, dit le P. Montfaucon, une scène ornée de trois cent soixante colonnes ; le bas de cette scène était de marbre ; le milieu orné de verre ; le haut de colonnes de bois doré. Il y avait entre ces colonnes de petites statues de bronze, jusqu'à trois mille. Les autres richesses qui s'y trouvaient tant en habits qu'en tableaux et autres choses de prix étaient si grandes, qu'une partie transportée à sa maison de campagne ayant été brûlée avec la maison par ses domestiques, la perte fut estimée à un million de sexterses. On vit dans d'autres scènes quatre colonnes, chacune d'un onyx ; un affranchi de l'empereur Claude, nommé Calliste, y en mit jusqu'à trente de la même nature.

NOTE 4.

On se demande sans cesse avec une curiosité toujours nouvelle, comment ces énormes blocs, formant des obélisques de 60 à 70 pieds de haut, ont-ils été extaits des carrières et placés sur leur base ? Comment ont-ils été transportés à de si grandes distances ? Quelles sont les puissantes machines qui ont été employées pour les faire mouvoir ? Cette incertitude cessera lorsque l'on apprendra que de pareils travaux sont exécutés de nos jours, chez un peuple peu avancé dans les arts mécaniques, et qui, sous ce rapport, comme sous plusieurs autres, a beaucoup d'analogie avec les anciens Égyptiens. Sir John Herschel, dans son discours sur la philosophie naturelle, en mentionnant les récits qu'a donné le docteur Kennedy, sur l'érection d'un obélisque de granit, à Seringapatam, fournit à cet égard des renseignemens du plus haut intérêt : « Dans les carrières de granit, près de Séringapatam, on détache, dit-il, d'énormes blocs par un procédé aussi simple qu'efficace. Les ouvriers s'appliquent à découvrir d'abord une portion de rocher d'une étendue suffisante et située près du bord précédemment exploité, ils dénudent, avec le ciseau, la surface supérieure, et y tracent une ligne dans la direction projetée, le long de laquelle ils creusent une goutière d'environ deux pouces de profondeur. Dans la fente même, et suivant toute la longueur, on allume un feu vif, et on l'entretient jusqu'au moment où la goutière est très-fortement échauffée ; alors, à un simple signal convenu, une double rangée d'hommes et de femmes, tenant chacun un vase d'eau froide, balaient vivement les cendres, et versent le liquide sur la pierre ardente ; aussitôt, le banc de granit éclate et se fend, en suivant une fracture rectiligne. On détache quelquefois, par ce moyen, des blocs de 6 pieds d'épaisseur, et de 80 pieds de long ». Agatharchidès, dans sa description des mines d'or de l'Égypte, fait remarquer que les ouvriers de son tems fendaient le roc en brûlant du bois ; mais il n'entre dans aucun autre détail. Belzoni, pensait que les Égyptiens détachaient leurs blocs par des procédés à peu près semblables à ceux de l'Inde actuelle. Il conclut de l'apparence des carrières d'Assouard, que les ouvriers commençaient par tracer un sillon profond dans le rocher granitique, et que l'on opérait ensuite par quelque violente commotion la fracture de la masse désignée. Ces rapprochemens sont curieux, et ne nous permettent pas de douter de l'analogie des moyens employés par les Égyptiens et les Indoux.

NOTE 5.

Son goût pour le faste poussa Constantin aux édifications les plus somptueuses ; sa magnificence en ce genre surpassa celle de tous ses prédécesseurs, sans excepter Auguste. Il voulait que Constantinople éclipsa la majesté de l'ancienne Rome, et il prodigua d'immenses trésors pour satisfaire cette vanité.

Il y fit construire 14 palais destinés à son habitation et à celle de sa famille. Sa statue colossale, érigée sur une colonne de porphire, de 120 pieds de haut, s'élevait au centre d'un *Forum* ceint d'un immense portique terminé par deux arcs de triomphe. La construction d'un second *Forum* appelé *Augustœum*, d'un hippodrome, de huit bains publics, marchait de front avec l'édification de 14 temples destinés au culte des Chrétiens, et décorés des dépouilles de tout l'empire. Quatre cent vingt-sept statues enlevées aux villes de la Grèce et de l'Asie, furent placées dans la seule église de Ste.-Sophie ; la plupart représentaient les divinités et les héros du paganisme ; d'autres Jésus-Christ, la Vierge, les Prophètes, *etc.*

NOTE 6.

Le *Forum* présente un accident de localité qu'on ne peut pas expliquer facilement. Un puits, de la maison Besson, qui appartient aujourd'hui à M^e. Martin, notaire, est creusé tout près des constructions antiques. Son percement laisse apercevoir une couche de poudingue qui est assez élevée pour qu'elle ait dû gêner la vue du monument et la libre circulation autour de l'édifice. L'encadrement du Forum, qui est à présent sous terre, aurait-il eu une destination souterraine? On n'ose le croire, car cette destination ne saurait s'accorder avec le gisement des édifices voisins; et cependant la présence des barbacanes ouvertes au haut des galeries et celle des couches de poudingue semble proscrire toute idée contraire.

L'amphithéâtre romain présente aussi une circonstance à peu près analogue à celle-ci. Du côté du sud-ouest, un pan de rocher s'élève jusqu'à la hauteur de l'imposte des arcades. Il n'est taillé qu'à une très-petite distance des constructions, ce qui ne laisse qu'un étroit passage ouvert à la circulation. Comment expliquer qu'on n'ait pas agrandi cet espace et démasqué la vue du monument qui devait souffrir de cet accident de terrain?

NOTE 9.

Voici la lettre de Sidoine Appollinaire, à Montius. J'ai cru devoir la conserver en entier, parce qu'elle est toute entière relative à des événemens dépendans de l'histoire de notre ville.

« Sidonius à son cher Montius, salut!

Tu me demande, mon savant ami, de t'envoyer, maintenant que tu vas chez les Séquanais, certaine satire dont tu me crois l'auteur; une pareille demande peut bien m'étonner; car c'est mal à toi d'avoir sitôt mauvaise opinion des mœurs d'un ami. Quoi! lorsque j'ai besoin de repos, à mon âge, me serais-je occupé d'un pareil sujet? Dans ma jeunesse et quand j'étais au service, il y aurait eu de la présomption à composer tels vers, du péril à les publier. Quel est l'homme, pour peu qu'il soit instruit, qui ne connaisse ces vers du Calabrais:

> On pendra tout poète, auteur de vers méchans,
> En réparation du tort qu'il fait aux gens.
>
> HORACE, satire, n°. 1.

Mais afin qu'à l'avenir tu ne croies rien de semblable sur ton ami, je t'exposerai un peu au long, en remontant à l'origine, ce qu'il en est de cette satire, qu'une rumeur vaine et méchante a voulu m'attribuer.

Au tems de l'empereur Majorien, il circula dans la Cour, mais sans nom d'auteur, un écrit plein de vers satiriques, très-mordans, qui invectivaient contre des noms perfidement dévoilés, et critiquaient beaucoup les vices, mais plus encore les personnes. Alors, grande rumeur dans la ville d'Arles, où la chose se passait; on cherchait sur quel poète devait tomber avec justice le poids de l'indignation publique; et ceux que l'auteur anonyme avait irrités en les désignant d'une manière notoire, mettaient surtout de l'ardeur à le découvrir.

Le hasard fit que l'illustre Catullinus, qui venait d'Auvergne, arriva pour lors à Arles; il avait toujours été mon ami, et notre union s'est fortifiée encore depuis que nous avons porté les armes ensemble. Les voyages contribuent puissamment à resserrer les nœuds de l'amitié. Comme il ne se doutait de rien, Pœonius et Bigerrus lui tendirent un piége, et lui demandèrent devant plusieurs personnes, afin de le surprendre, s'il ne connaissait point le nouveau poëme? Non, répondit-il. Ils lui en récitèrent quelques passages, comme par simple plaisanterie; Catullinus éclata de rire, et se prit à crier bien à contre-tems, que ces vers étaient dignes d'être gravés en lettres d'or et placés dans la tribune aux harangues, ou même dans le Capitole.

Pœonius, que le satirique avait le plus vivement mordu, transporté de colère, dit à ceux qui l'environnaient : « J'ai » trouvé l'auteur de l'injure que nous avons reçue, voyez-» vous, comme Catullinus se pâme de rire? Il paraît qu'on » lui rappelle des choses connues. Quelle raison le porte » à donner si promptement son avis? En parlant ainsi » d'une partie de l'œuvre, ne fait-il pas voir qu'il a déjà » vu le tout? Sidonius est maintenant en Auvergne, il doit

» donc être l'auteur de la satire ; Catullinus l'aura entendue
» de sa bouche ».

On s'emporte, on se déchaîne contre un absent, contre un
homme qui ignorait tout, qui n'était pas coupable ; on n'attend pas de plus amples informations. Voilà comment un
homme adroit à manier le peuple, sut entraîner, où il lui
plaisait, une foule inconstante et mobile.

Ce Pœonius était fort bien venu du peuple, et, tribun re-
muant, il avait plus d'une fois soufflé le feu des séditions.
Veut-on connaître ensuite son origine, sa famille ? Il était
simple citoyen de Municipe, et, s'il avait commencé de se
faire connaître, c'était plutôt à la réputation de son beau-
père qu'il le devait, qu'à celle de son père.

Quelquefois cependant il cherchait à s'élever par toutes
sortes de moyens, et prodiguait par ambition l'argent qu'il
épargnait par avarice. Car, pour s'allier tout au moins par
sa fille, très-honnête du reste, à une famille d'un rang supérieur au sien, notre chrémès avait, dit-on, contre sa ténacité
habituelle, promis à son Pamphilus une dot magnifique, et,
lorsque la conjuration Marcellienne méditait de ravir le
diadème, il s'était mis à la tête de la jeune noblesse pour
seconder les factieux.

Homme encore nouveau, même dans sa vieillesse, il put
enfin, grâce aux tentatives de son heureuse audace, et à un
long interrègne, jeter quelque éclat sur l'obscurité de sa
naissance. Pendant que le trône était vacant, au milieu des
troubles de la république, il fut le seul qui, osant prendre les
faisceaux pour gouverner les Gaules, sans avoir reçu de man-
dat, siégeat plusieurs mois en qualité de Préfet sur le tribu-
nal des illustres puissances. Ce ne fut qu'au bout d'une année, vers la fin de sa gestion, qu'il reçut les pouvoirs de cette
place, suivant la coutume des maîtres de comptes ou plutôt
des avocats, dont les dignités ne commencent que lorsque
leurs fonctions expirent. Ainsi, devenu préfet et sénateur (je

ne veux pas faire un éloge complet de ses mœurs, par égard pour celles de son gendre), il excita contre moi, qui ignorais cela, qui étais encore son ami, la haine de beaucoup de gens, plutôt que celle des hommes de biens, comme si j'eusse été le seul de mon siècle à pouvoir faire des vers.

Je me rendis à Arles, ne soupçonnant pas ce qui se passait; et comment l'eussé-je connu? Mes ennemis s'imaginaient que je n'oserais y paraître; le lendemain de mon arrivée, après avoir rendu ma visite au prince, j'allai, suivant ma coutume, me promener sur le Forum. Dès qu'on me vit, les séditieux, frappés d'une frayeur subite, ne purent en venir à aucune détermination courageuse, comme dit le poète : les uns cependant se jetaient à mes pieds avec des respects excessifs; les autres, pour ne pas me saluer, fuyaient derrière les statues, se cachaient derrière les colonnes; d'autres enfin, l'air triste et soucieux, se pressaient à mes côtés. Moi, néanmoins, je cherchais, tout étonné, ce que pouvait signifier dans les uns cet orgueil extraordinaire, dans les autres cette soumission profonde; je ne témoignais rien de ma surprise, lorsqu'un d'entr'eux, député sans doute par le grand nombre, s'approcha pour me saluer.

Alors, la conversation engagée : vois-tu ces hommes-là ? me dit-il;

—Oui, répondis-je, leur contenance me surprend, et je suis loin de l'admirer.

—C'est, répondit notre interprète, qu'ils te haïssent ou te craignent comme écrivain satirique.

—Comment donc, de quelle manière, depuis quand? Qui a pu me trouver coupable d'un tel crime, qui a pu m'en accuser, qui a pu l'établir? Courage, mon ami, ajoutai-je en souriant; demande, je te prie, à ces hommes que mon nom seul irrite, si le délateur qui a imaginé que j'avais fait une satire, a pu supposer encore que je l'eusse répandue; car s'ils disent que cela n'est pas, mieux vaut pour eux quitter cet air dédaigneux et superbe.

Aussitôt que le député leur eut fait part de mes paroles, je les vis tout-à-coup s'avancer vers moi, non pas l'un après l'autre, mais tous ensemble et avec empressement, pour m'embrasser et me prendre la main. Seul, mon curion, invectivant contre la perfidie des transfuges, se fit reconduire chez lui vers le soir et à la hâte, par des porteurs de chaise, plus noirs que ceux qui vont inhumer les morts.

Le lendemain, l'empereur nous fit dire de nous trouver au repas qu'il donnait à l'occasion des jeux du cirque. La première place du côté gauche était occupée par le consul ordinaire Severinus, personnage qui avait joui d'une faveur toujours égale, malgré les fréquens changemens de princes et les révolutions survenues dans la république. Près de lui était Magnus, ancien préfet, qui venait de quitter le consulat, et digne à tous égards des deux places qu'il avait occupées; Camillus, fils de son frère, se trouvait auprès de lui; il avait aussi passé par ces deux charges, et avait également honoré le pro-consulat de son père et le consulat de son oncle. Venait ensuite Pœonius, puis Athenius, homme versé dans les procès et habile à se plier aux variétés des tems. A côté d'Athenius on voyait Gratianensis, personnage d'une conduite irréprochable qui, sans égaler Severinus en dignité, l'avait toutefois devancé en faveur. Enfin, j'étais le dernier, à gauche de l'empereur, qui occupait le côté droit. Vers la fin du repas, le prince adresse d'abord la parole au consul assez brièvement: puis il passe au consulaire, et après être revenu plusieurs fois à lui, parce qu'on s'entretenait de littérature, il se met à causer avec l'illustre personnage Camillus, et va jusqu'à lui dire : « En vérité, mon frère Camillus, tu as un oncle pour lequel je me félicite d'avoir donné un consulat à ta famille ».

Alors Camillus, qui ambitionnait quelque chose de semblable, trouvant l'occasion favorable : « Seigneur Auguste, dit-il,

non-seulement tu lui en as accordé un , mais c'est encore le
premier ».

Cette réponse fut reçue avec de bruyantes félicitations , et
le respect dû au prince ne put nous empêcher d'applaudir.

L'empereur, demandant ensuite quelque chose à Athenius,
laissa Pœonius , qui se trouvait placé avant lui ; j'ignore s'il
le fit à dessein ou non. Celui-ci, piqué mal-à-propos, prévint
plus mal-à-propos encore Athenius , en répondant pour lui.
L'empereur, avec le joyeux abandon qu'il avait montré pendant le repas , sans rien perdre de sa dignité , se prit à sou-
rire, et ce fut pour Athenius l'occasion d'une vengeance non
moins signalée que ne l'avait été l'outrage.

Le rusé vieillard ne se déconcerte pas , et comme il voyait
toujours avec un dépit secret que Pœonius fut placé avant
lui : « Je ne m'étonne pas seigneur Auguste, si Pœonius tâche
de m'enlever ma place à table , puisqu'il ne rougit point de la
prendre encore pour te répondre.—Cette querelle, dit aussitôt l'illustre Gratianensis, ouvre un beau champ au satirique.
L'empereur se retourne alors vers moi : « J'apprends ,
comte Sidonius, que tu as fais une satire.—Et moi, seigneur-
prince, je l'apprends aussi.

Il me dit en riant : épargne-nous du moins.—Lorsque je
m'abstiens, répondis-je, de faire des choses qui sont défendues , je m'épargne moi-même. —Et que ferons-nous donc,
me dit l'empereur , à ceux qui t'accusent ? —Je répondis:
quelles que soient les personnes, seigneur-prince, qu'elles
m'attaquent publiquement; si l'on peut me convaincre, je
dois subir la peine que je mérite; mais si je parviens à me
disculper , je demande à ta clémence qu'il me soit permis,
sans outrager les lois, d'écrire tout ce que je voudrai contre
mon accusateur.

—Alors, l'empereur, regardant Pœonius , qui avait l'air
d'hésiter , lui demanda, par un signe, si la condition lui plaisait. Mais comme Pœonius , extrêmement confus, gardait le

silence, le prince, ayant pitié de son embarras : « J'accède à
tes désirs, me dit-il, pourvu que tu me fasses la requête en
vers.—Soit, répliquai-je ; et je me retournai aussitôt comme
si j'eusse demandé de l'eau pour me laver ; puis, ayant mis
autant de tems qu'il en faut à un valet actif pour faire le tour
de la table, je m'appuyai de nouveau sur le lit.—L'empereur
me dit alors : « Tu m'avais promis de demander en vers im-
provisés l'autorisation de composer une satire ».
—Je répondis :

—« Grand prince, ordonne, je t'en prie, que celui qui m'accuse
d'avoir écrit une satire, prouve le fait, ou qu'il tremble ».

On applaudit, c'est peut-être une jactance de le dire,
comme pour Camillus ; et ce qui me valut ces félicitations, ce
fut moins le mérite des vers, que le peu de tems qu'il m'avait
fallu. L'empereur dit alors : je prends Dieu et la République
à témoin, que jamais je ne t'empêcherai d'écrire ce que tu
voudras, puisque l'on ne peut en aucune manière, établir les
accusations dirigées contre toi ; il serait aussi trop injuste que
le prince, laissat vivre des inimitiés privées, et que la noblesse
innocente et tranquille se trouvât en bute à des haines certaines, sous prétexte d'un crime qui ne serait rien moins que
prouvé. Je m'inclinai profondément pour remercier l'empereur de la sentence qu'il venait de prononcer ; et mon ha-
rangueur, en qui la colère avait déjà fait place à la tristesse,
pâlit tout-à-coup ; peu s'en fallut même qu'il ne sentit son
sang se glacer dans ses veines, comme s'il eut été condamné
à tendre sa tête sous le glaive.
Nous nous levâmes presque aussitôt après. Nous nous étions
un peu éloignés de l'empereur, et nous prenions nos chla-
mydes ; le consul se jeta dans mes bras, les préfectoriens me
baisèrent les mains, et mon ami Pœonius lui-même s'humi-
lia jusqu'à provoquer leur compassion. Je craignis que ses
prières n'armassent contre moi la haine que ses calomnies
n'avaient pû exciter. Pressé par les supplications des convi-

ves réunis autour de moi, je lui dis enfin que je consentais à ne point faire de vers contre lui, pourvu toutefois que dans la suite il ne s'avisât plus de censurer mes actions; il devait être assez puni, ajoutai-je, de voir qu'en m'attribuant cette satire, il avait travaillé à ma gloire et à son déshonneur.

En somme, très-excellent seigneur, je pouvais moins reprocher à Pœonius d'avoir inventé la calomnie, que de l'avoir sourdement propagée. La réparation fut si grande que des hommes distingués et puissans se jetèrent dans mes bras en demandant grâce pour le coupable; et l'offense, je dois l'avouer, m'a été bien utile, puisqu'elle a fini par tourner à ma gloire. Adieu.

NOTE 8.

Quand l'aqueduc fut déblayé, en 1833, on trouva une grille en fer qui fermait le canal. Elle était fort rouillée et d'une apparence fort ancienne. Il est à regretter que les barreaux de fer, qui la composaient, n'aient pas été conservés. Une vieille tradition, appuyée par un manuscrit de Peyrèsc, dont l'original est à la bibliothèque de Carpentras, et dont le conservateur de la bibliothèque d'Arles m'a montré une copie, porte que c'est par cet aqueduc que Charlemagne s'introduisait à Arles, quand cette ville était au pouvoir des Sarrasins, et que la grille en fer qui fermait l'aqueduc, lui fut ouverte nuitamment par l'effet des intelligences qu'il s'était ménagées dans la ville. Tout ceci est fort peu historique sans doute, mais cela peut servir à prouver, jusqu'à un certain point, l'ancienne existence de la grille.

NOTE 8 BIS.

L'exhaussement du sol a été constaté dans toutes les villes antiques par le gisement des édifices anciens. C'est là un problème assez difficile à résoudre.

Une autre difficulté se rencontre dans le terrassement des galeries de notre amphithéâtre. Toutes les galeries des substructions et une partie de celles du rez-de-chaussée, étaient encombrées par des terres dont les couches s'élevaient jusqu'à la plus grande hauteur des voûtes. On ne comprend pas comment ces terres y ont été transportées et par où on a pu les y verser. Les substructions du colysée de Rome présentaient le même encombrement.

NOTE 9.

Voyez des détails sur le musée, à la page 213 et suivantes.

NOTE 10.

Il ne faut pas attribuer aux Sarrasins la ruine de toutes les églises et de tous les monumens lapidaires qui périrent pendant les VIII et IXe. siècles. Ces peuples ont sans doute été la cause de ces destructions, mais ils n'en sont pas personnellement les auteurs. On sacrifiait aux besoins de la guerre tout ce qui pouvait en gêner les opérations. Charles-Martel surtout se montra très-enclin à ces sortes de destructions. Voici ce qu'en dit M. Reynaud dans son savant ouvrage sur les invasions des Sarrasins en France.

« Malgré sa victoire contre les Musulmans, sous les murs
» de Narbonne, Charles-Martel ne pût se rendre maître de la
» ville qui opposa une résistence opiniâtre. La nécessité d'aller
» combattre les Frisons et les Saxons révoltés, le força à re
» noncer au projet de prendre cette place. Mais en s'éloignant
» il résolut de désarmer la population chrétienne du pays,
» dont les dispositions lui étaient suspectes, et de mettre les
» Sarrasins dans l'impossibilité de s'établir d'une manière so
» lide ailleurs qu'à Narbonne. Il fit raser les fortifications de
» Béziers, d'Agde, et d'autres cités considérables. Nimes,
» chose déplorable, Nimes vit ses magnifiques portes renver-

» sées, et une partie de son amphithéâtre qui, par ses dimen-
» sions et sa solidité, auraient pû servir de boulevard aux
» Barbares, livré aux flammes. Le même traitement fut fait
» à Maguelone, ville qui, à une époque où Montpellier n'exis-
» tait pas encore, présentait un aspect imposant, et qui
» d'ailleurs, par la commodité de son port, offrait un lieu
» de retraite aux navires sarrasins venus d'Espagne et d'Afri-
» que. Telle était la défiance de Charles qu'il emmena avec
» lui, outre un grand nombre de prisonniers Sarrasins, plu-
» sieurs otages choisis parmi les chrétiens du pays ».

Dans ses recherches sur l'art statuaire, M. Éméric David,
assigne à la destruction des monumens et au dépérissement
des arts, les causes suivantes :

Deux grands événemens, dit-il, ont été regardés comme la
cause de l'anéantissement des arts et de leur renaissance dans
l'Occident : l'un est l'irruption des Barbares dans les Gaules
et dans l'Italie; l'autre, la prise de Constantinople par les
Turcs. mais ces deux événemens indiquent d'une manière
imparfaite l'époque des révolutions dont il s'agit de rendre
compte, et n'en font pas connaitre les véritables causes.

Avant l'invasion des Barbares, déjà les changemens opérés
dans les mœurs, déjà l'indifférence de la plupart des empereurs, les désordres de l'empire et le zèle immodéré de quelques chrétiens intolérans, avaient anéanti le bon goût, brisé
les statues des dieux, laissé dégrader ou démolir les temples
dans lesquels on les adorait.

Avant la prise de Constantinople, le génie de la liberté
avait rappelé les beaux-arts en Italie. Déjà les Provençaux
avaient fait revivre la poésie; le Dante, Boccace, Pétrarque,
avaient composé leurs ouvrages; le dôme de Pise était construit; Brunelleschi avait élevé à Florence la coupole de
Ste.-Marie; Chiberti, avait exécuté dans cette ville déjà em-
bellie, les portes admirables du baptistaire de St. Jean; la
gravure enfin et l'imprimerie étaient inventées, lorsque les

Ottomans repoussèrent vers l'Italie, empressée de les ac-
cueillir, les derniers nourrissons des Muses grecques.

On a imputé aux Barbares plus de mal qu'ils n'en ont fait.
Les Gots, injustement accusés d'avoir détruit les monumens antiques, les conservaient, au contraire, avec le plus
grand soin. Ces hommes du nord n'étaient pas insensibles à
la beauté des chefs-d'œuvre du Midi. Théodoric, Athalaric,
la reine Amalasonthe, quoiqu'ils fussent persuadés que l'admiration publique aurait dû suffire pour les garantir de toute
espèce d'outrages, veillaient cependant à leur conservation
avec sollicitude; ils assignèrent des fonds annuels considérables pour les entretenir; ils augmentèrent, dans les écoles
pubilques, les émolumens des professeurs. Théodoric créa
un comte, pour la garde des statues antiques, dont il regardait la perfection comme le fruit de plusieurs siècles d'étude
(labor mundi). Il écrivait à Symmaque : « Nous aurions peut-
» être négligé les monumens de Rome, si nous n'eussions vu
» ces beaux ouvrages. Nous serons, en les conservant, les
» émules de vos ancêtres ». Ce prince donna en effet l'inspec-
tion des édifices publics à un architecte particulier; il lui disait en créant sa charge : « Nous voulons que votre sublimité
» veille à la conservation des monumens antiques, et qu'elle
» en construise de nouveaux, auxquels il ne manque, pour
» égaler les anciens, que la vétusté. Combien de connaissan-
» ces vous sont nécessaires! Combien vous devez être habile,
» intègre, pour remplir d'aussi importans devoirs! Décoré
» d'une verge d'or, vous marcherez immédiatement devant
» nous, au milieu des nombreux officiers qui nous entourent;
» afin que nous ne puissions jamais oublier, combien il im-
» porte aux rois que leurs palais annoncent leur magnifi-
» cence ».

Les Bourguignons, les Francs, les Lombards, les seuls des
peuples barbares qui aient, comme les Goths, formé dans
l'Italie, des établissemens durables, étaient trop peu nom-

breux pour changer tout à coup les mœurs des anciens habitans. Ils mirent leur politique à s'en faire estimer, dans toutes les choses du moins qui n'étaient pas contraires à leurs intérêts et à leurs propres habitudes. Ils protégeaient les hommes de lettres; ils respectaient les bibliothèques et les monumens. On voit fleurir sous leurs règnes les écoles publiques, dont les Gaules s'honoraient sous le gouvernement des Romains. A Lyon, à Vienne, à Bordeaux, à Arles, à Clermont, à Agen, à Périgueux . à Trèves, à Autun , à Toulouse, à Marseille, des professeurs qui avaient, il est vrai, plus de savoir que de goût, formaient encore à la fin du ve. siècle, des orateurs et des poètes. Les Bourguignons, établis à Lyon, étaient presque tous occupés des arts; ils aimaient la paix, et voulaient exercer leur industrie. Le cruel Chilpéric Ier., n'était pas sans instruction , et malgré l'atrocité de son caractère, il aimait à s'entourer de bardes et de grammairiens. On connaît le faste du roi Dagobert, et les faveurs dont il combla le fameux orfévre St.-Éloi.

NOTE II.

Voici l'inscription de la chapelle Ste.-Croix, à Mont-Major :

Noverint universi quod cum serenissimus princeps Carolus Magnus Francorum rex civitatem Arelaton quæ ab infidelibus detinebatur obsedisset, et ipsam vi armorum cœpisset et sara ceni eis eadem existentes , pro majori parte aufugissent in montana montis majoris et ibidem se retraxissent et in eadem se munissent, et idem rex ibidem cum exercitu suo venisset pro ipsis debellandis triumphum de ipsis obtinuissent et de ipso gratias Deo agendo insignum hujus modi victoriæ presentem ecclesiam in honorem sanctæ crucis dedicari fecit et presens monasterium in honorem sancti petri apostolorum principis dedicatum quod ab ipsis infidelibus pœnitus destructum fuerat et inhabitabile redactum Idem rex ipsum re-

paravit et redificavit et monacos ibidem pro serviendo Deo
veneri fecit et ipsum dotavit et plura bona eidem coutulit,
in quo quidem monasterio plures de francia ibidem debel-
lantes sepulti sunt ideo fratres
Orate pro eis.

Sachant tous, que le sérénissime prince Charles-le-Grand,
roi de France, ayant fait le siège de la ville d'Arles, qui était
au pouvoir des infidèles, et s'en étant rendu maître par la
force de ses armes, les Sarrasins qui restaient dans ces contrées, étant venus en grand nombre s'emparer de cette ville
et s'y fortifier, le prince s'avança avec son armée pour les
combattre, et remporta sur eux une victoire complète, pour
laquelle, voulant laisser un témoignage de sa reconnaissance
envers Dieu, il fit dédier ce temple en l'honneur de la Sainte-
Croix. Il prit soin aussi de relever sur ses ruines le présent
monastère de Mont-Majour, dédié à St.-Pierre. Ce bâtiment
avait été entièrement détruit par les infidèles, et rendu inha-
bitable; il le rétablit dans son ancienne splendeur, y appela
un nombre de religieux pour y faire le service divin; le dota
pour l'avenir et lui fit de magnifiques présens. Plusieurs Français qui ont péri dans ce combat, reposent dans la chapelle
de ce monastère, frères, priez Dieu pour eux.

NOTE 16.

Cette opinion n'est pourtant pas celle des auteurs modernes, qui pensent que l'abbaye de St.-Césaire était établie
dans les Champs-Élysées.

On s'accorde généralement à reconnaître que l'archevêque
Césaire eut le projet de fonder un monastère dans les Aliscamps, et qu'il avait commencé la construction des bâtimens
du couvent et de son église, quand la ville d'Arles fut assié-
gée par les Francs; que les travaux furent interrompus, et
que ce qui était déjà fait, fut démoli par l'armée assiégeante.

Ces points historiques sont bien reconnus ; mais on n'est plus d'accord sur ce qui se passa après la levée du siége. La plupart des écrivains affirment que St.-Césaire reprit son ancien projet et bâtit le monastère, qui depuis a porté son nom, dans les Champs-Élysées sur le lieu même qu'il avait choisi avant le siége. A l'appui de cette assertion, ils citent la copie d'une ancienne charte où le monastère est indiqué comme étant situé en dessous des remparts de la ville.

Ils se prévalent aussi de quelques restes d'édifice gisans dans les Champs-Élysées et désignés comme des débris du monastère St.-Césaire, qui plus tard aurait été transféré dans la ville, au lieu où il était dans le dernier siécle.

Mais est-il probable que St.-Césaire, instruit par l'expérience qu'il venait de faire, des dangers qu'il y avait à laisser un établissement de femmes en dehors des murs de la ville, ait persisté dans son premier projet? Ce qui était arrivé pouvait se reproduire et occasioner des malheurs plus grands que la destruction de quelques murs. Cependant, cette considération est peu décisive, puisque les religieuses pouvaient à l'approche du danger se réfugier dans la ville ; aussi je ne la donne que pour ce qu'elle vaut. Mais la charte, invoquée pour fixer la situation du couvent, ne me paraît pas très-concluante pour l'opinion qui s'en empare ; car si on prend les termes *infra muros*, pour ce qu'ils signifient réellement, on reconnaîtra bien vite qu'ils s'appliqueraient mal à un établissement situé non pas au-dessous des remparts de la ville, mais à un demi quart de lieu de là. Il est donc probable que le copiste de la charte aura pris *infra muros* pour *intra muros*, et que le prolongement de la lette T, sera devenue une source d'erreur qui en s'accréditant aura donné naissance à l'opinion des auteurs modernes.

Quant aux débris existans aux Champs-Élysées, je les crois d'une époque bien postérieure à St.-Césaire. J'en dis les raisons à la page 157, et ce qui me semble décisif, ce que Saint-

Cyprien, évêque de Toulon, contemporain de St.-Césaire, et par lui chargé des soins du siége d'Arles, pendant une absence de Césaire, dit bien positivement que l'abbaye était située dans la ville. Voici comment il s'exprime dans la vie du St.-archevêque, au sujet de l'emplacement du monastére; j'emprunte les expressions du père Simon Martin, dans ses nouvelles Fleurs de la vie des Saints, Paris, 1667.

« Enfin le siége estant levé, St.-Cesarius commença à faire
» bastir un nouveau monastère pour sa sœur Césaria, dans la
» ville, en place de celui qu'il avait projeté avant le siége, hors
» des portes, mais qui avait été rasé par les ennemis, et pour
» user des termes de St.-Cyprien, évêque de Toulon, autheur
» de cette histoire, St.-Césarius, à la façon d'un autre Noé,
» bastit l'arche du monastère de ces filles tout auprès de l'é-
» glise, afin de les tenir plus en assurance contre les tempes-
» tes des ennemis. Plusieurs demoiselles de qualité se rangè-
» rent dans ce monastère, sous la discipline du père Cesarius
» et de la mère Césaria, ou, entre les autres règles que ce
» saint prélat leur prescrivait, fut celle de garder inviolable-
» ment la closture jusqu'à l'heure de la mort; ce qui suscita
» une nouvelle persécution contre le même évêque. »

NOTE 18.

Il ne reste dans les Champs-Élysées aucune trace de sépultures gauloises; leur existence n'est attestée que par des traditions. Les urnes ou ossuaires que les Romains y déposèrent, variaient suivant la condition et la fortune du défunt. Elles étaient en terre cuite, en verre, en albâtre ou en riche métal. Mais il ne parait pas que ces dernières, à cause de leur valeur intrinsèque, qui aurait eu pour objet d'exciter la cupidité et de pousser au vol, fussent confiés à la terre. Un très-grand nombre d'ossuaires en verre ont été trouvés dans notre cimetière. Ils étaient renfermés dans un cylindre en pierre, creusé pour recevoir le vase, et recouvert d'un couvercle également en pierre, qui avait pour objet de les mettre à l'abri du contact des terres dont la pression aurait pu les briser.

En l'année 161, après Jésus-Christ, un édit de l'empereur Antonin le Pieux, ayant prohibé la combustion des corps et introduit le mode d'inhumation qui est encore pratiqué parmi nous, l'usage des tombeaux se généralisa et succéda à celui des ossuaires. C'est aussi à partir de ce moment que notre cimetière, connu sous le nom d'Aliscamps ou Champs-Élisées, reçut cette décoration tumulaire qui l'a rendu si justement célèbre. La magnificence des Romains, pour leur dernière demeure, fut poussée à un tel point de dépenses, que des décrets impériaux y mirent des bornes en fixant, d'après la fortune des familles, les frais qu'on ne pourrait dépasser pour le coût des funérailles. Des tombeaux de marbre couverts de riches sculptures s'élevèrent et se multiplièrent à l'infini. Avec le corps du défunt on renfermait des vases en verre, des lampes, et quelquefois des objets d'un très-grand prix que le décédé avait affectionné durant sa vie. La forme des vases funéraires est allongée comme celle d'une petite bouteille; on leur donne le nom de *Lacrymatoires*, parce qu'on suppose qu'ils servaient à recueillir les larmes de la famille et des amis du trépassé. Mais il est probable qu'ils n'étaient destinés qu'à renfermer des parfums offerts en hommage aux dieux manes. Les lampes qu'on allumait au moment de sceller les tombeaux, et auxquelles une croyance populaire attribuait une éternelle lumière, y étaient déposées comme un symbole de l'immortalité de l'ame.

Quelques auteurs ont sérieusement avancé que ces lampes donnaient une lumière sans fin, et ils se sont appuyés sur la prétendue découverte faite sous le pape Paul III, qui régnait dans le xvie. siècle, du tombeau de Tulliola, fille de Cicéron, qui fut trouvé en fouillant la voie appienne, et qui, lorsqu'on le découvrit, laissa paraître encore brûlante la lampe funéraire qui y avait été allumée 1700 ans auparavant. Ils prétendent encore qu'une autre de ces lampes, découverte à Padoue, brûlait encore après un service de 800 ans. On voit que c'est peu de chose à côté de la lampe de Tulliola. Mais ce qu'il y avait de particulier sur la lampe de Padoue, c'est l'inscription que voici :

PLUTONI SACRUM MUNUS, NE ATTINGITE FURES,
IGNOTUM EST VOBIS HOC QUOD IN ORBE LATET,
NAM QUE ELEMENTA GRAVI CLAUSIT DIGESTA LABORE,
VASE SUB HOC MODICO MAXIMUS OLYBRIUS.
ADSIT FACUNDO CUSTOS SIBI COPIA CORNU.
NEC PRETIUM TANTI DEPEREAT LATICIS.

Les mêmes auteurs ajoutent que cette lampe était placée entre deux autres petites fioles, l'une d'or, l'autre d'argent, remplies toutes deux d'une liqueur pure et transparente, qui servait d'aliment à la flamme. Appien, qui vivait au XIIe siècle, Hermolaus, qui vivait au XVe., et après eux Vigénère, parlent des lampes sans fin, et semblent ajouter foi à l'éternelle durée de la flamme. Vigénère surtout qui se prévaut de la découverte du tombeau de Tulliola et de celui de Padoue, tient pour cette incombustibilité, qu'il attribue à une liqueur appelée par lui Naphète. Il faudrait être plus alchimiste que je ne le suis, pour dire de quoi elle se composait. Quant à Appien, il veut que cette liqueur soit de l'or réduit en huile.

Pour sortir du merveilleux et rentrer dans l'ordre naturel, il faut dire qu'il est possible que ces lampes renfermassent quelques substances phosphoriques qui, mises en contact avec l'air extérieur, auraient pu s'enflammer et produire quelque clarté, ainsi que cela arrive dans nos briquets oxigènes. Cependant, cette explication ne satisfait qu'à demi, et malgré l'autorité d'Appien, d'Hermolaüs et de Vigénère, l'histoire des lampes sans fin n'est pas plus clairement démontrée, que n'est établie l'authenticité du tombeau de Tulliola et de celui de Padoue avec son inscription.

Voici au surplus les détails que donne sur les funérailles des anciens, l'auteur des Coutumes des Romains.

Il y a peu de peuples plus religieux et plus exacts à rendre les derniers devoirs à leurs parens et à leurs amis, que les Romains. Ils n'oubliaient rien de ce qui pouvait marquer combien la mémoire leur en était chère, et de ce qui pouvait en même tems contribuer à la rendre honorable ; c'était une reconnaissance des services rendus à la patrie, ou un hommage rendu à la vertu, pour exciter dans leurs concitoyens la noble passion de mériter un jour, par leurs belles actions, de pareils honneurs. Pline, dit que les funérailles étaient chez les Romains une cérémonie sacrée : elle commençait dès le moment que la personne rendait les derniers soupirs ; il fallait dans cet instant que le plus proche parent, ou si c'étaient des gens mariés, que le survivant du mari ou de la femme, donnât au mourant le dernier baiser, comme pour en recevoir l'ame, et qu'il lui fermât les yeux ; on les lui ouvrait lorsqu'il était sur le bûcher, afin qu'il parût regarder le ciel. On observait en lui fermant les yeux, de lui fermer aussi la bouche, pour le rendre moins effrayant, et le faire paraître comme une personne dormante ; on ôtait l'anneau du doigt du défunt, qu'on lui remettait lorsqu'on portait le corps sur le bûcher ; on l'appelait plusieurs fois par son nom à haute voix, pour connaître s'il était véritablement mort, ou s'il n'était point seulement tombé en faiblesse ou en léthargie ; ensuite on s'adressait aux libitinaires pour faire les funérailles, suivant la volonté du défunt, s'il en avait ordonné, ou celle des parens et des héritiers avec le plus ou le moins de dépense qu'on y voulait faire. Ces libitinaires étaient des gens qui vendaient et fournissaient tout ce qui était nécessaire pour la cérémonie des convois. On les appelait ainsi, parce qu'ils avaient leur magasin au temple de Vénus Libère. On gardait dans ce temple les registres qu'on tenait à Rome de ceux qui y mouraient, et c'est de ces registres qu'on avait tiré le nombre des personnes que la peste y enleva pendaut un automne du tems de Néron. Les libitinaires avaient sous eux des gens qu'on nommait Pollincteurs ; c'était entre leurs mains qu'on mettait d'abord le cadavre ; ils le lavaient dans l'eau chaude, et l'embaumaient avec des parfums : il paraitrait qu'ils possédaient la manière d'embaumer les corps à un plus haut degré de perfection, que ne faisaient les Égyptiens, si l'on en croit les relations de quelques découvertes faites à Rome depuis deux cents ans, de plusieurs tombeaux, où l'on a trouvé des corps si bien conservés, qu'on les aurait pris pour des personnes plutôt dormantes que mortes; mais que l'odeur qui sortait des tombeaux était si forte, qu'elle étourdissait. On conjecture que ce baume était composé de myrre ou d'aloés et de térébentine. Après que le corps était ainsi embaumé, on le revêtait d'un habit blanc ordinaire, c'est-à-dire, de la toge : si cependant c'était une personne qui eut passé par les charges de la république, on lui mettait la robe de la plus haute dignité qu'il eut possédé, et on le gardait ainsi sept jours, pendant lesquels on préparait tout ce qui était nécessaire pour la pompe des funérailles. On l'exposait sous le vestibule, ou à l'entrée de sa maison, couché sur un lit de parade, les pieds tournés vers la porte, où l'on mettait un cyprès pour les riches, et pour les autres seulement des branches de sapin, qui marquaient également qu'il y avait là un mort. Il restait toujours un homme auprès du corps, pour empêcher qu'on ne volât quelque chose de ce qui était autour de lui; mais lorsque c'était une personne du premier rang, il y avait des jeunes garçons occupés à en chasser les mouches. Après que les sept jours étaient expirés, un héraut public annonçait le convoi, en craint : ceux qui voudront assister aux obsèques d'un tel, fils d'un tel, sont avertis qu'il est tems d'y aller présentement, on apporte le corps de la maison. Il n'y avait que les parens ou les amis qui y assistassent, à moins que le défunt n'eut rendu des services considérables à la république. Alors le peuple s'y trouvait; et s'il avait commandé les armées, les soldats s'y rendaient aussi, portant leurs armes renversées, le fer en bas; les licteurs renversaient pareillement leurs faisceaux. Le corps était porté sur un petit lit, qu'on nommait *exaphore*, quand il n'y avait que six porteurs, et *octophore*, s'il y en avait huit; c'était ordinairement les parens, qui par honneur en faisaient l'office, ou ses fils, s'il en avait. Pour un empereur, le lit était porté par des sénateurs; pour un général d'armée, par des officiers ou des soldats. A l'égard des gens de basse condition, c'était dans une espèce de bière découverte, qu'ils étaient portés par quatre hommes de ceux qui gagnaient leur vie à ce métier, on les appelait *vespillones*, parce que pendant un très-long tems on observa de ne faire les convois que vers le soir; mais dans la suite on les fit autant de jour que de nuit, le défunt paraissait à visage découvert, ayant sur la tête une couronne de fleurs, à moins que sa maladie ne l'eut rendu entièrement difforme, en ce cas on avait soin de le couvrir. Après que les maîtres de cérémonie du convoi avaient marqué à chacun son rang, la marche commençait par des joueurs de flûte, qui jouaient d'une manière lugubre; ils étaient suivis de plus ou de moins de gens qui portaient des torches allumées. Proche du lit était un *archimime* qui contrefaisait toutes les manières du défunt, et l'on fesait porter devant le lit toutes les marques de dignité dont il avait été revêtu; s'il s'était signalé à la guerre, on y fesait paraître les présens et les couronnes qu'il avait reçu pour ses belles actions, les étendarts et les dépouilles qu'il avait remporté sur les ennemis, on y portait aussi son buste représenté en cire, avec ceux de ses aïeuls et de ses parens, montés sur des bois de javelines, ou portés dans des charriots, à moins que ce ne fut quelqu'un de ceux qu'on nommait *novi homines*, c'est-à-dire, gens qui commençaient leur noblesse, et dont les aïeuls n'auraient pû lui faire honneur, ce qui empêchait d'en faire montre. On observait aussi de ne point faire porter les bustes de ceux qui avaient été condamnés pour crime, quoiqu'ils eussent possédé des dignités; cela n'était pas permis. Toutes ces figures se replaçaient ensuite dans le lieu où elles étaient gardées, comme on a expliqué ci-devant. Au convoi des empereurs, on y fesait encore porter sur des chariots les images et les symboles des provinces et des villes subjuguées. Les affranchis du défunt suivaient cette pompe, portant le bonnet, qui était la marque de leur liberté: ensuite marchaient les enfans, les parens et les amis vêtus de noir; les fils du défunt avaient un voile sur la tête, et les filles avaient les cheveux épars sans coiffure, marchand nus-pieds et vêtus de blanc; après eux venaient les *Pleureuses*; c'étaient des femmes, dont le métier était de faire des lamentations sur la mort du défunt, et en pleurant elles chantaient ses louanges sur des airs lugubres, et donnaient le ton à tous les autres. Lorsque c'était une personne illustre, on portait son corps sur la place romaine, où la pompe s'arrêtait, pendant que quelqu'un de ses enfans ou des plus proches parens, fesaient son oraison funèbre. Cela ne se pratiquait pas seulement pour les hommes qui s'étaient distingués dans leurs emplois, mais encore pour les dames de condition. La république, ayant permis de les louer en public, depuis que ne s'étant point trouvé assez d'or dans le trésor public, pour acquitter le vœu que Camille avait fait, de donner une coupe d'or à Apollon de Delphes, après la prise de la ville de Véies, que les dames romaines y avaient volontairement contribué, en donnant leurs bagues et leurs bijoux.

De là place romaine on allait au lieu où l'on devait enterrer le corps ou le brûler, car cela dépendait de ce qu'avait ordonné le défunt.

S'il fallait le brûler on allait au Champ-de-Mars, qui était le lieu où l'on fesait ordinairement cette cérémonie; car on ne brûlait point les corps dans la ville. On avait eu soin de dresser un bûcher de bois d'if, ou autres, aisés à s'enflammer, arrangés l'un sur l'autre en forme d'autel, sur lequel on posait le corps vêtu de sa robe ; on l'arrosait des liqueurs propres à répandre une bonne odeur ; on lui tournait le visage vers le ciel, et on lui mettait dans la bouche une pièce d'argent, qui était ordinairement une obole pour payer le droit de passage à Caron. Tout le bûcher était environné de cyprès, alors les plus proches parens, tournant le dos au bûcher, y mettaient le feu avec un flambeau qu'ils tenaient par derrière, et pendant que le feu s'allumait, ils jetaient dans le bûcher les habits, les armes et les autres choses que le défunt avait le plus aimées, quelquefois même de l'or et de l'argent ; mais cela fut défendu par la loi des douze Tables ; cependant, aux funérailles de Jules-César, les soldats vétérans jetèrent leurs armes sur son bûcher pour lui faire honneur. On immolait aussi des bœufs, des taureaux et des moutons qu'on jetait sur le bûcher ; on donnait, tout auprès, des combats de gladiateurs pour appaiser les mânes du défunt. On avait introduit l'usage de ces combats, pour suppléer à une barbare coutume qu'on avait anciennement pratiquée à la guerre, qui était d'immoler les prisonniers auprès du bûcher de ceux qui étaient morts en combattant, comme pour les venger.

Les combats de gladiateurs n'étaient pas le seul spectacle qu'on y donnait, on y fesait aussi quelques courses de chariots autour du bûcher ; on y représentait même diverses pièces de théâtre ; et par un excès de somptuosité, on y a vu faire des festins aux assistans et au peuple ; mais les combats de gladiateurs étaient plus ordinaires que ces autres spectacles.

Après que le corps était brûlé, on en ramassait les cendres et les os que le feu n'avait pas entièrement consumé ; c'était les plus proches parens ou les héritiers qui en prenaient soin, afin que les cendres ne fussent pas confondues avec celles du bûcher. On avait la précaution, en mettant sur le bûcher le corps du défunt, de l'envelopper d'une toile d'amiante, qui est incombustible, et que les Grecs appellent *asbestos*; elle venait des Indes; on prétend que c'est du Kataï. Cette toile était faite avec des filets qui se tirent d'une espèce de pierre, et qui a la propriété de blanchir au feu. On lavait ces cendres avec du lait et du vin; et, pour les placer dans le tombeau de la famille, on les enfermait dans une urne d'une matière plus ou moins précieuse, selon l'opulence ou la qualité du défunt; les plus communes étaient de terre cuite; ensuite, le sacrificateur qui avait assisté à la cérémonie, jetait sur les assistáns, pour les purifier, par trois fois de l'eau avec un aspersoir, fait de branches d'oliviers. Enfin, la principale pleureuse congédiait la compagnie, par ce mot, *ilicet*, c'est-à-dire, *vous pouvez vous en aller;* alors les parens et amis du défunt lui disaient par trois fois adieu, en l'appelant par son nom, et proférant ces paroles à haute voix : *nous te suivrons quand notre tour viendra.* On portait l'urne où étaient les cendres dans le sépulcre, devant lequel il y avait un petit autel, où l'on brûlait de l'encens et d'autres parfums, cérémonie renouvelée de tems en tems, de même que celle de jeter des fleurs sur le tombeau, ce qui était regardé comme une action de piété. A l'égard de ceux dont on ne brûlait pas les corps, on les mettait ordinairement dans des bières de terre cuite, ou si c'étaient des personnes de distinction, dans un tombeau de pierre ou de marbre creusé, dans lequel on mettait une lampe perpétuelle, et quelquefois de petites figures de divinités, avec de petites fioles qu'on appelait *lacrymatoires*, parce qu'elles renfermaient l'eau des larmes qu'on avait répandues à leur convoi; c'était pour servir de témoignages, qu'ils avaient été beaucoup regrettés. On a trouvé dans quelques tombeaux des bijoux qui y avaient été mis avec le corps, parce qu'apparemment le défunt les avait fort chéris de son vivant. Toutes ces lampes qu'on a trouvées, se sont toujours éteintes à l'ouverture du tombeau. La cérémonie des funérailles se terminait par un festin, qui était ordinairement un souper que l'on donnait aux parens et aux amis, quelquefois même on faisait une distribution de viandes au peuple; et neuf jours après on faisait un autre festin qu'on appelait le grand souper ou la novendale, c'est-à-dire, la neuvaine. On observait pour ce repas de quitter les habits de deuil et d'en mettre de blancs.

Dans les commencemens, les Romains avaient leurs sépultures dans leur maison; mais la loi des douze tables défendit qu'on enterrât et qu'on brûlât les corps dans la ville; il y avait des endroits hors des murs destinés pour brûler ceux du commun, où cela se faisait à peu de frais, et sans tant de cérémonie: car pour ceux des personnes riches ou constituées en dignité, c'était toujours dans le Champ-de-Mars. Les vestales furent les seules à qui la république conserva le droit de sépulture dans la ville, et si quelquefois elle s'accorda à d'autres, ce fut très-rarement et seulement à quelques personnes qui s'étaient distinguées par les grands services qu'elles avaient rendu à l'état. Les empereurs s'attribuèrent aussi ce privilége.

Quoique l'usage de brûler les corps fut très-ancien chez les Romains, puisque Plutarque, dans la vie de Numa Pompilius, remarque qu'il défendit qu'on brûlât le sien; on ne voit pas qu'il fut encore aussi commun, qu'il le devint par la suite; puisque le même Plutarque rapporte que Sylla fut le premier de la famille des Cornellius, dont on brûla le corps. C'est aussi depuis ce tems-là, c'est-à-dire, depuis les guerres civiles, que cette coutume commença à devenir générale; mais elle se perdit dès le commencement des empereurs chrétiens, et s'abolit entièrement sous l'empereur Gratien. Après que la loi des douze Tables eut défendu de faire des sépulcres dans la ville, les Romains les placèrent sur leurs terres ou le long des grands chemins. Les familles illustres et distinguées avaient les leurs particulières, qui servaient non-seulement pour elles ; mais encore pour leurs affranchis, et même pour les principaux esclaves de leur maison. C'était un sacrilège, chez les Romains, d'usurper ou de se servir du tombeau d'une autre famille : il y avait la peine d'une amende considérable décernée contre les usurpateurs.

Leur sépulture consistait ordinairement en un petit édifice bâti en briques ou en pierres, dans lequel étaient pratiquées des niches dans tout son pourtour, comme dans un colombier, à l'exception que les niches en étaient plus grandes, c'était par cette ressemblance qu'on les nommait *colombaria*; dans chacune de ces niches on pouvait placer deux ou trois urnes, sur lesquelles, ou au-dessous, était gravée l'épitaphe.

Les grandes richesses des particuliers de la république les portèrent dans la suite à imiter en cela la magnificence des Grecs, et de construire à leur manière, des tombeaux qui étaient des bâtimens souterrains, composés de plusieurs chambres ou appartemens, qu'on appelait *hyppogées*, dans lesquels il y avait pareillement des niches pour placer les urnes sépulcrales. Ces appartemens souterrains étaient ornés de peintures à fresques, de mosaïques, de figures de reliefs en marbre, d'une richesse et d'une dépense infiniment plus grande que celle des sépultures qu'on élevait ordinairement sur la terre, comme il paraît par celles qu'on a découvert sous terre auprès de Rome depuis quelque tems.

NOTE 19.

A côté des traditions, que la piété entretient et que certains esprits repoussent sans examen, il y a souvent une vérité physique cachée sous une enveloppe merveilleuse, qu'il faut savoir percer pour arriver au vrai. L'allégorie de l'ame du licencié Garcias, gisant dans un tombeau, reçoit de fréquentes applications dans la vie des hommes. L'histoire des matelots de Beaucaire, gravement racontée par Tilbury, excité l'incrédulité de bien de gens ; mais est-il donc impossible d'expliquer naturellement le fait que raconte de bon maréchal ? Les cercueils flottans, attirés sur les bords du fleuve, pour être volés avec plus de facilité, puis repoussés au fil de l'eau, pourraient fort bien s'être trouvés engagés dans un remous, qui les auraient fait tourbillonner long-tems aux bords du Rhône. Cette circonstance, fortifiée par la réprobation que devait inspirer un pareil vol, aura suffi pour justifier l'opinion qui regardait comme un effet de l'intervention divine, ce qui n'était qu'un effet naturel ; et si de là est résultée la découverte et la punition des coupables, avouons que ce ne sera pas sans raison qu'on y aura vu un acte providentiel, dont le côté merveilleux seul se sera conservé dans la mémoire des hommes.

NOTE 21.

Acte de vente de la seigneurie de Trinquetaille.

L'an mil cinq cent soixante dix-neuf, et le septième jour du mois de septembre, sachent tous présens et advenir comme soit ainsy, que nostre saint père le Pape Grégoire, troisième de ce nom, pour les causes et considérations contenues en ses bulles du dix-huit juillet, année mil cinq cent soixante-seize, eust, sur l'instance qui lui en aurait esté faite par le roi nostre sire, commis et délégué Messeigneurs les révérendissimes et illustrissimes cardinaux de Bourbon, de Guise, d'Est et autres, nommés en ladite bulle, pour faire procéder à la vente et aliénation du temporel du clergé de ce royaume, jusques à la somme de cinquante mille escus d'or, sol, de rente et revenus annuels ; lesquels sieurs délégués de sa saincteté, ayant fait despartement général de ladite somme par diocèses et, despuis, autre particulier despartement sur chascun bénéfice desdits diocèses, et suivant la susdite bulle, dressé mémoires, instructions et commissions particulières, auraient eu après, par leurs lettres-patentes, dressé commission sous délégation, à Monsieur le révérendissime archevêque de cette ville d'Arles ou son grand vicaire général, au spirituel et temporel, et à Monsieur le Sénéchal de Provence ou à son lieutenant-général audit Arles, données à Paris le vingtième jour du mois de septembre, année susdite, attachées sous le contre scel avec lesdites bulles, mémoires et despartement dudit diocèse d'Arles et autres lettres-patentes de sa majesté, données audit Paris le douzième jour de novembre audit an soixante-seize, pour procéder à la vente et aliénation du bien temporel dudit diocèse d'Arles, jusqu'à la concurrence de deux cent quinze escus de rente; laquelle commission et sous délégation ayant esté reçue par ledit sieur lieutenant et procédant à l'exécution d'icelle, il aurait fait nottifier à tous les bénéficiers dudit diocèse d'Arles de mettre et exposer en vente chose propre et moins dommageable de leur bénéfice pour la satisfaction de leur cote, et entre autre audit sr. archevesque ou son vicaire, lequel aurait baillé par rolle certaines pièces et propriétés à la délivrance et adjudication d'aucune desquelles aurait esté procédé par ledit sieur lieutenant avec l'assistance de Monsieur Me. Antoine Ferrier, chanoine et official dudit archevesque, présent au lieu et place dudit grand vicaire, jusques à la somme de quarante-un escus de rentes, revenant au denier vingt-quatre à neuf cent quatre-vingt et quatre escus; lesquels réduits à livres à raison de soixante-cinq sols pour escu, montent trois mille cent quatre-vingt-dix-huit livres, à laquelle somme ledit sieur archevesque aurait esté cottisé par le susdit rolle et despartement, et despuis d'autant que audit rolle et despartement ce seraient trouvé plusieurs fautes, inégalités et obmissions de bénéfices estant de la qualité requise et portés par les bulles de sa saincteté, d'autres n'estaient de la valeur et qualités des contribuables et d'autres n'en avaient aucune connaissance audit diocèze que causerait beaucoup de plain-

tes et d'oléances des bénéficiers, et le retardement des deniers de sa majesté soubs la remonstrance qu'en aurait esté
faite auxdits seigneurs commissaires et délégués par les depputtés du clergé dudit diocèze, lesdits sieurs par leurs lettres
patentes données à Blois en leur assemblée le dernier de février mil cinq cent septante-sept, et par eux et d'Épile leur
secrétaire signées et deuement scellées, auraient mandé audit
sieur archevesque que appelés les depputtés dudit clergé et
autres qui adviseront, et après avoir veu et examiné ledit
rolle et despartement, lequel il délivrerait en après signé de
luy et desdits depputtés aux commissaires ja-depputtés et
sous délégués audit diocèze pour ladite aliénation pour, suivant icelle, procéder en toute diligence à la vente du temporel et comme est mandé et porté par les susdites mémoires et
instructions, en exécution de quoy ayant esté procédé au
rejet et réformation dudit rolle par lesdits sieurs archeves-
ques et depputtés, yceluy sieur archevesque aurait esté cottisé à la somme de six mille sept cent dix-neuf livres dix-
neuf solz et par ainsi trois mille cinq cent vingt-une livre
dix solz plus que par le premier despartement pour le paye-
ment et satisfaction de laquelle somme de trois mille cinq
cent vingt-une livre dix solz, yceluy sieur archevesque aurait voleu la seigneurie de Trinquetaille lez ladite ville d'Arles, avec ses apartenances sauf le droit de péage, estre vendue
comme moins dommageable des biens de ladite archevesché
ainsi qu'apert par l'information sur ce prinse et pour cet effet
les affiches, placards, criés et proclamation auraient esté
faites comme est porté par lesdites mémoires et instructions,
et depuis, icelle exposée en vente à la chandelle estainte dans
la maison et palaix du roy et par-devant lesdits sieurs lieu-
tenans présent ledit M. Ferrier, après plusieurs criés et pro-
clamations, et ayant au préalable aparu du revenu de ladite
seigneurie comme est porté par lesdites mémoires icelle aurait esté délivrée à Messieurs les Consuls de ladite ville au

nom d'icelle et de la communauté comme plus offrant et dernier enchérisseur pour la somme de sept cent vingt-cinq escus
d'or solz à soixante solz pièce ainsi que plus particulièrement
apperra par les procès-verbal du sieur lieutenant et commissaires; or est-il que par-devant luy et en présence dudit sieur
official personnellement établi revendissime messire Silvio de
Saincte Croix, archevesque dudit Arles, lequel de son bon
gré a vendu, comme de présent vend par titre de vendition
pure et irrévocable à perpétuité à nobles Antoine d'Arlatan,
Jean de Brenguier, écuyers, Nicolas de la Rivière et François
du Port, consuls de ladite ville d'Arles, présentz et stipulantz
et recevantz avec moy greffier pour ladite ville et communauté dudit Arles et chose publique d'icelles, à sçavoir est
lesdites terres et seigneurie dudit lieu de Trinquetaille avec
haute, moyenne et basse juridiction mère et mixte impère
droits de directes, lods et vantes, censes, herbages, pas-
turages, droits de chasser, terre gaste, droit d'hommage,
droit de passage, caucages, aubergues, four, et tous droits
seigneuriaux membres et dépendances d'icelles et autres édifices et biens royaux de ladite seigneurie, et sauf ledit droit
de péage ses circonstances et dépendances, et généralement
tous les droits temporelz que le seigneur Archevesque dudit
Arles tenait et possédait ou bien appartenait audit lieu de
Trinquetaille avec toutes ses anciennes et modernes circonstances et dependances et autres droits seigneuriaux que ledit sieur Archevesque prend et a de coustume prendre et ce
à la charge et conditions qu'est portée et contenue par lesdits mémoires et commission et semblablement que ledit
terroir dudit lieu, ne sera sujet payer aucuns dixmes excepté
toutes fois comme on le paye à présent au curé dudit lieu et
ce pour le prix et somme ladite vente de sept cent vingt-cinq
escus d'or sol à soisante solz pièce laquelle somme a j'a esté
payée et délivrée à M. André Archier receveur particulier
dudit diocèse pour la somme ou de tant moingz d'icelle par

vertu du susdit rolle et département susmentionné. Ledit
sieur Archevesque aurait esté taxé et cottisé avec la somme
de quatre-vingt dix escus trente-sept solz et sis deniers
tournois pour les frais et loyaux coustz de ladite vendition à raison de deux solz six deniers pour livre comme est
porté par les dits mémoires et ainsi qu'ils on fait de sa quit-
tance l'estrait, de laquelle deuement collationnée sera en
après inséré par moy dit greffier et de laquelle somme ledit sieur Archevesque en tant que de besoin en a quitté les
dits sieurs Consulz au nom de la dite communauté, avec promesse qu'il n'en sera cy après faite aucune recherche ni demande, et combien que les dites terres, seigneuries, biens
et droits dessus vendus de présent ou à l'advenir valaient
d'avantage que du prix sus dit le dit sieur vendeur certifié
et informé comme a dit de la dite plus grande valeur telle
quelle soit, ou pourrait estre à l'advenir la quittée, cédée,
remise et totallement désomparée à la dite ville et communauté, intervenant la dite stipulation, et ce par donnation
pure et irreuvocable dit entre vif avec promesse que pour
telle plus grande valeur sy aucune y estait ne lui en faira aucune demande pour l'advenir si a baillé et baille le dit sieur
vendeur à la dite communauté d'Arles achetteresse intervenant la dite stipulation, licence et auctorité et mandement
en le constituant vraye dame, procuratrice et maistresse
comme sa propre cause de prendre et apprehender la po-
cession réelle, actuelle et corporelle des dites terres et
seigneuries biens et droits dessus vendus et désignés toutes
fois et quant bon lui semblera et jusques l'aura fait se constitue et confesse icellui sieur Archevesque les tenir en nom
déprécaire et simple constitut de la dite ville et communauté
du dit Arles et non autrement, les tenir ot posséder, et
desquelles terres et seigneuries du dit lieu de Trinquetaille
biens et droits dessus vendus et désignés, le dit sieur Archevesque s'en est desmis et despouillé devestu et dessaisi et

à investu et saizi icelle dites ville et communauté du dit
Arles et a icelle mise en possession et saisine par touchement
de mains qu'a fait avec les dits sieurs Consuls , stipulant
comme dessus mettant icelle dite ville et communauté à son
lieu , droit et place pour en jouir et user plainement et
paisiblement et autrement en faire et disposer à toutes ses
volontés comme de sa propre cause. Et tout ainsi que faire
pouvait avant ledit edict et transport , sans qu'il lui en demeure aucun droit ny actions tant de la propriété que seigneurie , fors , et réservé au dit sieur Archevesque le droit
de péage comme dit est , mais tous et chacun les droits
qu'il y a ou pourrait avoir les remet transfere totallement à
ladite ville et communauté du dit Arles , s'y a promit et promet le dit sieur Archevesque vendeur à la dite ville et communauté intervenant la dite stipulation les dites terres et
seigneuries , biens , droits dessus vendus et désignés , les lui
faire avoir , valoir et tenir et puis posséder et lui estres et
demeurer entièrement de toutes esviction généralle et particulière que possessoire et tant de droit que de fait , et s'y y
survenait procès et prendre la garantie , et icelui poursuivre
à ses propres couts et despans , et ce avec les clauses en tel
cas requises et nécessaires , toutes et chacunes lesquelles
choses aincy que dessus sont écrittes ont promis et promet-
tent les dites parties l'une à l'autre respectivement chacune
en son endroit avoir ferme et agréable tenir , observer et
n'y contravenir jamais avec restitution de tous despans ,
dommages et intérets sy une partie pour faute de l'autre
respectivement bâtissait , en nom tenant l'une à l'autre les
choses susdites et pour ce faire accomplir et n'y contravenir
les dites parties l'une envers l'autre respectivement chacune
en son endroit en ont obligé , et soumis obligent et soumet-
tent scavoir est ledit sieur reverendissime Archevesque tous
et chacun les biens de son dit archevesché , comme aussi
le dit M. Archier en cesque le touche et concerne a aussi

obligé les siens propres et les dits sieurs Consuls tous et chacun des biens de la dite communauté d'Arles meubles et immeubles presans et advenir comme pour les propres affaires et deniers du roy et ce aux rigueurs et forces des cours souveraines de parlement de ce pays de Provence et des submission de monsieur le sénéchal dudit pays et chacune de ses siéges et scel royal et iceluy et de toutes autres Cours royales du présent pays et chacune d'icelles où le présent acte sera exibé et ainsi que dessus, tenir et observer et n'y contravenir, l'ont promis et jurés les dites parties l'une à l'autre respectivement, moyennant leur serment qu'ils ont presté sur les saincts Evangiles de Dieu, touchées les saintes Écritures par la vigueur duquel ont renoncé et renoncent icelles parties respectivement à tous droits, exceptions, deceptions, priviléges et cautelles tant de droit que de fait, par lesquels pourraient à ce que dessus contravenir et par exprès au droit disant la générale renonciation ne valoir si la spéciale ne précède de quoi les dites parties ont requis acte, à toutes lesquelles choses ci-dessus escrittes le dit sieur lieutenant a interposé son decret et auctorité judiciaire à la requête des dits sieurs Consuls, fait au dit Arles et dans la salle du dit Archevesché en présence de Messire Jean Brun chanoyne de la dite église d'Arles, Pierre de Sanson, escuyer; Jacques Romieu; Antoine Bijodi; Jean Borrel et Jean Gavarry, bourgeois du dit Arles, témoins à ce requis et appellés et à l'original soussignés avec lesdites parties ainsi signées : Silvyo Sancto Croce, archevêque d'Arles; Biord, lieutenant-commissaire; Archier, receveur; Arlatan, consul; N. de la Rivière, consul; F. Duport, consul; Bruni de Samson, et Remusat, notaire.

NOTE 22.

Voyez ci-derrière le tableau de la population de la ville
d'Arles et de quelques villes voisines, remontant au 1er siècle
de l'ère chrétienne.

On sent combien est périlleux l'établissement d'un chiffre
pour fixer l'état des populations aux tems éloignés où remonte
ce tableau; les résultats qu'il indique ont été calculés d'a-
près les données fournies par l'ancienne enceinte des villes,
celle de leurs édifices publics, par l'état de leur armée, ou
de leur garnison, celui de leur commerce, de leur affouage-
ment. Je me bornerai à faire remarquer que la prospérité
d'Arles à presque toujours marché en sens inverse de celle
de Marseille, et que la période croissante de l'une d'elles
est toujours indiquée par la décroissance de l'autre. Les autres villes, portées au tableau, se partagent en satellites dont
la fortune est réglée par celle du centre auquel elles se rattachent. Aix suit la fortune de Marseille : toutes les autres
villes partagent celle d'Arles, montant et déclinant avec elle.
Tout cela se réduit à une question de commerce entre Arles
et Marseille, qui donne de l'importance à l'une ou l'autre de
ces villes, suivant qu'elle se décide pour l'une ou pour
l'autre de ces villes.

Encore une observation. Il ne faut pas juger des populations
anciennes par celles de notre âge. Le nombre des hommes
était autrefois bien moindre qu'il ne l'est de nos jours où les
progrès des arts et de la politique, en introduisant le bien-être
et la paix dans les populations, en ont inévitablement aug-
menté le chiffre. Les races naissent et se multiplient en raison des circonstances qui favorisent leur développement.
C'est une loi physique qui s'applique à toutes les productions
de la nature.

L'antique Europe, encore à demi barbare, avait au ve. siècle 2 ou 300 habitans par myriamètre carré : à la même

époque les contrées romaines en offraient 3 ou 4 mille par myriamètre carré.

De nos jours les grands états de l'Europe ne comptent guères plus de 5 ou 6000 habitans par myriamètre carré : la Turquie asiatique n'en présente pas plus de 900 ; le Brésil 25 ou 30, les possessions anglaises de l'Amérique du nord 12 ou 15 ; l'Amérique espagnole 60 ou 80 ; et les Etats-Unis, malgré leur prospérité politique et commerciale, n'en comptent encore que 200 ou 250.

FIN.

[illegible]
[illegible]
[illegible]
[illegible]
[illegible]
[illegible]
[illegible]
[illegible]

Tableau de la population des villes d'Arles, Marse

VILLES.	1er.	2e.	3e.	4e.	5e.	6e.	7e.	8e.
Arles	15,000	25,000	30,000	50,000	90,000	100,000	85,000	70,00(
Marseille..,	100,000	100,000	95,000	90,000	70,000	50,000	60,000	50,00(
Aix	20,000	30,000	28,000	25,000	25,000	20,000	22,000	16,00(
Tarascon ...	4,000	5,000	6,000	7,000	6,000	8,000	12,000	10,000
St.-Remy ...	5,000	6,000	6,000	10,000	6,000	3,000	12,000	10,000
St.-Gabriel.	3,000	4,000	5,000	6,000	5,000	3,000 *	»	»
Les Baux ...	....	....	....	....	....	....	....	....

* A partir du viie. siècle, la population de St.-Gabriel se confond avec ce
villes.

LES :

	10e.	11e.	12e.	13e.	14e.	15e.	16e.	17e.	18e.	19e.
00	74,000	70,000	65,000	60,000	50,000	40,000	30,000	28,000	25,034	20,048
00	57,000	60,000	65,000	65,000	67,000	70,000	80,000	90,000	106,585	146239
00	16,000	16,000	17,000	15,000	18,000	22,800	25,000	25,800	27,000	24,660
00	14,000	16,000	17,000	20,000	19,000	18,000	16,000	13,500	12,655	10,774
00	12,000	11,000	10,000	7,400	7,200	7,600	6,900	6,800	5,600	5,700
	»	»	»	»	»	»	»	»	»	»
				3,600	3,000	2,400	1,800	1,200	1,000	510

e Tarascon. Je ne trouve plus qu'un chiffre pour la population de ces deux